HISPANIC TEXTS

general editor
Professor Catherine Davies
Department of Hispanic and Latin American Studies
University of Nottingham

series previously edited by
Professor Peter Beardsell, University of Hull
Emeritus Professor Herbert Ramsden

series advisers
Spanish literature: Professor Jeremy Lawrance
Department of Hispanic and Latin American Studies, University of Nottingham
US adviser: Professor Geoffrey Ribbans, Brown University, USA

Hispanic Texts provide important and attractive material in editions with an introduction, notes and vocabulary, and are suitable both for advanced study in schools, colleges and higher education and for use by the general reader. Continuing the tradition established by the previous *Spanish Texts*, the series combines a high standard of scholarship with practical linguistic assistance for English speakers. It aims to respond to recent changes in the kind of text selected for study, or chosen as background reading to support the acquisition of foreign languages, and places an emphasis on modern texts which not only deserve attention in their own right but contribute to a fuller understanding of the societies in which they were written. While many of these works are regarded as modern classics, others are included for their suitability as useful and enjoyable reading material, and may contain colloquial and journalistic as well as literary Spanish. The series will also give fuller representation to the increasing literary, political and economic importance of Latin America.

Biografía de un cimarrón

Manchester University Press

HISPANIC TEXTS

also available

Carmen Conde *Mientras los hombres mueren*
ed. Jean Andrews

Julio Cortázar *Siete cuentos*
ed. Peter Beardsell

Gertrudis Gómez de Avellaneda *Sab*
ed. Catherine Davies

La vida de Lazarillo de Tormes
ed. R .O. Jones

Lope de Vega Carpio *El Caballero de Olmedo*
ed. Anthony John Lappin

Ramón J. Sender *Réquiem por un campesino español*
ed. Patricia McDermott

Pablo Neruda *Veinte poemas de amor y una canción desesperada*
ed. Dominic Moran

Gabriel García Márquez *El coronel no tiene quien le escriba*
ed. Giovanni Pontiero

Federico García Lorca *Bodas de sangre*
ed. H. Ramsden

Federico García Lorca *La casa de Bernarda Alba*
ed. H. Ramsden

Federico García Lorca *Romancero gitano*
ed. H. Ramsden

Lorca's Romancero gitano: eighteen commentaries
ed. H. Ramsden

Octavio Paz *El laberinto de la soledad*
ed. Anthony Stanton

Federico García Lorca *Yerma*
ed. Robin Warner

Alfredo Bryce Echenique *Huerto Cerrado*
ed. David Wood

Miguel Barnet and Esteban Montejo

Biografía de un cimarrón

edited with an introduction, critical analysis, notes and vocabulary by
William Rowlandson

Manchester University Press
Manchester and New York
distributed exclusively in the USA by Palgrave Macmillan

The right of William Rowlandson to be identified as the author of this work has been
asserted by him in accordance with the Copyright, Designs and Patents Act 1988.

Published by Manchester University Press
Oxford Road, Manchester M13 9NR, UK
and Room 400, 175 Fifth Avenue, New York, NY 10010, USA
http://www.manchesteruniversitypress.co.uk

Distributed exclusively in the USA by
Palgrave Macmillan, 175 Fifth Avenue, New York, NY 10010, USA

Distributed exclusively in Canada by
UBC Press, University of British Columbia, 2029 West Mall,
Vancouver, BC, Canada V6T 1Z2

British Library Cataloguing-in-Publication Data
A catalogue record for this book is available from the British Library

Library of Congress Cataloging-in-Publication Data applied for

ISBN 978 0 7190 8091 3 *paperback*

First published 2010

19 18 17 16 15 14 13 12 11 10   10 9 8 7 6 5 4 3 2 1

The publisher has no responsibility for the persistence or accuracy of URLs for any
external or third-party internet websites referred to in this book, and does not guarantee
that any content on such websites is, or will remain, accurate or appropriate.

Typeset in Adobe Garamond Pro
by Koinonia, Manchester
Printed in Great Britain
by Bell & Bain Ltd, Glasgow

Go on, go on. O that I could also go! Could I but swim! If I could fly! O, why was I born a man, of whom to make a brute! The glad ship is gone; she hides in the dime distance. I am left in the hottest hell of unending slavery. O God, save me! God, deliver me! Let me be free! Is there any God? Why am I a slave? I will run away. I will not stand it. Get caught, or get clear, I'll try it. I had as well die with ague as the fever. I have only one life to lose. I had as well be killed running as die standing [...] It may be that my misery in slavery will only increase my happiness when I get free. There is a better day coming.

> (Frederick Douglass, *Narrative of the Life of Frederick Douglass, an American Slave, Written by Himself*, 1845)

'Adiós, mi dulce dueño', le dijera
A aquel único móvil que reanima
Todas mis esperanzas lisonjeras
Pero viendo que a un día, otro sucede
Y que ninguno mis deseos llena,
Al cielo nuestro mi sensible llanto;
Y con ambas rodillas en la tierra
Allá dirijo la esperanza mía:
Allá volara, si también pudiera
A buscar en regiones más felices,
Vida, de miseria menos llena;
Mas "que viva" ordena el cielo ... y vivo
Hasta apurar el cáliz, que presentan
Amor y esclavitud, cuando se unen
Y a sufrir sus tormentos me condenan.

> (Juan Francisco Manzano, *La esclava ausente*, 1823)

Esta es la tierra donde padecí bocabajos y azotes.
Bogué a lo largo de todos sus ríos.
Bajo su sol sembré, recolecté y las cosechas no comí.
Por casa tuve un barracón.
Yo misma traje piedras para edificarlo,
pero canté al natural compás de los pájaros nacionales.
        Me sublevé

> (Nancy Morejón, *Mujer negra*, 1979)

Contents

Acknowledgements   *page* viii

Introduction   1
  ¿Quién es el cimarrón?   1
  La esclavitud   6
  La abolición de la esclavitud   16
  La Guerra de Independencia   19
  Testimonio   32
Bibliography   52

Biografía de un cimarrón
  Introducción   59
  La esclavitud   63
    La vida en los barracones   66
    La vida en el monte   80
  La abolición de la esclavitud   90
    La vida en los ingenios   90
  La Guerra de Independencia   154
    La vida durante la guerra   154
  Notas   183
  Glosario   188

Appendix: timeline of slavery, Cuban history
  and the life of Esteban Montejo   194

Temas de debate y discusión   196
Selected vocabulary   197

Acknowledgements

I wish to thank my colleague Natalia Sobrevilla Perea for her repeated revision of the introductory chapters and her helpful advice on how to refine the text.

I am also grateful to Kirstie Rowlandson and Eva Fernández Iglesias for reading through the manuscript and offering further suggestions for improvement.

Many thanks to Jenny Howard at MUP for constant guidance, and to Catherine Davies for her encouragement and support for this project from the outset and for her revision of the manuscript.

Thanks are due to the University of Kent for granting me study leave in the autumn of 2008 for the preparation of this edition.

Lastly, many thanks to Miguel Barnet, who enthused at the idea of the critical edition and who has offered encouragement throughout.

WR, Canterbury

Introduction

¿Quién es el cimarrón?

'Yo soy Esteban y fui cimarrón'
In his speech to the assembled writers and artists in Havana in June 1961, Fidel Castro describes his meeting with a 106-year-old African-Cuban lady who had at one time been a slave:

> We had the experience recently of coming across an old lady 106 years old who had just learned how to read and write, and we proposed that she should write a book. She had been a slave, and we wanted to know how a slave viewed the world when she was a slave, what her first impressions of life, of her masters, and of her companions were. I believe that this old woman could write something more interesting about her age than any of us could. It is possible that she will become completely literate in a year and will also write a book at age 106. This is the stuff of revolutions![1]

In his election victory speech on 5 November 2008, Barack Obama similarly pays special tribute to a 106-year-old African-American voter named Ann Nixon Cooper:

> She was born just a generation past slavery; a time when there were no cars on the road or planes in the sky; when someone like her couldn't vote for two reasons – because she was a woman and because of the colour of her skin. And tonight, I think about all that she's seen throughout her century in America – the heartache and the hope; the struggle and the progress; the times we were told that we can't, and the people who pressed on with that American creed: Yes we can![2]

These two women are bound to politics in ways that they would never have dreamed, as in both cases theirs is the marginalised, ignored voice,

---

1 Retrieved from *Castro Speech Database* at the Latin American Network Information Center, University of Texas at Austin: http://lanic.utexas.edu/project/castro/db/1961/19610630.html.
2 The full text of Barack Obama's victory speech, as reproduced in *The Independent*, Wednesday, 5 November 2008: www.independent.co.uk/news/world/americas/the-full-text-of-barack-obamas-victory-speech-993008.html.

now raised out of the shadows by political will. Yet beyond their once-silenced voice, they are both represented as being more than the living link with history, but as being history itself – history incarnate. They *are* their experiences, embodying the twin suppressed personae of woman and black, bearing with them centuries of injustice and prejudice. As such, their silent presence before the men who summon them is the presence of history vindicating the political campaign under whose banner they now appear. History is summoned to serve the present.

In mid-1963, poet and ethnographer Miguel Barnet, who had been present at Castro's speech of 1961, was struck by two interviewees in a news piece about Cuban centenarians. One was a 100-year-old woman who had been a slave and who was also 'santera y espiritista'. The other, Esteban Montejo, was a man of 104 who had been a slave, a *cimarrón* and a fighter in the Cuban War of Independence at the end of the nineteenth century. Despite an agenda of researching religious practices of African origin in Cuba, Barnet decided not to meet with the aged *santera* but to interview Montejo. The tape-recorded interviews took place over three years and were later transcribed and edited by Barnet into a testimonial-style first-person narrative entitled *Biografía de un cimarrón*. In the text, Esteban Montejo allows his memories to follow their own direction as he recounts his earliest memories as a child born into slavery in a sugar mill in Las Villas province, his escape and subsequent life as a solitary *cimarrón* in the hills, the abolition of slavery, salaried work in the sugar mills, the war against Spain and the US intervention of 1898.

This is not, however, a diary nor an autobiography but the edited volume of an oral narrative. Barnet and his colleagues talked with other veterans in the home for veterans where Montejo lived in order to authenticate certain of his memories, and they consulted municipal archives and history books in order to verify dates and events.[3] Striving to retain the oral feel of Montejo's account, Barnet describes in the prologue how they retained the particular speech variety, syntax and vocabulary of Montejo, but that certain idiosyncratic aspects of Montejo's speech were modified in order to make the text more comprehensible to the reader. A glossary was also added to explain some of the more unusual Afro-Cuban words and expressions. Had the full extent of the many interviews been transcribed, it would, presumably, have run to many hundreds, if not thousands,

---

3 'con la coordinación del gran historiador y demógrafo Juan Pérez de la Riva' (Barnet 2008).

of pages. This is the essential dynamic of the *novela-testimonio*, a term coined and developed by Barnet that describes the process of interaction between the subject or informant and the writer or *gestor*. The subject is the forgotten, marginalised voice of history, described by Barnet in the brief essay *Alchemy of memory* as: 'the ghost[s] who couldn't make it into the travel books or into the tales of the enthusiastic chroniclers' (Barnet 1994b: 203). Furthermore, beyond simply witnessing history, he or she has *suffered* history, and is now invited out of the shadows to present those experiences and that suffering to the *gestor*, who then fashions this living, pulsating history into the publishable text.

'Oyéndolo a él uno aprende mucho de la historia de Cuba'

Esteban, furthermore, fills the missing archives of Cuban history. Barnet explains that his choice of Esteban as the subject was not accidental, as his particular experiences would provide valuable information on important yet poorly documented historical episodes. 'The gaps in Cuban history, Esteban himself could fill in from his years as a runaway, his recollections of ethnic relations in the barracks, his knowledge of the island's flora, fauna, and geography' (1981: 19). Such a declaration is reinforced by historian Hugh Thomas who explains that 'overall nineteenth-century standards of living are impossible to establish in Cuba' (1971: 284), and who regularly cites Esteban as an archival source in his compendious history of Cuba. A history book, however, can describe and record events of history, but it cannot express them as a direct experience; and the pages can speak of slavery, of human bondage, of the buying and selling and transportation of people, of the enforced pairing of men and women of desirable physical characteristics for the purpose of breeding correspond-ing children, of the hollows in the ground into which a pregnant woman would lie to protect her child from the lash of the whip, of the births in a fly-blown barrack-house, of the separation of mother and infant, of the hounds sent to hunt down a runaway, of hard labour, fatigue, disease, and death ... Such concepts are abstractions, as they are mere words in a book. The purpose of the testimonial is to breathe life into these words, to animate them so that they bear within them the experience and the suffering, so that they deliver to the reader not an abstraction but a vivid sensation. They are still words, and they still constitute a text, often a strik-ingly literary and 'readerly' text such as *Cimarrón*, but the mission of the testimonial novel is to provide a platform for the speaker who tradition-ally has been silenced, to provide a forum where the speaker and the reader (and the *gestor*) can meet, to express the abstract data of the history books in a tangible and direct language. The role of the *gestor* is crucial here, as he or she needs to mould the words into a comprehensive unit, yet not allow his or her own voice to stifle the subject – a difficult task, it must be assumed, and which Barnet readily acknowledges: 'The ability of the *gestor* of the testimonial novel to balance telling stories in that tongue and not adulterate its idiosyncratic essence is testimonial's necessary mechanism, the sine qua non of its existence' (1994b: 206). Herein lies the substance of *Biografía de un cimarrón*. Esteban Montejo provides historical information that, Barnet explains, the history books do not include, such as the living conditions, customs, pastimes and religious ceremonies of the slave communities, and as such he provides unique material to fill these missing chapters of history. It is not simply that Esteban has been given a voice – he has always had a voice – but that he has been given the place to speak and to let his voice be heard. This would never have been possible without the interviews, selection of material, and textual editing of Miguel Barnet (and his companions). Barnet, however, was wholly conscious of the artistic, literary qualities that would not only shape the creation of the work but would influence the readers' response. As such, in the prologue of the original edition, he acknowledges this and states that is not their intention to create a literary text – a novel. This dichotomy has fuelled forty years of debate and shall be addressed in a later section.

As shall also be explored, the genre of testimonial literature became integrally linked to the revolutionary directive of 1960s Cuba, and has stood as a resilient and powerful socially-committed literature across Latin America to the present day. Where the cultural arm of the revolution sought to promote the country's political and social objectives of the time, and as such overturn the long-established class and racial systems, to champion the rights of the traditional subaltern and to promote an agenda of social commitment, so did the *testimonio* emerge as the genre that best embodied these principles. Indeed, in 1970 a prize was created in the Casa de las Américas for the best work of testimonial literature.

A fresh view of history was thus essential for establishing the political and cultural co-ordinates of the present; and Esteban Montejo's insight into the obscure episodes of history, coupled with his revolutionary values and patriotism, were precisely aligned to this. Although, as we shall see, he makes little mention of 1960s Cuba, especially with regard to racial relations, his confident and defiant voice became immediately politically revolutionary from the date of publication in 1966, and the text was honoured not just at the forefront of the revolutionary canon but within the essential canon of Cuban literature. *Cimarrón* remains today one of the most enduring and popular publications of the revolutionary period, and whilst, as will be analysed, the text confronts the problem of race and champions the voice of the marginalised, so, in the post Special Period age, when the rapidly developing tourist industry and the 'dollarization' (Eckstein 2004) of the Cuban economy are undoing the advances in racial equality that the early years of the revolution promoted, the muscular voice of Montejo remains today a powerful cry against prejudice and injustice.

Montejo's voice, therefore, like that of Ann Nixon Cooper, is the voice of history summoned to the present. His is not a political voice but one that stretches back into the shadows of the past, gathers up that past and offers it to the present, and in doing so, like Anne Nixon Cooper's memories of the buses of Montgomery and the hoses of Birmingham, defends and vindicates the present.

Biografía de un cimarrón was originally published in Havana in 1966 by the Academia de Ciencias de Cuba. The text was translated into English by Jocasta Innes for The Bodley Head, UK, in 1968. Two features of this translation are of particular interest. Firstly, unlike the original text, it is entitled 'autobiography' and not 'biography'. This brings into sharp relief this particular authorial complexity of the testimonial narrative, and demonstrates that neither term is ultimately accurate. Secondly, as with the original Cuban edition and yet unlike any other subsequent editions, a frontispiece photograph of Esteban Montejo provides a direct link to the man himself. Montejo's steady gaze and wise smile perfectly evoke the character of the man we encounter in the text itself. The work has been published in 24 languages, and has run to an estimated 73 editions, with varying degrees of textual modifications (Bianchi Ross 2008).

This critical edition of *Biografía de un cimarrón* has been prepared from the original 1966 Havana edition. It is the first critical edition of the work. The structure of the extended introductory sections follows the essential sequence of the text of *Cimarrón* itself, analysing therefore the historical issues in the following pattern: ¿Quién es el cimarrón?, La esclavitud, La abolición de la esclavitud and La Guerra de Independencia. This historical analysis is not merely a catalogue of dates and facts but considers history in relation to the observations of Esteban and as such is divided into sub-sections heralded by quotations from his memoirs. This is followed

5

with an analysis of the genre of *testimonio*, a bibliography, a recommended reading list, and is followed with Montejo and Barnet's text itself, which includes Barnet's original endnotes and *glosario*. Following the text of *Cimarrón*, and in line with other volumes in the series, a brief selection of *temas de debate y discusión* is presented, as is a selected vocabulary.

¡Al machete!

La esclavitud

'No sé cómo permitieron la esclavitud. La verdad es que yo me pongo a pensar y no doy pie con bola'

To talk about slavery, of any kind, is to talk of the most appalling aspects of human brutality, of the absolute reduction of human life to a commodity, of the calculated infliction of pain and suffering in the name of commerce. The post-Columbian Atlantic Slave Trade, which lasted for over four centuries, is neither the beginning nor the end of slavery, human bondage, and slave conditions throughout the ages and throughout the world.[4] Hugh Thomas, with his customary thoroughness, opens his work *The Slave Trade* (1997) with an overview of slavery, serfdom and captivity from 8000 BC Libya, Eighteenth Dynasty Egypt, and ancient China, through the empires of Greece and Rome, to early and late mediaeval Europe. Historians have also charted practice of slavery amongst African kingdoms and communities throughout the ages, in pre-Colombian societies of the Americas, in the Ottoman Empire, India and throughout the Islamic world. Slavery, if the oxymoron allows, is as old as civilisation itself.

The Atlantic slave trade, however, stands apart from all other eras of slavery. The sheer numbers involved are staggering, with between 11 and 13 million Africans estimated to have been transported across the Atlantic. Where the Portuguese and the Spanish dominated the early years of the trade, beyond around 1600 other European nations entered and vastly expanded this enterprise, with the Dutch, and then the English, challenging the early Portuguese monopoly. 'Before the British entered the Atlantic slave trade, some 630,000 Africans had already been shipped

4 Amnesty International campaigns against the varieties of modern slavery. 'It is estimated that there are currently at least 12 million men, women and children in slavery around the world. The modern face of slavery includes forced labour, sexual slavery, child labour, bonded labour, forced marriage and descent-based slavery' (www.amnesty.org.uk).

across the Atlantic' (Walvin 2006: 42), with the largest numbers transported from the western African lands of Senegambia, Upper Guinea, Gold Coast, Bight of Benin, Bight of Biafra, Loango and Angola. The trade also operated in east Africa, particularly present-day Mozambique, and the Island of Madagascar. Despite the estimated number of people transported in this trade, figures do not reveal how many must have perished in the conflicts in Africa, on the march to the coast, in the confinement in port, and in the unspeakable conditions aboard the boats.[5] The Atlantic slave trade thus constitutes the largest and most meticulously recorded oceanic migration in history.

'Antes lo que había aquí eran indios'

'There were three Indian races in Cuba', writes Thomas, 'the Tainos, the Ciboneys and the Guanajatabeyes – of whom the most important were the Tainos' (1971: 1516). Slavery in the New World originated with both the enslavement and forced labour of the indigenous people in the Caribbean islands, and their transportation across the Atlantic in an easterly direction; Columbus himself 'was thinking of sending back to Spain 4,000 slaves a year, which would bring in 20,000,000 maravedís, he thought, with an outlay of only 3,000,000' (Thomas 1997: 89). The lust for gold and the first attempts at agriculture required a labour force, but the indigenous people lacked the will and stamina for the work, and soon fell prey to disease and suicide. The population of the varied peoples of the Caribbean plummeted, and it was precisely this vacuum of a labour force, coupled with the Africans' greater endurance and capacity for toil (Thomas 1997: 92), that prompted transportation of enslaved Africans to the Americas. It was also the result of a political debate. Beginning with the fiery sermon of Fray Antonio de Montesinos 1511 and continuing with the publication of *The Destruction of the Indies* in 1542 by Fray Bartolomé de Las Casas, the Spanish crown was compelled to decree, with some measure of success, against the enslavement of the indigenous Americans. Although, as Carlos Fuentes notes 'the Crown's protection did save many Indian communities from extinction' (1992: 135), it is important to note that the same considerations, debates and legislation were not applied to African people. Thomas notes that 'During these years [...] the discussion as to whether the Indians were men, and whether it was permissible to enslave them, completely ignored the status of black African slaves, with

5 Extensive figures are to be found in Thomas 1997: Appendix 3, 804–805.

their greater experience of agriculture, their greater endurance, and their longer connection with Europe' (1997: 96). Thomas does examine the peculiar paradox of Las Casas, and concludes that the fury of his mission blinded him to the fate of the Africans, and that, anyway, 'like all enlightened men of his time, he believed that an African enslaved by Christians was more fortunate than an African in domestic circumstances'. Only later did Las Casas condemn this trade, resolving 'that it was wrong to seek to replace one form of slavery with another – though the book was not published for another 350 years' (1997: 98).

'Para mí que todo empezó cuando los pañuelos punzó. [E]l punzó los hundió a todos. Y los reyes y todos los demás, se entregaron facilito. [...] Al negro siempre le ha gustado mucho el punzó'

Montejo's curious assertion that the Africans themselves were seduced into slavery by the colour red is a restrictive view of the complexity of the trade, but it does indicate the type of goods that were exchanged for prisoners in the various trading ports along the African coast. Thomas examines the market and highlights the bartering power of certain commodities. 'The goods exchanged with African leaders were European and Mediterranean, not only Portuguese. Cloth taken to Africa by the Portuguese came from Flanders, France, even England. Damask delighted the Africans [as did] striped woollen shawls made in Tunis or Oran' (1997: 69). Other goods included wheat, bracelets, brass ornaments, Venetian glass, spiced wine, armaments, candles and musical instruments. As is clearly understood, the slaves were obtained not through direct raid and kidnap by the Europeans but through trading with coastal tribes who had captured others in war or raids. It is important to note, therefore, that the Europeans did not invent slavery in Africa but inherited a tradition which they intensified and expanded, especially in the seventeenth and eighteenth centuries, with devastating efficiency, ruthlessness and success.

Thus the particular dynamic of the triangular trade route began. Weaponry, textiles, manufactured goods and select foodstuffs were exported from Europe to Africa. Enslaved Africans were then transported to the Americas. This was the central leg of the trade and became known as the Middle Passage, and so appalling were the conditions aboard the vessels (and in the African holding ports) that many people died en route. Images of the suffocating and disease-ridden holds were widely publicised by later abolitionists, and helped the campaign gain support. 'The European and American slave ships', writes James Walvin, 'represent slavery at its most brutal and inhuman' (2006: 1). Lastly, the goods that the slave labour had produced in the Americas: sugar, cotton, tobacco, rum, indigo, were shipped back to Europe. Esteban Montejo's bewilderment at how slavery could have emerged in the first place is thus explained by the simple answer of economics, or, as Walvin aptly notes: 'To put the matter simply, African slavery worked: it provided labour, at a price Europeans could afford, in numbers they required, and all to profitable economic use. Thus it was that Africans were quickly reduced from humanity to inanimate objects of trade and economic calculation' (2006: 2).

'Los negros se vendían como cochinaticos'

Esteban was born into slavery in Cuba – a *criollito* – and as such he was witness from childhood to the brutal lifestyle of slaves working the plantations and sugar mills. One particular aspect of the trade in slaves, as explored so extensively by Alex Haley in his epic saga *Roots* (1976), was the destruction of family and social bonds. Esteban describes, for example, the selection of particular men and women in order to have them breed and produce offspring with desired characteristics. This remarkable description of eugenics, reminiscent of livestock breeding, demonstrates the extent to which the lives of the slaves were subordinated to productivity. Thomas, scarcely disguising his revulsion, describes how 'the chief iniquity of slavery was that it handed over to the master complete power over the slave's sexual and family life, including the possibility of such a thing: man and woman might very well be separated for ever, sold in different places and by different masters, separated even from their children' (1971: 282).

Esteban notes how his mother, like all pregnant women, would have been led to the infirmary to give birth (64),[6] and that soon after birth he was sold. Numerous studies show that women were regularly labouring in the fields into the ninth month of pregnancy, and that stillbirths and birth defects were consequently common (Knight 1974: 78). Punishments were severe, working hours long, nutrition poor, disease rife, and slave mortality critically high. 'Everywhere', writes Knight, 'slavery was extremely wasteful in human terms. Everywhere its differences were in degrees of wretchedness, not in variations of humanity' (1974: 84). Although, as Walvin notes, the object of the Atlantic transportation was to deliver living and preferably healthy slaves to the American market, it

6 Page references of Esteban are to this edition.

is striking how the demands of the sugar cane development, the fluid and renewable supply of enslaved workers, and the brutal living conditions led to devastatingly short and violent lives for Africans throughout the Americas. 'Yo vide muchos horrores de castigos en la esclavitud' declares Esteban. 'Por eso es que no me gustaba esa vida. [...] La vida era dura y los cuerpos se gastaban' (78). It was also generally more expensive to raise children than to bring in fresh slave labour.

'En el del Flor de Sagua vivían como doscientos esclavos de todos los colores'.
'En los ingenios había negros de distintas naciones'

The peoples captured and enslaved were deliberately mixed both in early captivity, in the trading ports, on the boats, in the markets of the Americas, and then on the plantations. This served the purpose of breaking kinship by removing linguistic, cultural and religious similarities. 'Slaves were drawn not only from all parts of Africa but from all classes within the different peoples', writes Thomas (1997: 397).[7] At the city of Ouidah on the Atlantic coast of Benin, captives en route to the fortress of Elmina were marched around a tree, known as the Tree of Forgetfulness, which both symbolised and enforced a private and collective amnesia.[8] In addition, therefore, to the inevitable interchange of people coming together in the New World, there was a necessary rupture between the old and the new, and the resultant creation of new cultural identity. This is the essential feature of the culture of *mestizaje* so extensively explored by cultural scholars of the Americas, such as Fernando Ortiz, José Lezama Lima, Octavio Paz and Carlos Fuentes, in which African, European and pre-Colombian cultures fuse in the creation of the American culture.

Although Thomas does describe meticulously how certain African ethnic groups were specifically required in certain work environments owing to their physical characteristics or prior knowledge of the labour, the overall pattern of African people in the Americas was one of racial mixing. As such, Thomas notes that 'Senegambians were generally prized, because they were good at languages; many were bilingual, in Wolof and

7 'Hay que recordar que los africanos que llegaron a Cuba eran de diferentes jerarquías; no todos eran trabajadores agrícolas. Unos eran esclavos, pues en África existió un tipo de esclavitud; otros eran sacerdotes, babalaos; otros eran reyezuelos, pues tenían jerarquías en sus tribus, en sus aldeas; llegaron aquí y tuvieron que reconstruir aquella estructura, y eso se violó, se resquebrajó el kinship, el sistema de parentesco; por eso se diseminó tanto la religiosidad en un sentido horizontal' (Barnet 2008).
8 This tree is now commemorated as part of the Slave Route Project of UNESCO. See Simpson (2004).

Mandingo, before they reached the Americas. Because of these skills, Wolofs were often used as interpreters on slave ships, lending a distinct Wolof character to the "emerging pidgin"' (1997: 397). Esteban notes that the term used for slaves born in Africa, *bozales*, was an insulting expression used simply because they still spoke their African language. Esteban also provides very detailed accounts of the different racial features of the Cuban slave communities, describing how the Mandinga were reddish, the Musongo orange-coloured, Congos were small and the Mandinga tall (76).[9]

'Yo conocí a dos religiones africanas en los barracones: la lucumí y la conga'

Esteban discusses in great detail the varied religious practices of the slave communities. The particular syncretism, or blending of cultural forms, that created the Afro-Cuban religious expressions became as important as the pre-Columbian and Christian syncretism in Mexico and Peru. Esteban is familiar not just with the expression that came to be called *santería*, or Regla de Ocha, which had Yoruba origins, but also the Congo form, Regla de Palo Monte, which had Bantu origins. Barnet, following the tradition of ethnographic research of Fernando Ortiz, Alfonso Reyes and Lydia Cabrera, published a detailed and poetic investigation into these two religious forms entitled *Afro-Cuban Religions*:

> Once the family ties of the Africans brought to Cuba disintegrated, the cults were forced to restructure themselves, and they became acclimatized to Cuban conditions, as Alfonso Reyes has rightly pointed out. This gave rise to a peculiar process of transculturation whereby certain elements asserted themselves over others. Tutelary deities receded into the background, while other deities that had not been especially important in their places of origin stepped into the foreground and assumed an elevated position in the hierarchy. In this way a system of cults developed that has its origin in Africa – Nigeria or the lands of the Congo River – but which may be described as independent national creations. The Regla de Ocha or Santería and the Regla de Palo Monte are the result of the process of transculturation of elements that took root in Cuba. These elements have provided us with a powerful zest that gives Cuban culture its unique flavour. (1991: viii)

9 Carlos Fuentes examines the particular emergence of new linguistic forms in the New World: 'A slave had to adapt his language with protean agility to the rapid mixing of cultures if he wanted to understand and be understood by the overseers or by his fellow workers. [...] And what language would the children speak? Obviously, the Iberian colonies gave their black populations a stronger identification with the common language (Spanish or Portuguese) than did the French, English, and Dutch colonies (creole or pidgin)' (1992: 199).

Barnet's substantial research, culminating in a trip to the land of the *Orishas*, Nigeria, illustrates many of Esteban's observations; indeed, in many areas of his research he quotes Esteban as a source of material. In particular, he explains how the process of hybridisation of African gods with Catholic saints allowed the Africans to continue their worship of the ancestral gods whilst observing the Catholic liturgy that they were compelled to follow. As such, similarities may be observed with Candomblé in Brazil, Haitian Vodou or Puerto Rican Spiritualism. As Esteban notes, the drum is sacred to the ritual, and the sacred and the profane are intermarried at gatherings under the beat of the drum. This key difference from European Christianity leads Esteban to observe that 'la música del blanco es sin tambor, más desabrida' (73), and that 'Las religiones africanas tienen más entretenimientos' (136). Esteban further describes the customs of Mayombe as the revenge of the slaves on their masters, the trances into which dancers might enter, the spells cast on people, and the altars to the *Orishas* with their food and material offerings.[10]

'Mi padre se llamaba Nazario y era lucumí de Oyó'

In addition to the cultural, linguistic and religious ruptures and re-creations, the very places of origin in Africa become confused and generalised by later generations of creoles in the New World. Where Esteban states that his *padrino* was called Gin Congo (64), Barnet's endnote to the original text of *Cimarrón* explains that it was customary for slaves to be given as surname the name of their land of origin. However, Barnet explains in *Afro-Cuban Religions* that the word Congo is particularly broad in its meaning, and can be used to designate a vast array of different ethnicities. With reference to Lydia Cabrera's extensive investigation (1983), Barnet observes that, in addition to the names Briyumba, Kimbisa and Mayombe, there are other tribal origins of the generalised Congos: 'Other terms such as the "nations" of Loango, Ngola, Benguela, Musundi, Kunalungo, Kabinde, Basongo, Bakuba and Bushongo denote somewhat imprecise places of origin' (1991: 74). As a result, 'no one element of the surviving Congo culture in our country can be defined in terms of its precise ethnographic origin' (1991: 81). On his 'pilgrimage' to Nigeria, Barnet explores the particular ancestry of Montejo:

10 Esteban admits to having stolen the food from one of these altars, and angering the *santero*.

I asked about the word Lucumí: few recognised the term. Some told me that it had been a kingdom of the Oyo Empire. Others that it was the original name of the Yoruba and that Ulkami had been a place where slaves were sold and traded. Thus the name Lucumí is derived from Ulkami, that is, a metathesis of the word. What is known is that the term was coined in Cuba [where] it became the prevailing term and is still current. (1991: 149)

One can observe, therefore, that although Africa remains the land of origin of Esteban, and although he traces his ancestry to the Lucumí, or Yoruba lands of present Nigeria, and that of his *padrino* to the Congo, it is clear that such definitions are of greater determination within the context of cultural identity in Cuba, and are less a detailed indication of specific origin.[11]

'Yo veía que los más aislados eran los chinos'

Esteban makes repeated references to the Chinese population of Cuba. Typical of his character, he displays a generous tolerance to their differences whilst remaining a distant observer. The Chinese played a significant role in shaping the Cuban nation, and their appearance in Cuban history deserves brief mention.

Three Chinese-Cuban generals explore the history of Cubans of Chinese ancestry in *Our History is Still Being Written* (2005). General Sío Wong explains that their history on the island began with the Opium Wars in China in 1840, and follows China's defeat in this conflict in 1842. Once Chinese ports had been opened up for European commerce, England, which had led the world in the abolition of the slave trade, began to contract Chinese labourers to work in the Caribbean colonies of Trinidad and Tobago, Jamaica, Guyana and Barbados. Spain, having signed a treaty abolishing slavery but still shipping Africans to Cuba, saw the profit of such labourers, and established a company in the port of Amoy in 1844:

> The Chinese were contracted for a period of eight years. Pay was four pesos a month, plus food and clothing. They had to work for whoever bought or rebought their contract, which sold for seventy pesos. Thus they were indentured labourers. They were promised that after eight years they could choose to return to China or stay in the country as a free labourer. But they had no choice, of course. They had to stay since they didn't have money for the return passage. (Sío Wong et al. 2005: 58)

11 There has been extensive anthropological investigation into this ethnic heritage. See Palmié 1995, for example.

As with the African trade in people, the conditions aboard the boats were appalling, and 10–15% died on the seas. Thomas notes that '200,000 Chinese were imported into Cuba, between 1847 and 1867, in conditions similar to, though legally different from, slavery. Well-known slaving firms organized these arrangements' (1997: 760). Both Sío Wong and Thomas agree that the legal status of these workers was a mere cover over the similar state of enslavement; and they similarly confirm Esteban's declaration that the Chinese, like the Tainos before them, regularly committed suicide to avoid this harsh life. Esteban pays particular attention to the tremendous cultural differences between the Africans and the Chinese, observing that they were silent, pensive, rebellious, prone to suicide and to escape, and with no ear for the drum. He also confirms one main consideration of the three generals' accounts, that the Chinese were fierce and fearless warriors in the War of Independence. Bowing to international pressure, Spain agreed to end the traffic of Chinese contract labourers, and the last shipment of Chinese to Cuba was in 1874. The contracts were terminated with the War of Independence (Sío Wong et al. 2005: 64).

'Yo era cimarrón de nacimiento'

'The history of slavery' writes Walvin, 'is the history of slave resistance' (2006: 115). Born into slavery, Esteban declares himself to have been innately resistant to the concept of slavery and bondage. In general, slave resistance took a number of different forms. Initially, one need scarcely mention the physical opposition to capture, imprisonment, transportation and forced labour. Cases of struggles on boats and mutinies are legion, revolts and rebellions throughout the Americas are extensively documented, and the unique case of the successful slave revolution of St. Domingue and the creation of the state of Haiti in 1804 is a landmark in global history. At the domestic level, however, Walvin notes how deliberate clumsiness, incomprehension, lethargy and sullenness, although an inevitable reaction to the condition of slavery, were nevertheless practised and passed down the generations. 'Slaves always trod a delicate line between having to obey and to do what was expected of them (or risk punishment) and not doing it too eagerly or thoroughly' (2006: 115). One must not forget, also, that in Cuba there was always a sea frontier to cross in order to escape. There was no form of 'Underground Railroad' such as the informal network used to take people from the slaving states to the free states in the US.

Esteban chose to flee. 'Slave runaways were to be found in all slave societies. In many they formed distinct (maroon) communities of runaways that, in time, developed their own identity and power' (Walvin 2006: 115). Esteban is unlike the majority of documented cases, in that he remains defiantly alone, fearing, as he explains 'cimarrón con cimarrón, vende cimarrón' (83). He carries this suspicious nature of *cimarrón* in his blood, and his distance from all communities and society is visible throughout his life. In many respects, Esteban is the embodiment of the original meaning of the term *cimarrón*, a domestic animal that has taken to the hills and has become wild, the spirit of Jack London's *Call of the Wild*. Richard Price, in the introduction to the edited volume *Maroon Societies*, depicts this vivid original meaning of the term:

> The English word 'maroon,' like the French *marron*, derives from the Spanish *cimarrón*. As used in the New World, *cimarrón* originally referred to domestic cattle that had taken to the hills in Hispaniola, and soon after to Indian slaves who had escaped from the Spaniards as well. By the end of the 1530s, it was already beginning to refer primarily to Afro-American runaways, and had strong connotations of 'fierceness,' of being 'wild' and 'unbroken'. (1973: 2)

With an almost Rousseau-like spirit of romanticism, Esteban takes great pride in his wild spirit, his communion with nature and his disdain for the material trappings of the city, so much so that whenever asked later in his life to identify himself, he steadfastly would answer "Yo soy Esteban y fui cimarrón"' (90).[12] Furthermore, when mocked for his savage past, Esteban would retort that the real beasts were those who never resisted slavery and who therefore felt the whip on their back (107). Despite his claimed preference of life in the hills to that in the sugar mill and the city, the hunting-down of runaway slaves with hounds was a very real and constant threat. One of the first scholars to investigate the history of runaways and maroon communities in Cuba, José Franco, explains how terrible this hunt for runaways could be:

> Cuban slaves rebelled against slavery from the very beginning of the colonial period. They would flee to the mountains in order to defend themselves from slave hunters, called *rancheadores*, who used fierce hunting dogs to find them even in the most sheltered *palenques* (maroon communities, literally 'palisades' or 'stockades'). The punishments were terrible. In 1553, Governor Manuel de Rojas captured and killed four maroons in the mines of Jobabo.

12 Miguel Barnet also tends to see Esteban as a *cimarrón* by essence – as an archetype, perhaps. Throughout the long essay 'novela-testimonio: socioliteratura', he tends to refer to him not by name, but as *Cimarrón*: 'La ingenuidad de Cimarrón, las palabras rotundas, claras, de su monólogo le adosan un dramatismo mayor a su vida' (1970b: 140).

> 'He took their corpses to Bayamo, where they were cut up and their heads were placed on tall stakes' (Ortiz 1916). (1973: 41)

Price includes in the edited volume a colourful (and remorseful) description of just such a hunting party, originally published in 1856 in New York by the curiously-named Demoticus Philalethes. In the account, the *ranchadores* (*sic*) use hounds to locate a *rancho*, or small maroon settlement. Not only are hunters and hounds alike described as excessively violent, we also learn that they earned themselves four dollars for each captured escapee (1973: 60–63). Esteban himself makes special mention of the ferocity of the dogs, describing how they were bred exclusively for the purpose of hunting maroons: 'Como el cimarrón era un esclavo que se huía los amos mandaban a una cuadrilla de ranchadotes; guajiros brutos con perros de caza, para que lo sacaran a uno del monte a mordidas. [...] Eran perros amaestrados para coger negros' (82). The dogs themselves would have been the Cuban Bloodhound, a bulldog breed with ancestry in Spain and France that was bred initially to hunt Tainos in Cuba and escaped African slaves in later years. It was known particularly not simply for its aggressiveness, a characteristic of the breed, but for its unrelenting resilience to pain.[13] Esteban, it would appear, had good reason to be fearful.

La abolición de la esclavitud

'Toda mi vida me ha gustado el monte. Pero cuando se acabó la esclavitud dejé de ser cimarrón. Por la gritería de la gente me enteré que había acabado la esclavitud y salí. Gritaban: "Ya estamos libres". Pero yo como si nada. Para mí era mentira'

The intense commemoration in 2007 in the UK of the bicentenary of the Slave Trade Act was slightly misleading. Firstly, the Atlantic slave trade did not end overnight; secondly, the Act did not affect the trade in the south Atlantic to Brazil; and thirdly, the abolition of the trade was not the abolition of slavery. The Act was passed by the British Parliament in March 1807, making the trade in slaves illegal throughout the British Empire, but many decades and much political wrangling ensued before the trade was finally brought to a halt. Walvin notes that 'the maritime slave trade was abolished in 1807 by the British and the Americans (earlier by the Danes), yet despite abolition an estimated three million Africans were shipped across the Atlantic, mainly to Brazil and Cuba, *after* abolition' (2006: 70). As Esteban observes, although the cry of abolition had lured him

13 http://bttbab.com/cuban_bloodhound.htm.

down from the hills, slave conditions ostensibly prevailed right through to the establishment of the Republic at the turn of the century. 'Cuando los ingleses descubrieron ese asunto no dejaron traer más negros y entonces se acabó la esclavitud y empezó la otra parte: la libre. Fue por los años ochenta y pico' (64). Esteban, indeed, ascribes the end of the trade not to 1807, nor to 1817, the date of the Anglo-Spanish treaty of Madrid, but to the 1880s, a period which saw the end of a final, illegal, flourish of slave transportations to the island prior to its ultimate abolition in 1886.

Abolition is a complex affair. There were voices opposed to slavery from the early colonial days, and slavery today still exists in many places through-out the world.[14] As such, we should talk of the process of various aboli-tion movements. Enlightenment thought and the French and American revolutions, with emphasis on liberty, equality, brotherhood and universal rights, offered a critical judgement of human bondage. The slave revolt in St. Domingue and the consequent creation of the republic of Haiti in 1804 further brought the plight of slaves and the morality of slavery into public focus. In England, individuals like James Ramsay, Granville Sharp, Thomas Clarkson and William Wilberforce put increasing pressure on the government; in the US, Quakers and the Abolitionist Movement mobilised public and Congress; whilst testimonies of slaves, such as Olaudah Equiano, images of the slave ships and accounts of the brutal labour and living conditions caused a huge sea-change in public opinion towards slavery. Furthermore, in a manner that reflects the present day's emphasis on consumer power, many members of the public, mostly women, protested by not purchasing and consuming sugar, the product of slave labour. 'During the twilight of the Napoleonic wars,' writes Knight, 'the British abolitionists concentrated upon an effort to impress upon the allied powers the need to include a strong commitment to end the slave trade in the period after the wars, and they kept the pressure up until 1822' (1974: 50). The importation of slaves into the US was officially banned in 1808. The French abolished the trade in slaves in 1815, and following this the British government put pressure on Spain and Portugal into signing the

14 Anti-slavery International, an abolition campaign organisation founded in 1839, today still fights against slavery. 'Slavery exists today despite the fact that it is banned in most of the countries where it is practised. It is also prohibited by the 1948 *Universal Declaration of Human Rights* and the 1956 *UN Supplementary Conven-tion on the Abolition of Slavery, the Slave Trade and Institutions and Practices Similar to Slavery*. [...] Contemporary slavery takes various forms and affects people of all ages, sex and race' (www.antislavery.org).

treaty in 1817, the articles of which were reiterated in the Anglo-Spanish treaty of 1835 (Knight 1974: 138). Richard Gott explains how Britain then began to police the waters to ensure the treaties were observed:

The Anglo-Spanish treaty of Madrid in 1817 created an early example of a regime of international inspection. The British navy, under its clauses, was granted the right to search Spanish ships suspected of slaving. If slaves were found on board, they (and the vessel) could be seized. Their fate was then decided by Anglo-Spanish tribunals set up on either side of the Atlantic, in Havana and Freetown, the capital of Britain's African colony of Sierra Leone. (2005: 60)

The demand for slaves, however, scarcely diminished. It was difficult to control such a vast area, corruption was rife, and the African trade consequently continued to Cuba, Brazil and the US; indeed, 'African slaves continued to pour into Cuba on an ever-increasing scale, to the dismay and irritation of the moralising British' (Gott 2005: 59). Despite the exhortations of diplomats such as Richard Madden, and despite the British patrolling cruisers, Knight explains that 'the slave trade continued as long as the system of slavery was accepted as the best way by which the Cubans could obtain and organize their labourers at a time when the island was undergoing a massive intensification of agricultural activity' (1974: 54). Knight observes that diplomatic pressure and governmental legislation were all only partially successful in bringing about an end to the trade, and to slavery in Cuba. Events in the US appear to have been a more decisive factor.

There had been strong Cuban support for annexation to the southern states of the US during the 1840s as a means of safeguarding against Spain's measures to abolish slavery; but 'such support waned as the Cubans observed the Americanization of the areas in Texas, northern Mexico, and California where Manifest Destiny had drawn the United States' (Knight 1974: 145). The Civil War in the US, which hung upon the issue of slavery, drew intellectual Cuban creoles towards the aspirations of the North, whereas the Cuban slaveholders came to support the South. As such, the essential opposing forces of the Cuban wars of independence were likewise polarised by the issue of slavery. 'The proclamation of the emancipation of slaves in the United States and the success of the North in the Civil War meant that slavery in Cuba became more difficult to defend' (Knight 1974: 147). Support for the North was not simply amongst the intellectual creoles. 'Cuban slaves themselves were affected by the war – many, indeed, thought that the forces of Lincoln would ultimately give them freedom. [...] Both for the slaves and the slaveowners in Cuba, the Civil War clearly signified the beginning of the final phase of slavery' (Knight 1974: 148). Ultimately, relations between supporters of an independent Cuba, and supporters of the maintenance of Peninsular authority became integrally linked to issues of abolition, emancipation, and the equation of slave trading with piracy. These were key factors influencing the Ten Years War, the first of the three liberation wars that Cuba fought against Spain.

La Guerra de Independencia

'También usaron piabodes en la Guerra de los Diez Años'
The struggles for independence in Cuba are separated into three periods of conflict: the Ten Years War (1868–1878), the Little War (1879–1880) and the War of Independence (1895–1898), the last three months of which are known as the Spanish-American War.

The Ten Years War drew its support from three essential types of people: wealthy creole planters from eastern Cuba who were drawn into the struggle reluctantly rather than entering for ideological motives; smaller planters with nationalistic and legalistic visions; and lastly and importantly, 'there was a third faction of the rank and file of the revolution – a very heterogeneous group of poorer whites, free persons of colour, and slaves and indentured Asians. It was to this group that real power quickly moved after the war broke out' (Knight 1974: 164). It was this faction that carried out the guerrilla fighting from the hills of eastern Cuba, and it was precisely these latter non-white Cubans who suffered the dual misery of defeat in war and a return to the old conditions of servitude. This was the ambience of the sugar mills whilst Esteban was a *criollito* and then a runaway, and he describes the disillusionment in these older folk at the outbreak of the later war:

> Estos viejos, con el recuerdo de la otra guerra fresco todavía, se metieron en la Independencia. El papel que hicieron fue bueno, pero sin entusiasmo. Ellos sí habían perdido el entusiasmo. No la fuerza ni la valentía, pero sí el entusiasmo. (150)

In addition to the discord amongst the leaders of the rebels, the Spanish successfully restricted the rebels' arms deliveries whilst sending more troops to reinforce the Spanish army garrisons. Esteban discusses in some detail the woeful shortage of arms in the Ten Years War: 'Era más difícil hallar un arma que una aguja en un pajar' (151), and the consequent

19

weariness of these old fighters for the new campaign. The only effective weapon, according to Esteban, was the fear they instilled in the enemy with the guerrilla tactics and close-quarter machete combat, later repeated in the War of Independence. It was this tenacity of the rebels, plus, and perhaps more significantly, the highly competent leadership of mulatto general Antonio Maceo (1845–1896), that allowed them to defy the Spanish troops for a full ten years (Knight 1974: 166).

Throughout this drawn-out war, which took place as much in the field as in the Spanish parliament, the issue of emancipation was a key component of the political debates. Emancipation in a staggered and complex fashion was enacted under the Moret Law of 1870, but it was the end of the war that brought about the end to slavery in Cuba. With regard to this dogged preservation of the institution of slavery and the dismissal of the need to change, Knight aptly notes that 'Spanish abolition derived less from humanitarian convictions than from the desire to catch up with the rest of the world' (1974: 176). Even the final law, which came into effect in 1880 and which abolished slavery, established a patronage system for the newly-freed slaves, thereby setting the final and absolute date for its abolishment in 1886. It would have been in 1880, or soon after, that Esteban heard the cry of 'Ya estamos libres', and emerged from the hills.

'Muchos negros para mí que no se habían dado cuenta de las cosas, porque seguían diciendo: "Mi amo, la bendición"'

As discussed, Esteban sees no change in the status of the slaves. It must be noted, however, that Esteban had been living in rustic exile for the previous ten years, in addition to bearing within him an innate rebelliousness and hatred of servitude. His disgust, therefore, at seeing former slaves seeking their masters' blessing stems partially from his distance from events. The delayed application of laws from Spain, the continued resistance to emancipation amongst certain Cuban planters and the resultant racism, the obvious lack of any alternative skills of many of the former slaves, the economic and political turmoil, and numerous other factors, clearly were not going to assist a sudden integration into cosmopolitan society of the freed slaves. 'The slaves, even when they had the money, appeared to be unenthusiastic about purchasing their freedom, preferring, perhaps, to serve out the eight years' (Knight 1974: 177). Esteban notes with bitterness, however, that punishments after abolition were still severe, and that the treatment of the children constituted 'castigos salvajes heredados de la esclavitud' (105). Knight explains that abolitionists in

Spain, deep into the 1880s, attacked the patronage system, 'pointing out that abuses were rampant and that physical punishment – especially the cepo and grillete – had not been abolished' (1974: 177). In addition to the competing political agendas in Cuba and Spain, it is clear, therefore, that the issue of slavery and emancipation bore heavily on the causes for war.

'"Cuba Libre, yo son un liberá". Ninguno quería seguir bajo el dominio español'

The Pact of Zanjón ended the Ten Years War. However, as Gott explains, 'many rebels were unhappy with the Pact of Zanjón. Maceo continued to argue that there could be no peace without independence and the complete abolition of slavery' (2005: 82). Such frustration led to the abortive rebellion known as the Guerra Chiquita (Little War), which erupted in 1879. 'With Maceo deprived of command, and [Calixto] García, the rebellion's prime mover, out of the country, the Guerra Chiquita was stillborn' (2005: 83). Crucially, throughout all these years of conflict, an issue that garnered constant support for the Spanish cause and divided the rebels' cause was the threat of a repeat of Haiti. Thus the fear of a black uprising and a black republic, grist for the Spanish and the Cuban planters' propaganda mill, was to prove divisive. Maceo's mulatto ethnicity was increasingly treated as a political issue. Not only the Spanish but also resistant elements within the Cuban rebels tapped into a deep Cuban tradition of racial prejudice and fomented false rumours of Maceo's hidden agenda to create a black republic. Maceo's rebuttals of such fear-mongering tactics were to little avail, and indeed he repeatedly stressed his views of a republic based upon the true revolutionary values of liberty, equality and fraternity, and that the total abolition of slavery and the wholesale incorporation of Afro-Cubans into republican Cuban society in no ways disguised a secret desire to overthrow the whites. Following his rejection of the Pact of Zanjón, the Protest of Baraguá, Maceo spent the next 17 years in exile in the Caribbean and the US, travelling, working and reading, strengthening his political knowledge and promoting the cause of Cuban liberation. He was, however, due in part to this divisive and threatening power of his skin colour, eased out of rebel leadership, and 'the figure on whom the burden of proving that an independent Cuba would be a black and white nation, at ease with itself, was José Martí, a hero of both Cuban and Latin American history' (Gott 2005: 83).

'Martí, el patriota de Tampa, el hombre más puro de Cuba'

21

Not a military leader but Cuba's most celebrated and inspired polymath patriot, poet and political campaigner, José Martí (1853–1895), 'El Apostol', as he has been known to generations of Cubans, dedicated his short life to Cuban independence. Following the Ten Years War and the brief Guerra Chiquita, a period of agitated truce ensued in which the political turmoil of the war years continued, with debates raging about independence, US annexation, Cuban sovereignty and the total emancipation of slaves. During this time Cuba underwent a rapid technological revolution in the sugar industry, and the dynamic of Cuban society changed radically. Spain, however, was still the colonial power, and conflict continued. Martí, a political theorist and activist from youth, had been accused of participation in the organisation of the Guerra Chiquita, and had been sent into exile in Spain and the US; and it was this exile that, according to Cabrera Infante, fuelled Martí's patriotism and indefatigable struggle for Cuban independence. 'Martí's life consisted of trying to recover his entire homeland: to put an end to his exile and at the same time to create a free Cuba, because it was impossible for him to live under a regime that was doubly onerous: totalitarian and foreign' (1999: 42). As a political theorist, Martí developed clear notions of an independent Cuba, with a central tenet being racial equality: 'his message of independence and freedom was addressed to both whites and blacks' (Gott 2005: 84). Having witnessed the inevitable corruption of military rule elsewhere in Latin America, Martí set out clear proposals that the future republic of Cuba should be governed by civilian not military leaders. As such, from exile, he played a difficult role in bringing the veterans of the former campaign, Antonio Maceo and Máximo Gómez, into his political campaign. Such was Martí's vision of a civil state that, even at the meeting in the Dominican Republic prior to the declaration of war in 1895, Martí, Máximo Gómez and Antonio Maceo disagreed over whether a military junta should govern the putative republic.

Martí was also increasingly concerned about the interest of the US in Cuban matters, observing that the growing agricultural, technological and economic activities of the US within Cuba betrayed a covert colonial objective, whether through outright annexation or economic influence. His respect for the liberties of the US gradually transformed into mistrust as he viewed the corrupt power of the political elites and their disregard for Latin America. Furthermore, as Thomas explains, 'Martí despised the cult of wealth in the U.S.; he distrusted the alliances between politicians and bankers [...] he found the presidential elections nauseating; he thought that the educational system stifled the individual; but always he regarded the U.S. as an astonishing experiment and adventure in democracy' (1971: 297). As a result of such deep-felt convictions, he tirelessly promoted Cuban sovereignty and independence from Spain through public speeches and newspaper journals in the US whilst emphasising that he rejected the annexation doctrine. In particular, as delegate for the Cuban Revolutionary Party, he campaigned amongst the Cuban exile communities of Florida, with special focus on the cigar factories of Tampa and Key West.[15] Araceli Tinajero's 2007 history of the *lectores de tabaquería*, the readers in the cigar factories, pays particular attention to the success of Martí as public orator in drumming up support in Florida, both material and human, for the campaign.

'Primero decían que estaban orgullosos de ser cubanos y que el Grito de Baire nos había unido. Arengaban a la pelea y estaban seguritos de que íbamos a ganar'
The War of Independence was declared on 24 February 1895 in various locations across Cuba, amongst which the town of Baire gives its name to the declaration 'El Grito de Baire'. Esteban notes, cynically, that it was less the passion of the *grito* than Maceo's promise of thirty pesos to all rebel fighters that boosted recruitment (152).[16] Máximo Gómez and José Martí, having proclaimed the manifesto of the new republic in the Dominican Republic, landed in eastern Cuba in April 1895, entered into hostilities and, a month later, Martí died in battle in Dos Ríos. Gómez and the Maceo brothers led the movement across Cuba, counting amongst their forces volunteers from all sectors of Cuban society, but importantly former slaves and indentured labourers of African and oriental descent – the *Mambises*.

During the Ten Years War, scant weaponry, training and provision of

15 'There was substantial damage [to tobacco cultivation] in the course of the Ten Years War. Many of the *vegas* in Oriente such as Mayarí and Cauto had been almost destroyed. Many tobacco workers fled to Florida: in 1868 there had been 3,000 in Key West, in 1870, 18,000. Many contributed monthly to the revolutionary cause in the war and remained afterwards in Florida' (Thomas 1971: 291).
16 Esteban's remarks are not necessarily cynical. One needs to consider the devastation of the country, the destruction of the sugar and tobacco harvest, and the general state of hunger. Therefore, 'Cuba in mid-1896 presented a desolate picture. Many sugar estates were idle. Most of the male population had joined either the rebels or the Spanish guerrilla forces, as an alternative to starvation' (Thomas 1971: 334).

the Cubans, plus factors of terrain and strategy, led the fighting forces to adopt guerrilla-style combat, using ambush, surprise, geography and the machete in their tactics. As mentioned, such techniques of warfare contributed significantly to the duration of the war. Esteban remarks that Maceo and Gómez, upon their landing in Cuba following the Grito de Baire, embarked on a vigorous recruitment drive for the war, especially amongst these mostly disenfranchised citizens. As with the previous war, this force comprised former slaves, free blacks, Chinese, and white Cuban peasantry. 'Maceo's column', writes Thomas, 'deserves special notice. They were mostly Negroes, armed with machetes and a few rifles, cut short to make them more effective. They were not regularly provisioned but, accustomed to living in the woods, lived off the country. Expert horsemen, they were mounted on horses captured on the line of the march' (1971: 324). Maceo and his troops pushed west from Oriente province in a bid not to be cornered in the east as in the previous war, conducting a particularly rigorous campaign of plantation raiding, cane-burning and recruitment. 'Early in 1896 Gómez arrived at the outskirts of Havana, while Maceo, bypassing the capital, advanced towards Pinar del Río' (Gott 2005: 93). The Spanish commander, Martínez Campos, resigned under this mounting pressure and was replaced by a more severe commander, General Weyler, whose counter-guerrilla measures of herding the country folk into enclosures (often considered alongside similar measures by the British in the Boer War as the first concentration camps) were extensively reported and criticised in the US and fanned the fires of anti-Spanish sentiment.

As Esteban acknowledges, racism and the lack of individual liberty appears to have been the motivating force for the *mambí* fighters. Thomas notes that 'the character of the rebels now [1895–1896] became clearer. Some estimates gave 80% as the proportion of Negroes. Afterwards they themselves claimed to constitute 85% of those present in rebel ranks' (1971: 323). It also appeared that old animosities between slaves (and ex-slaves) and plantation owners was a major element of the conflict, and as a result, social reform was integral to the conflict. 'This was therefore a revolutionary war, not simply one of independence' (1971: 323).

'Cuando me topé con las fuerzas mambisas, grité y ellos me vieron ... Desde ese día me di por entero a la guerra'
The spirit of the *mambí* beats within Esteban's breast even as an old man as strong as the spirit of *cimarrón*. 'These were the original *mambí*, the pejorative word given by white Spanish troops to the black rebels in Santo

Domingo. Derived from *mbi*, a reference to their African origin, it was used to suggest that they were all bandits and criminals' (Gott 2005: 73). Although Richard Gott's sources indicate a different etymology of the term to that which Esteban gives, the important consensus is that the term was initially employed as an insult and yet was soon incorporated into the self-identity of the *mambises*, thus converting insult into badge of honour, especially in the resurgence of the *mambí* forces in the war of 1895. Esteban notes that 'Mambí quiere decir hijo de mono y de aura' (156) yet he does not explain from which language the term was derived. Importantly, Fernández Retamar, in his historic text *Caliban*, acknowledges this disputed etymology, yet further reinforces the wilful acceptance of the term by the fighters themselves as a mark of national pride. Pursuing this angle, Fernández Retamar builds a similar dynamic with the glad acceptance, within a postcolonial framework, of the rebellious nature of Shakespeare's Caliban:

> The most venerated Word in Cuba – *mambí* – was disparagingly imposed on us by our enemies at the time of the war for independence, and we still have not totally deciphered its meaning. It seems to have an African root, and in the mouth of the Spanish colonists implied the idea that all *independentistas* were so many black slaves – emancipated by that very war for independence – who of course constituted the bulk of the liberation army. The *independentistas*, white and black, adopted with honor something that colonialism meant as an insult. This is the dialectic of Caliban. To offend us they call us *mambí*, they call us black – *never* descendants of the rebel, runaway, *independentista* black – *never* descendants of the slave holder. (Fernández Retamar 1997: 16)

Herein lies the power of the term. Esteban significantly describes how the deep-running vein of racial fear in the Spaniards and white Cubans ensured that the *mambí* fighters could inflict terrible destruction through their presence alone, explaining that the Spaniards called the rebel fighters savages because they themselves 'eran mansitos', and because they were terrified of them. 'De ahí que nos llamaron mambises', he explains. 'Era una frase molesta, pero nosotros la usábamos para cortarles la cabeza' (156). As Fernández Retamar indicates, within the context of insurrectionary Cuba, with the particular resonance of slavery and emancipation in the conflict, with the overwhelming percentage of free agricultural workers, indentured labourers and former slaves in the *mambí* forces, and given the ostensibly white ethnicity of the enemy Spaniards, there would have been an immediate unifying value in this particular term. Further to this, however, is the crucial issue of the machete.

25

'Mal Tiempo fue ... el primer infierno que sufrieron los españoles en Cuba. [...] El machete era el arma de batalla. Los jefes nos decían: "Al llegar, levanten machete"'

The Battle of Mal Tiempo (also Maltiempo) was one of the bloodiest combats of the war and was the most resolute single victory for the Cuban liberation army over Spanish forces. It was, as Esteban affirms, a tremendous morale booster for the Cuban insurgents: 'les abrió el espíritu y la fuerza' (156), and greatly facilitated their progress towards the west of the island. The battle, commanded by Maceo and Gómez, was the first in which Esteban fought, and he emphasises, in addition to the fear and disorganisation of the Spanish troops, the importance of the machete and its deadly effectiveness in the combat. 'Cuando la matanza terminó nosotros veíamos las cabecitas de los españoles por tongas, en las cercas de piña. Pocas cosas he visto yo más impresionantes' (155). Where the machete was employed to such deadly effects in the battle of Mal Tiempo, so has it entered historical accounts as being the weapon of choice for the *mambises* in all battles of liberation. With the significance of the nineteenth-century revolution and the cry of *Cuba Libre* within the context of resistance to dictatorship (of Machado and Batista) in Cuba throughout the twentieth century, the machete has thus come to be inscribed in modern Cuban revolutionary folklore.

Historically, however, this may not be accurate. Although poorly armed in the Ten Years War, during the war of 1895–1898 shipments of weapons and ammunition from the US did manage to get through the Spanish, British and US naval blockades and reach the liberation army. Furthermore, large quantities of weapons were captured in raids and battles from the Spanish. Military historians from Cuba, Spain and the US have independently suggested that, while the machete was indeed used in battle in Mal Tiempo, it generally served alternative purposes during the whole campaign, and was used in battle only in specific circumstances. Sarmiento Ramírez, for example, suggests that 'no hay ninguna diferencia ostensible entre el armamento insurrecto y el español' (2001: 88), primarily because of seizures of Spanish arms. He further argues: 'La existencia de un armamento típicamente mambí, construido artesanalmente [amongst which the machete is presumably included], sólo tiene un carácter rudimentario y pasajero y no llega a generalizarse; sin embargo, éste representa un indudable apoyo' (2001: 88). Such weaponry, he maintains, was extremely effective in terrifying the Spanish troops (largely peasant conscripts) but was not often employed in combat. US historian John

Lawrence Tone, meanwhile, analyses extensive battle reports and eyewitness accounts and suggest that 'the Cubans used the machete for many purposes, but rarely as their main weapon in battles with the Spanish troops' (1998: 8). Tone establishes that the Cuban insurgents had extensive firearms training, in most cases superior to the Spanish troops, and that they used the rifle to devastating effect. A war could never have been maintained on the combat strength of the machete alone. It was the raid and pillage, the ambush and close-quartered fighting, however, where the machete came into its own.

There are many justifications for the ubiquity of the machete. Many of the rebel troops were plantation labourers, and thus had immediate access to the machete and were wholly adept at wielding it. It was far less cumbersome on marches, especially through forested areas, whilst being employed to hack the trail. It would be useful in camp for animal capture and butchery, cutting firewood, erecting shelter and stockades. It was useful as a weapon within the Spanish-occupied territories where arms were not permitted (the machete could never have been banned because of it obvious agricultural use). Tone furthermore concurs with Esteban (and with Sarmiento Ramírez) in the fear the machete instilled in the Spanish: 'It may be that the terrible possibility of a machete attack demoralized Spanish troops in ways that are difficult to measure' (1998: 23). 'El miedo', declares Esteban, '[les] fue el enemigo mayor' (156).

The machete, thus, became a clear mark of distinction for the independence soldiers, so much so that later in the conflict the Spanish themselves began to develop machete use. It became a totemic warrior image bearing a specifically Cuban cultural heritage, with ethnic and subaltern overtones. The Spanish would have been keen to promote the legend of the machete in order to bear out racially-tinged tales of a savage and brutal enemy. Furthermore, later, the US would have had good reason to uphold this image, in order to justify the paternalistic narrative of intervention over a people too underdeveloped (and too black) for self-governance.

'Tajó era un cuatrero con traje de libertador. Muchos hubo así'

Despite the victory of Mal Tiempo, Esteban clearly admits that the *mambí* forces were disorganised and unruly, yet that their fighting spirit, especially after Mal Tiempo, was formidable. 'Lo que abundaba era el espíritu de pelea, pero la organización estaba por el suelo' (159). He also candidly admits that the forces tended to lack an ideological or informed objective for enlisting, but that this absence was more than made up for in their battle prowess. The guerrilla nature of many of the *mambí* contingents, with the particular ethnic characteristics, evoked the wild spirit of the *cimarrones* and the *palenque* communities.[17] Thomas notes that 'Many labourers, ex-slaves and whites, were now taking to the hills and, only very unofficially part of the rebellion, were living by pillage, as there was still much cattle' (1971: 322). Furthermore, the inter-war years of unsettled peace and the massive destruction of agricultural and industrial activity by, in particular, Maceo's armies, had led both to bands of rural bandits and to powerful bandit leaders, amongst whom Esteban talks of 'Tajó, el asaltador, el bandolero' and Manuel García. Thomas explains this participation in combat of former (or current) bandit leaders:

> Meantime [early 1890s] Cuba itself was already disturbed by much sporadic banditry, some of it of a vague politically radical nature, particularly by Manuel García in the centre of the island who claimed to despoil the rich for the benefit of the poor. He and other bandits asserted that they were in favour of Cuban independence and were revolutionaries but even the poor and the Negroes knew of the falsity of this claim. García offered money to Martí for the cause of independence but Martí refused it with the rhetorical reply, 'The tree must grow clean from the root'. (1971: 302)

Thomas, interestingly, considers Esteban's description of Manuel García, yet acknowledges that Esteban's account cannot be taken as wholly reliable, as 'Montejo disliked Gómez' (302, no. 27). Esteban further explains how, following the death of Maceo, many rebel leaders, amongst whom were former bandits, deserted to the Spanish, and that the corrupt rebel leader Cayito Álvarez was killed by his own men for desertion.

'Lo que más les dolió fue el jaque mate de los americanos. Parece que pensaron que esa gente venía aquí por gusto. Luego se comprobó que no, que lo que ellos querían era cogerse lo mejor del pastel'
The United States, thanks to the indomitable newspaper coverage of William Randolph Hearst and Joseph Pulitzer, had been a keen witness to the events in Cuba from 1895. Political debate, with cautious senators on one side and bellicose urgings from, amongst others, New York Police Commissioner Theodore Roosevelt, had thus far kept the US out of the Cuban conflict. By the end of 1896, however, despite the victories that Esteban notes, the Spanish were slowly gaining strength. Relations

---

17 Such parallels between *palenque* communities and certain *mambí* groups may reveal a historical link between them, such as Esteban. Price, indeed, labels the terms together, explaining that maroon communities are 'known variously as *palenques, quilombos, mocambos, cumbes, ladeiras,* or *mambises*' (1973: 1).

between Máximo Gómez and Calixto García were strained, Antonio Maceo was killed in a skirmish, the Spanish military governor Weyler was employing increasingly harsh measures against any of the populace suspected of conspiring with the rebels and was mustering people in designated areas as part of his anti-guerrilla strategy, and US interest in the conflict was growing. Hearst, indeed, sent his reporter (and cartoonist) Remington to Havana, who reported back that there was no war and that he wished to return. Hearst famously responded: 'Please remain. You furnish the pictures and I'll furnish the war'. Pulitzer, meanwhile, evoking the Murdoch age, 'freely admitted that he backed war because of its possible effects on his paper's circulation' (Thomas 1971: 341).

Roosevelt, anticipating his later endorsement of the 'Big Stick Policy', was urging for war, arguing for the unity of America, its final release from Europe, the moral stance against Spanish brutality, honour, valour, and the simple need to test out the newly equipped army and navy. He also argued that 'Peace is a goddess only when she comes with the sword girt on thigh ... No triumph of peace is quite so great as the supreme triumphs of war' (Thomas 1971: 342). His belligerent trumpeting was a key factor in thrusting the US into the conflict. Even in Spain, the prospect of victory in Cuba became clouded by fear of US involvement. Around mid-1897, for example, 'it was realized in Madrid that even though Weyler might succeed in Cuba, the real question concerned more and more Washington' (Thomas 1971: 347).

'¿Por qué la población no se rebeló cuando lo del Maine?'
In January 1898, in response to violent activities in Havana of pro-Spanish *voluntarios*, the US battleship Maine was deployed to Havana. In February she exploded, causing 260 deaths. A US commission stated that the explosion had come from outside; a Spanish commission suggested from within, but this report was discredited. No evidence has ever been revealed to link the explosion with any party, whether Spanish, Cuban rebels, the US navy, nor even Hearst himself. It is important, however, to stress that the Maine was carrying a vast quantity of powder and ammunition and that, had she blown up accidentally, it would not have benefited Washington to reveal publicly such a blunder. It was decreed that the explosion had been an act of Spanish aggression and, despite continued opposition to war in Congress, in April a joint resolution was enacted and the US officially engaged in war with Spain. Thomas suggests that the decision was reached partly on the strength of 'mob orators' (1971: 374)

both in the US and in Spain, whose hectoring appeals for war outgunned reason. Forces in Madrid even attempted to coax the Cuban rebels back under Spain's command in alliance against the new aggressor of the US. Máximo Gómez, however, rejected such an appeal, citing the Cubans' greater allegiance to Bolívar and George Washington than to Madrid. 'With this letter Máximo Gómez sealed the fate of Spain, the New World, and also that of Cuba. It was the decisive act of welcome to the US which dictated Cuban history for the next sixty years' (Thomas 1971: 379).

The possible outcome of the war without US intervention is pure hypothesis, with characteristic politicised arguments polarising the debate. The war, nevertheless, was a brief affair, lasting scarcely three months. Such brevity cannot disguise the intense nature of the conflict, with land and sea battles claiming casualties for all three forces, and it cannot cloak the enormous impact the war had on Cuban, Spanish and US national and political character. Pérez Jr. questions the very title of war and its consequent legacy:

> Historical scholarship in the United States has been slow to conceptualize 1898 within the larger framework of world systems. [...] It began, of course, with the very construction of the conflict as the 'Spanish-American War,' which immediately suggested the purpose and identified the participants of the war. The representation of the war underwent various renderings – 'the Spanish War,' 'the Hispano-American War,' 'the American-Spanish War' – before arriving at the 'Spanish-American War.' All shared a common exclusion of Cuban participation, palpable evidence of the power of dominant narratives to define the familiar and fix the forms by which the past is recovered, recorded and received. (1998: xii)

It is precisely this manner of recovering, recording and receiving the past that fuels the polemic of the conflict. Although the intervention of the US would have been what Martí and Maceo would have feared, they were no longer alive, and Gómez' rejection of Spanish alliance was tantamount to an acceptance of the US. Whilst the new president of the Cuban rebel government, Bartolomé Masó, welcomed the intervention. Calixto García, unaware of US preparations for war, was forced to make sudden strategic decisions based upon allied manoeuvres with the US, and he was even visited by Randolph Hearst himself, whom he thanked for publicly endorsing the rebels' cause and presented with a tattered banner of the republic.[18]

18 Not the only time a Cuban leader thanks the US press for their participation. See DePalma 2006. Hearst's participation in the war is in itself staggering, as he himself entered the conflict armed with a revolver and a notebook.

The fiercest land and sea fighting took place at Santiago de Cuba, with the Spanish defending their position against a large division of US and Cuban troops, and the besieged city fell in July after the defeat of the Spanish naval fleet. The exclusion of the Cubans was, however, a characteristic of the conflict. Troops mobilised under García to assist the US beachhead landing and to capture Santiago were later not permitted into the city by the US military for fear of clashes between the Spanish and the Cubans. Similarly, the imbalanced alliance at the national level was mirrored at the troop level. The Cuban forces were in general hungry and poorly clothed, shod and equipped, having been in regular combat for three years. It is documented that the US troops thus resented fraternising. Of more impact, however, was the perennial racial question. 'The sight of the Cuban rebels under Calixto García,' explains Thomas, 'appears to have disillusioned the US forces. The US army was mostly white, the Cuban almost entirely Negro. The US, even before their recent victory, felt more drawn to the chivalrous enemy than to their Cuban allies' (1971: 398). Esteban's accounts reveal the combat capacity of the *mambí* troops, yet Roosevelt only makes brief and disparaging remarks about them in his account of the conflict at San Juan Hill, Santiago.[19] The racial difference of the two forces (despite significant African-American and even Native American contingents in Roosevelt's Rough Riders) evoked the racial dynamic of the US, and as such intervention was inscribed with a paternalistic colonial reluctance to permit black political authority.

The war between the US and Spain took place also in the Philippines and Puerto Rico, and was formally concluded with the Treaty of Paris in December 1898. Despite thirty years of conflict for independence, and despite three intense years in the final war, the Cuban leadership was not invited to the Paris negotiations. The treaty itself, which followed the limitations set by the Teller Amendment and did not authorise annexation of Cuba to the US, set no time restriction for the US presence in Cuba, and excluded the Isle of Pines (now called Isla de la Juventud) from the territory of Cuba. The Spanish troops withdrew in December 1898, and US General Brooke was installed as military governor. Brooke dissolved Martí's Revolutionary Party, set up a civilian government, and placed US military and civilian officials as heads of departments and municipalities.

19 See Lezra (2000) and Saldívar (2000).

'En la policía no había ni un uno por ciento de negros, porque los america-nos sacaron la palabra esa de que cuando el negro cogiera fuerza, cuando se educara, era dañino a la raza blanca'

Esteban is particularly conscious of the racial rift. He comments on the vast concentration of black people in Havana following the surrender of the Spanish, and yet he witnesses their increasing disenfranchisement soon after the celebrations have died down. Although, as mentioned, there was clear and striking racial antagonism amongst the liberation armies, Martí, Maceo, García and Gómez had all campaigned under the banner of Cuban liberation and racial equality. Such racial reform, however, was not forthcoming under the new governorship, and Esteban recalls US soldiers in Havana taunting the black Cubans: 'Con los negros no se metían mucho. Les decían: "Nigre, nigre". Y entonces se echaban a reír. Al que les celebraba la gracia, ellos lo seguían fastidiando' (178). The result of such activities, clearly, brings out the world-weary and cynical side to Esteban's character. Born into slavery he fled to the hills. Upon emancipation he witnesses no immediate improvement to the lives of the former slaves. He joins the *mambí* troops, fights, witnesses the participation of the US in the final victory, and arrives in Havana for the victory celebrations. Soon after, however, he again sees the return to the old structure of servitude. 'Todo parecía que había vuelto para atrás' (181), he complains, and thus abandons the capital and heads back into the countryside, looking, as so many other former *mambises*, for agricul-tural employment. He finds work in a sugar mill, living again in a rustic *barracón*, and, at some stage, returns to Havana. On this pessimistic note, Esteban's testimony concludes.

Testimonio

Miguel Barnet labelled *Biografía de un cimarrón* a work of *novela-testi-monio*. This broad category of literature has marked a discrete chapter in the literary canons of Cuba and Latin America, and has fuelled intense cross-disciplinary scholastic debate rarely wholly divorced from politi-cal agendas. The term *novela-testimonio* itself is one of many titles for this shifting genre, and whilst in English terms such as *testimonial novel*, *documentary novel*, *documentary narrative*, *non-fiction novel* have been employed, Miguel Barnet himself, in the essay in which he sets out the essential co-ordinates of the genre, also names the genre 'el *relato etnográfico, la novela realidad* o *la novela testimonio*' (1970b: 133).

If the label is difficult to establish consensually, the definitions are equally so. The most regularly used definition comes from John Beverley, who has been at the forefront of the critical analysis of *testimonio*:

> By *testimonio* I mean a novel or novella-length narrative in book or pamphlet (that is, printed as opposed to acoustic) form, told in the first-person by a narrator who is also the real protagonist or witness of the events he or she recounts, and whose unit of narration is usually a 'life' or a significant life experience. (1989: 13)

These life events are marred by struggle, suffering, discrimination and, importantly, social marginalisation, and it is the need to express this struggle that lies at the heart of the narrative. 'The situation of narration in *testimonio* has to involve an urgency to communicate, a problem of repression, poverty, subalternity, imprisonment, struggle for survival, and so on, implicated in the act of narration itself' (1989: 14). Although Beverley is exacting in his classification and explains how the *testimonio* differs from other discourses, he is nevertheless conscious of the restrictions of overt definitions: 'because *testimonio* is by nature a protean and demotic form [...] any attempt to specify a generic definition for it, as I do here, should be considered at best provisional, at worst repressive' (1989: 13). Another pioneering theorist of the genre, George Yúdice, emphasises also the urgency of the discourse, and its consequent social pragmatic value:

> Following the studies of Barnet (1969, 1981), Fornet (1977), González Echevarría (1980), and Casas (1981), testimonial writing may be defined as an authentic narrative, told by a witness who is moved to narrate by the urgency of a situation (e.g., war, oppression, revolution, etc.). Emphasising popular, oral discourse, the witness portrays his or her own experience as an agent (rather than a representative) of a collective memory and identity. Truth is summoned in the cause of denouncing a present situation of exploitation and oppression or in exorcising and setting aright official history. (1991: 17)

Furthermore, by its very nature, *testimonio* lies at the junction of numerous discourses: documentary and fiction, oral and written, history and literature, single and co-author; and its multi-disciplinary relationships thrust it into a forum where anthropology, sociology, history, politics and literary theory all intersect. As mentioned earlier, the publication of *Cimarrón* chimed with the revolutionary cultural directive as established by Fidel Castro in 1961, essentially in that art should perform a social function. The *testimonio* style thereafter gained official endorsement in Cuba and became integrally allied to radicalism and

33

social movements in Latin America and beyond. Accordingly, critical reception of the numerous testimonial texts has reflected the political and social concerns of the era. The selected articles of the 1986 publication *Testimonio y literatura*, which followed a 1984 symposium at the University of Minnesota, reflected the particular dynamic of subaltern and postcolonial studies, defending in the main the counter-hegemonic nature of the discourse of *testimonio*, its anti-literary character, the granting of a voice to the formerly voiceless and its capacity to bring about social justice. Following revelations that certain elements of the internationally-acclaimed testimonial of Rigoberta Menchú were falsified, the debate concentrated more heavily on the influence of the *gestor* upon the subject and upon the text, the ideological and political impact of the contemporary environment upon both subject and *gestor*, the anti-literary claims of many of the practitioners of *testimonio* and the theoretical and practical conundrums created by the plural voice. A further level of the debate is characterised by poststructuralist and postmodernist concerns about the problematic of realist representation and the complex dynamics of the textual relationship between author (*gestor*), character (subject) and reader. Beverley does, however, distinguish the term *testimonio* from Barnet's particular *novela-testimonio*. It would be pertinent, therefore, to consider the principle elements of the four decades of debate in relation exclusively to *Cimarrón*, and to Barnet's own analysis of the genre.

'How can I ever know the other, yet remain myself? [...] how can I reveal the other in my writing without turning him into literature and thereby falsifying him?' (González Echevarría 1980: 249).
One of the most reiterated questions concerning *Cimarrón* (and concerning the genre of *testimonio*) is the relationship between the *gestor* and the protagonist (*informante*). Whose voice is really speaking? Barnet explains in great detail how the whole textual creation is more than mere co-authorship, but a process of communication between himself and Esteban, and that as interviewer and editor he himself is firmly inscribed within the text. The text is the bridging of cultural distance. He explains in the prologue of a later edition how 'Esteban me recibió con ciertas dudas' (2002: 9) but that patience and understanding of both parties eventually led to fruitful discussions. We can understand Esteban's doubts by judging the distance between them: Esteban is black, uneducated, wary, a centenarian, former slave, fugitive and soldier; whilst Barnet is an enthusiastic,

young, white, educated anthropologist armed with a 40lb tape recorder.[20] They each thus learn to bridge the cultural divide and support each other, and thus the very process of the textual creation enacts the social function of harmonising cultural polarities. Yet it goes beyond the merely social. Barnet explains how in order to produce a text of any true cultural value, the *gestor* needs to communicate at a more subliminal, even transcendental level with the subject. 'Para escribir el *Biografía de un Cimarrón* tuve que meterme en el mundo, en la psicología, en la mente, en la cabeza de ese hombre, en sus heridas, tocar sus heridas' (2007: 104). Despite the biblical resonance of touching the wounds, Barnet explains that such deep communication was only feasible with a loss of the rigid sense of ego:

> The author must transcend his ego. There must also be depersonalization. One has already become the other and that is the only way one can think and speak like him, feel deeply all the blows in life that he tells you about, feel them as if they were all your own. (1981: 27–28)

Here we have the essential construction of *mestizo* culture. Whilst Montejo is of African ancestry, and Barnet of European, they are nevertheless coalesced in the new cultural identity that is the Cuban and the American (of the Americas). This fusion is reflected in the unified voice that emerges through the text, a voice that González Echevarría ascribes to 'Montejo/Barnet/Marnet/Bontejo' (1980: 263). Barnet asserts that his interaction with Esteban is akin to Flaubert's transcendental identification with Emma Bovary: '*Madame Bovary, c'est moi*' (1981: 21). A textual and more prosaic question arises concerning the problematic of the hybrid speaking voice. Where Emma Bovary is a fictional character, Esteban is real. And yet both Flaubert and Barnet must align their subjective wills with that of their protagonists in order to create the active text. Is Barnet thus fictionalising Esteban? Has Esteban been transformed from an autonomous self, capable of adaptation and transformation, into a categorised character of fiction? Furthermore, where the voice of Esteban is edited and revised, how far does his voice remain authentic, and to what degree is the voice of Barnet a modifying presence?

The specific label that Barnet gave to the genre, *novela-testimonio*, goes a long way to answering these questions, as it incorporates the novelistic essence – artistic creativity – alongside the testimonial. Barnet explains how art cannot be divorced from the text for two essential reasons:

20 'Cuando llegué a su vida con aquella grabadora que pesaba casi cuarenta libras, él se sorprendió. Al principio estaba muy dudoso, me recibía con cierta reticencia, pero después hicimos una gran amistad' (Barnet 2008).

memory itself is creative, and the *gestor* cannot simply transcribe hours of tape recordings if he expects the text to be available to a reading public. Barnet at no stage negates his own creative presence in the textual process; indeed he celebrates the artistic input that was required in order to produce a dynamic and interesting text. The traditional forms of anthropological and ethnographic studies, he maintains, are useful only insofar as they record and archive specific data about individuals and communities, yet they lack this special communication between the subject and object, and produce consequently dry documents. 'Tienes que saber cómo manejar ese testimonio, si tú lo manejas directamente, escuetamente y lo reproduces tal y como lo hizo Oscar Lewis, resulta tremendamente aburrido' (2007: 98). Two areas of creativity are thus necessary. Firstly, the subjects themselves must be able to allow their creative powers to engage, and thus allow one thought or memory to drift into another, reaching back into the past on the wings of imagination:

> La imaginación, que es parte de la memoria y la memoria parte de la imaginación, también es un atributo de nuestros informantes; y los antropólogos, históricamente, no han respetado eso, cuando el informante empieza a desplegar discursos ricos en metáforas o fantasiosos. El antropólogo, en general, cuando es muy frío, convencional, académico, ortodoxo, se espanta y piensa que el informante ha transgredido los límites y se ha ido por la tangente. A mí me ocurre todo lo contrario. Me gusta que la persona a la que voy a entrevistar despliegue sus alas, su imaginación, porque en esa medida es que voy a respetar ese discurso, en esa medida es que ese discurso va a tener vuelo, va a tener contenidos que me van a servir para un diagnóstico y para la elaboración de un discurso. (2007: 97–98)

In this respect, Esteban is not simply a provider of historical fodder, he is poetic and artistic. Importantly, this is not to negate the historical and social importance of the recording of the memory – indeed Barnet's essential objective was to learn about both Afro-Cuban religious practices and life in the baracoons and not to write a poetic novel. History, as he explains, is not simply data but is the collective memory of the people and thus bears with it myths and legends as much as suffering and sorrow, and it is in this poetic realm that history comes alive. 'Aristotle', explains Barnet, 'with clairvoyant judgement, said that poetry can at times be more scientific than history' (1994b: 205).

This creative influence upon the text by both Esteban and Barnet, however, raises questions at the level of historical, verifiable authenticity. Whilst Thomas (1971), Scott (1985), Pérez Jr. (1986 and 1998), Tone

(2006), Zeuske (1999), Barnet himself (1991) and others have cited Esteban as a historical source, his creative and anachronistic memory and the possible influences of the present – whether ideology or whim, and whether his own or Barnet's – provoke questions not simply about Esteban's reliability but of the nature of history itself.[21] Clearly here is not the time to address this latter question, but it is pertinent to ask how Montejo fits within this historical tradition.

'La novela no es más que una variante del relato. De los relatos de los viejos griots, de los chamanes, de los sacerdotes y de los juglares' (Barnet 1970b: 126).

Barnet likens Esteban to the traditional *griot* of West African communities, the itinerant story-teller who, like mediaeval European bards and ballad-singers, keeps the collective memories alive. Esteban describes how even in his youth he preferred the company of the old folk and that their way of telling stories he found particularly appealing:

> El entretenimiento de los viejos era hacer cuentos. Chistes y cuentos. Hacían cuentos a todas horas, por la mañana, por la noche, siempre tenían el ánimo de contar sus cosas. Eran tantos cuentos que muchas veces no se podía prestar atención porque mareaban. Yo fingía que estaba oyendo, pero la verdad era que todo el final lo tenía revuelto en la cabeza. (147)

Esteban, of course, is an old man telling a story, and in addition to having lost the thread of the old men's tales while they spoke, he freely admits later in the text that his own memories are now 'revueltos', something the reader is aware of from his ramblings about 'la Virgen María' at the very beginning. And so his memories twist and turn and Barnet is happy to allow him free rein to pursue them. As such Esteban is now the old and memory-filled *griot* of his community, and it is precisely this profound quality that Barnet was keen to capture. Ogundayo explores this deeply African inheritance of Esteban, arguing that 'Montejo's discourse in the text has certain unique features. These include the circumlocution typical in African languages; folkloric references to his African heritage and the haphazard, conversational tone of his discourse' (2006: 194). Herein lies the poetry of Esteban's creative act. He displays an acute empiricism on

21 Scott is not alone, however, in recognising this problem: 'The reliability of the Montejo memoir as a historical source is open to some question, given its format and its very recent compilation. It seems best to view it as reflective of individual attitudes and recollections, rather than as a source for evidence on matters requiring strict chronology or precision' (1985: 228).

certain matters, mistrusting hearsay, yet regularly describes events that other people told him with the same assertiveness as his description of events that he witnessed himself (the repeated declarations of 'yo vide'). He regularly describes a custom, practice or event with keen detail, then mentions that he learned such things long after the described moment: 'Ese cuento me lo hicieron a mí en Santo Domingo, después de la esclavitud' (79). He willfully allows his preferences and dislikes to influence his recollections, as Hugh Thomas notes about Esteban's unreliability in his description of Manuel García. He makes no distinction between mundane and spiritual matters, describing in the same breath daily events of slavery and war alongside descriptions of witches (127), headless horsemen (128) 'diablillos' that hatch from eggs (131), and instructions on how to summon the devil (132).

Beverley talks of a pact established between the reader and the narrator of the authenticity and truth of the narrative:

> *Testimonio* [...] is not, to begin with, fiction. We are meant to experience both the speaker and the situations and events as recounted as real. The 'legal' connotation implicit in its convention implies a pledge of honesty on the part of the narrator which the listener/reader is bound to respect. (1989: 15)

It is precisely upon this pledge of honesty that we encounter the first hotly debated issue about the text of the *testimonio*. Where a narrator like Esteban 'privileges myth and religion over written literature and history' (Luis 1989: 477), inevitable questions arise concerning how far the reader is expected to permit the pledge of honesty to stretch, and how far the reader is expected to employ critical judgement in an acceptance of the 'historical' data that the text provides. This question is further compounded by the creative role of the *gestor*.

'Sabemos que poner a hablar a un informante es, en cierta medida, hacer literatura. Pero no intentamos nosotros crear un documento literario, una novela' (Barnet: 61)[22]

The poetic and imaginative creativity, of course, is not limited exclusively to Esteban. Barnet explains that the entire procedure of encouraging Esteban initially to overcome his reservations and talk, encouraging him down long-closed pathways in his memory, revising and editing the tapes, and producing the final text, was an immensely creative process. Firstly, the transition from oral speech to written text self-evidently requires

22 This edition.

the intervention of an intermediary. However, as Barnet explains, were the text to be simply the written tape recordings, then it would be huge, unwieldy and immensely dull. Secondly, were all the eccentricities and cultural idiosyncrasies of Esteban's speech to be directly transmitted to paper, the reading public would have difficulty understanding the text. Thirdly, Barnet explains that his own creative, poetic input, in addition to Esteban's, is required to produce a coherent, manageable and essentially *readerly* final text. The language must be original but decanted: 'In a documentary novel spoken discourse is the fundamental trait of the language, the only way it takes on life' (1981: 24). Barnet's use of the term 'una lengua hablada decantada' (1970b: 140) is interesting, as whilst in domestic terms it means the pouring of wine from the bottle into a decanter to allow it to breathe, the process also separates the wine from the leas or dregs. Furthermore, one can consider the term in relation to the sugar-refining process, which endows it with further contextual currency and asks further questions as to whether Esteban's language has been 'refined' or 'whitened' in order to make it accessible to a reading public.

Herein lies one of the many problematic issues of the text that arise out of this plural voice, and in line with many of the theoretical and practical questions, it stems in part from Barnet's own assertions in the essay 'Novela-testimonio'. The Western novel was in crisis, Barnet maintains, and that crisis had infected the American novel. Whilst the novel in the US reflected the country's obsession for material possessions, the Latin American novel had lost touch with the voice of the people (1970b: 126–127). Simply imagining a speaking voice, to invent a 'literary' voice of the people, would be to fetishise and falsify. Carlos Fuentes' inability to capture the language of the people in *Cambio de piel* resulted in 'folk rhetoric' (1981: 24), whereas Twain and Salinger were able to do so because 'both write in everyday language, even in slang, but it has all been created with a concise touch' (1981: 25). With this affirmation, the reader is thus keen to uncover the creative, novelistic role that Barnet plays in the narrative of Esteban. In practice, how do Fuentes and Mark Twain differ, and how far did Barnet's creative act succeed or fail in representing the voice of Esteban? Did Barnet himself avoid 'folk rhetoric', and if so, how? From the reels of tape, what were his criteria for the selection and inclusion of material? Which elements of the language were transcribed, which were 'decanted' and which were cut? Similarly, when Barnet praises Carpentier for his portrayal of the fictional Ti Noel (1981: 20) and Rulfo for his creation of the fictional Miguel Páramo (1981: 21), arguing that they are genuine if fictional 'witnesses', how do they differ from the character of Esteban as both 'participant' and 'silent witness' (1981: 19)?[23] It would appear that in attempting to address the many anticipated theoretical and practical questions, Barnet provoked the discussion further.

'I aspire to be a sounding board for the collective memory of my country' (Barnet 1994b: 205).

Barnet thus firmly places himself inside and outside a selection of traditions: the anthropological and sociological, following Fernando Ortiz and Lydia Cabrera and Ricardo Pozas; and the realist novelist, after Balzac, Stendhal and Flaubert. Of the first, he praises *Juan Pérez Jolote* of Ricardo Pozas for 'the truth of what Juan Pérez Jolote actually says [and] because of its sociological and artistic merits' (1981: 19), and of the second, he praises the French authors for their 'personajes verosímiles' (1970b: 139). In some respects, therefore, this blending of genres bears out his particular claims that the *novela-testimonio* constitutes a new discourse and that it 'contributes to the creation of a literature of foundations' (1981: 19). In particular, however, the process that he describes of almost transcendental union between himself and Esteban likewise casts himself as *griot*, an idea he evokes by his use of the term *memorialista*: 'Hay gente que colecciona tacitas de café, sellos, libros ¡está muy bien!, pero yo colecciono algo que no pesa: memorias ajenas, vidas ajenas. No me pesan, no me ocupan espacio y además están siempre conmigo' (2007: 107). In his creation of the texts of *Cimarrón* and *Canción de Rachel* (1970a), he views himself as keeping alive the memories of the *pueblo*. This is his anthropological, ethnographic, poetic, novelistic role, and he calls himself 'memorialista, porque trato de rescatar la memoria como parte de la sensibilidad y de la imaginación del ser humano y sobre todo del hombre en su proyección más social y colectiva' (2008).

'Lo que el testimonio comunica no es sólo una evidencia del pasado sino también una manera diferente de vivir el ahora' (Jara 1986: 3)

It is from this social and collective objective that the concept of the function of the text emerges, and adds further questions about the antiliterary claims of the *novela-testimonio*.

23 Barnet mistakenly takes Miguel Páramo to be the chief protagonist on a search for his father in Rulfo's *Pedro Páramo*, when the protagonist is Juan Preciado. Interestingly, neither Paul Bundy nor Enrico Mario Santí corrected this in the translation of the essay.

To determine the function of art is a notoriously vexing exercise. Oscar Wilde's famous maxim from *Dorian Gray* that 'all art is useless' served perhaps as the blueprint for everything that was deemed unwelcome, even counter-revolutionary, in the first two decades of the Cuban revolution. The *novela-testimonio* overcame the dilemma of the use/uselessness of art in that, fulfilling Castro's mandates of public utility, it operated on many social, cultural and political levels. 'El testimonio es una forma de lucha', writes René Jara (1986: 1), describing the numerous means by which the *testimonio* functions actively. Firstly, as mentioned, the business of production necessarily involves cultural interchange between two traditionally separated social groups. The informant must engage with and talk at will with the *gestor*, who is by definition from a different educational and cultural background. Secondly, the text constitutes a cry of protest, in that the informant and *gestor* create a text that criticises social issues and challenges the hegemonic forces that created them. Thirdly, the production of a text by the marginalised voice challenges the structure of literature and literary production within the relevant culture in which the text is published. George Yúdice examines this element: 'As regards literary production, testimonial writing provides a new means for popular sectors to wage their struggle for hegemony in the public sphere from which they were hitherto excluded or forced to represent stereotypes by the reigning elites' (1991: 25). Fourthly, the cultural interchange between informant and *gestor* is reflected at the level of the readership, as the informant is able to communicate experiences to a reading (or listening) public that previously would not have had much access to such life narratives. Lastly, the impact of this narrative can serve to motivate the reader into *acting*, into mobilising towards overcoming the conditions that created the marginalised and brutalised predicament of the informant in the first place, described by René Jara as 'un golpe a las conciencias' (1986: 3). This last aspect of the *testimonio* is succinctly expressed by John Beverley:

> The complicity a *testimonio* establishes with its readers involves their identification – by engaging their sense of ethics and justice – with a popular cause normally distant, not to say alien, from their immediate experience. *Testimonio* in this sense has been important in maintaining and developing the practice of international human rights and solidarity movements. It is also a way of putting on the agenda, within a given country, problems of poverty and oppression, for example in rural areas that are not normally visible in the dominant forms of representation. (1989: 19)

This, clearly, is where the informant, *gestor* and reader meet and act out their respective social roles. Yet neither the informant nor the reader is an isolated individual, and this is reflected in the deeper dimension that Barnet addresses, the collective voice of the community: 'the enormous door that lets us delve or sink into the collective consciousness, the *We*' (1981: 28).

'Testimonial writing is first and foremost an act, a tactic by means of which people engage in the process of self-constitution and survival' (Yúdice 1991: 19)

The relationship between the urgent need to express a voice of protest, and the social, cultural and political conditions of the time of production, publication and dissemination of the text raise some important questions about history, mimetic representation, and ideology. René Jara and George Yúdice emphasise the *act* that is the creation of the text of *testimonio*, the physical act of protest that the creation and publication of the text constitutes. So urgent and *real* is this act that the historical data of the text are no longer representation but are the very history themselves. This is confusing but evident through the elements of marginalisation and call for mobilisation that the text enacts, but clearly cannot be divorced from the ancient question of mimesis and re-creation. 'Más que una interpretación de la realidad', argues Jara, 'esta imagen es, ella misma, una huella de lo real, de esa historia que, en cuanto tal, es inexpresable. La imagen inscrita en el testimonio es un vestigio material del sujeto' (Jara 1986: 2). This fascinating assertion stresses the direct line of communication between the experiences of suffering and pain and the text, indeed the words are a mark of that pain. The text cries out, it drips blood from its pages. The relationship here between text and reader is crucial, as the notion underlying this immediacy of discourse is the ultimate aim of the realist narrative, in this case not so much associated with nineteenth-century fiction but with journalism and war diaries, two types of narrative that effectively engendered the *novela-testimonio*. González Echevarría documents this ancestry and explains that 'journalism leads away from literature and aims at immediacy [...] is faithful to facts, not to rhetorical modes; it deals with real people and events, not with literary characters or incidents endowed with a written history' (1980: 255). The ultimate aim of the journalistic account, he explains, is to 'foster the illusion that incidents write themselves into history' (1980: 255). Evidently, such ambitions are futile, as words require authorship, and authorship requires subjective will.[24] Elzbieta Sklodowska notes the inherent fallacy in such a supposition; the discourse is not the event:

> [I]t would be naïve to assume a direct homology between text and history. The discourse of a witness cannot be a reflection of his or her experience, but rather a refraction determined by the vicissitudes of memory, intention, ideology. The intention and ideology of the author-editor further superimposes the original text, creating more ambiguities, silences, and absences in the process of selecting and editing the material in a way consonant with norms of literary form. Thus, although the *testimonio* uses a series of devices to gain a sense of veracity and authenticity – among them the point of view of the first-person witness-narrator – the play between fiction and history reappears inexorably as a problem. (in Beverley 1989: 22)

Once again we return to Beverley's description of the 'pledge of honesty'. Where we have discussed the historical reliability of Esteban's memories, we further need to consider the impact of perceiving the text as a direct experience, and not a correlative or medium through which experiences are represented, and here we enter the immensely problematic area of politics and ideology.

'Esteban Montejo, a los 105 años de edad, constituye un buen ejemplo de conducta y calidad revolucionarias. Su tradición de revolucionario, cimarrón primero, luego libertado, miembro del Partido Socialista Popular, más tarde, se vivifica en nuestros días en su identificación con la Revolución cubana' (Barnet: 62)[25]

Biografía de un cimarrón is of historical importance for its coverage of slavery, maroonage, the War of Independence and the birth of the republic. It is also of historical importance for its relationship to the Cuban Revolution. William Luis pays close attention to the lapses in the narrative chronology of Esteban, and explores the regular intervention of the present in the recollections of the past. Luis further examines the influence of the Cuban revolution upon both Esteban and Barnet, and suggests that the text 'is not without political motivation' (1989: 483).

Luis's biographical analysis of the relationship between Miguel Barnet and the revolution of the early 1960s, and his suggestions for Barnet's motivation for creating the text, are repeated often by readers who wish to expose artifice and ideology in the text, and often serve as vindication for the critics' own political agendas. However, such considerations can often

---

24 These were the essential co-ordinates of the debates that led to modernism's rejection of the mimetic claims of the realists.
25 This edition.

smother the voice of Esteban behind layers of contemporary political intrigue. In many respects, it is the politicised nature of the genre that gives rise to the politicised nature of the debate. There is no way to overcome that, as the history of *testimonio* is a conditioning force upon the reading of the *testimonio* itself. Yet, to decontextualise, to remove the text from its political surroundings, is both difficult and reductive, as it annuls part of the multi-functionality of the text and ignores the crossovers between author, narrator, subject, reader, text and context within the textual space.

The principle area of analysis of the influence of the present upon the text concerns the peculiar plural/single voice dialectic, with the resultant questions, as raised by William Luis, about the political and ideological pressures upon Barnet that are then reflected upon Esteban and upon the editing process. How can we chart such influences upon the text?

As mentioned, the text appears to respond precisely to the particular call for the testimonial narrative of the centenarian former slave as expressed by Castro in the 1961 speech. Barnet is then keen to highlight the revolutionary qualities of Esteban, cataloguing in the prologue numerous examples of his character: 'individualista [...] una personalidad voluntariosa y rebelde [...] desconfiado, muy reservado, aunque no insolente ni huraño. [...] Un criterio parcial, favorable a los hombres negros' (62);[26] he repeats the specific term 'revolucionario' on five occasions in this brief passage. In addition to these character traits that Barnet emphasises, the narrative of Esteban itself would have chimed with revolutionary narratives of the 1960s, and thus would have struck chords within the Cuban readership of the time of publication. Esteban was a rebel who resisted the colonial institution of slavery. He fought for Cuban independence as a *mambí*, which, as analysed, gained symbolic resonance in the later revolution. He denounces imperialism, is particularly critical of the US intervention in and after the war, and has no doubts that the US blew up the Maine – a stance which again resonates in later years.[27] He also lived and then fought from *el monte*, which could evoke the Castro brothers' rebel army in the Sierra Maestra, but at a deeper level evokes a

26 This edition.
27 'Barnet's reintegration into the Cuban Revolution may help us to understand the emphasis the autobiography places on the Spanish-Cuban-American War. Barnet's English introduction and comments on the Ten Years' War point directly to the Spanish American War, but even more importantly to the Cuban Revolution. The Revolution accomplished what the Ten Years' War and the Spanish-Cuban-American War set out to do, that is, to liberation Cuba from Western domination' (Luis 1989: 486).

sense of separation and rebirth which can be seen through the perspective of African spiritual wisdom following the analyses of Lydia Cabrera, and through the lens of the Cuban revolution's call for the 'New Man' and the birth of conscience. González Echevarría and William Luis both examine the 'rebirth' of Esteban in the hills as mirroring the 'rebirth' of Barnet through the revolutionary act of producing the *testimonio* account. Lastly, his description of the war itself echoes passages from Che Guevara's 1963 publication *Pasajes* in his exhortation to trust nobody, the execution of the 'chivatos', the judicious use of the 'bandidos' in the army, and the punishment after the war of the enemy command: 'Paredón limpio' (174).

Returning, therefore, to Castro's well-known 1961 speech at which Barnet was present,[28] his concluding words to the assembled writers and artists surface with striking clarity in Montejo's final words of his narrative. 'Nosotros creemos', claimed Castro, 'que la Revolución tiene todavía muchas batallas que librar, y nosotros creemos que nuestro primer pensamiento y nuestra primera preocupación deben ser: ¿qué hacemos para que la Revolución salga victoriosa?'[29] Montejo, of course, ends his account with: 'Por eso no quiero morirme, para echar todas las batallas que vengan. Ahora, yo no me meto en trincheras no cojo armas de ésas de hoy. Con un machete me basta' (182). With these elements the text of *Cimarrón* would have followed the essential cultural direction of the time of publication, and would have chimed with other revolutionary texts with which many of the readers would have been familiar.

'A mi me parece que los negros protestamos poco. Todavía estoy en esa creencia'

However, such easily categorised relationships between text and context cannot be taken in isolation. On no less than twenty occasions throughout the text, Esteban compares aspects of the past with the present. He compares the beer or bread, discusses the work of women or the behaviour of children, and refers to attitudes in today's society. All references to the present are oblique. It is never clear whether Esteban is simply a grumbling old man lost in his memories, whether he is reserving judgement on the present, or whether his harsher words never appeared in the final printed text. Is he condemning the revolution's vision of the past by stating 'Por eso la gente está revuelta todavía; por la falta de respeto hacia los verdaderos

---

28 'Tuve el privilegio de estar presente por esos días cuando Fidel pronunció ese histórico discurso en la Biblioteca Nacional': www.lajiribilla.cu/2001/n8_junio/212_8.html.
29 http://lanic.utexas.edu/project/castro/db/1961/19610630.html.

libertadores' (158)? Why, for example, is he concerned that black people still do not protest enough? Is he dissatisfied with their lot in the present?

Furthermore, a striking feature of Esteban's character that Barnet highlights is his sense of outsider and individualism, a separation from community that would have been discouraged in the first decade of the revolution. Luis highlights the intriguing conflicting nature of Esteban's revolutionary character, analysing how the revolutionary qualities that tally with 1960s Cuba are not necessarily commensurate:

> Montejo's independent nature, his rejection of slavery, and his opposition
> – first to Spanish occupation and later to U.S. intervention – recall the
> position of the Cuban Revolutionary government. But, unlike other maroon
> slaves and the Castro Revolutionary forces, Montejo was only a partial rebel.
> During slavery, he did not escape to join other maroons who fought and gave
> up their lives to end slavery, but preferred to live in isolation until emancipa-
> tion. (1989: 484)

Those qualities are present in the text, but Esteban's political affiliations and his comments on the revolution are conspicuously absent. This leads Luis to suggest that his readiness to take up his machete once again could indicate dissatisfaction with the current situation.[30] Lastly, Esteban's single reference to the infamous 'revuelta de negros en Alto Songo' (173), known historically as the Race War, is conspicuously isolated.[31] Again, Luis asks whether the inclusion of an event of history that was not so directly attributable to imperialist agency would have sat uncomfortably in a text that flagged up the nefarious hand of Spanish colonialism and US imperialism. In Barnet's later text *Canción de Rachel*, however, Esteban does vehemently defend the need for this uprising to combat the emerging racism (1970a: 53–61).[32]

---

30 It is more likely, however, that he is responding to the popular call to arms that the 1960s engendered in Cuba, especially following Girón.

31 For a detailed investigation of this war, see Pérez 1986.

32 It is unclear whether Esteban's comments in *Rachel* are taken from the original *Cimarrón* tape recordings, or from later meetings with Barnet. Barnet does explain in interview (2007) that Montejo was one of the centenarians 'que se habían alfabetizado' (100), so it is possible that he had read the *Rachel* manuscript and added his rebuttals of Rachel's racist comments. The historical analysis of Zeuske (1997) suggests, confus-ingly, that Rachel's perspective was more in tune with the revolutionary view of this conflict in the 1960s, and that therefore Esteban's opinions would be problematic. 'It was perhaps easier to bypass the entire episode altogether, erasing it from the record. Perhaps this memory was too distressing even for Montejo himself' (273).

'Hay que respetarlas [religions] todas. Esa es mi política'

Esteban's reticence on the present could betray disquiet with the strange combination of progression and regression in race relations in the 1960s in Cuba. De la Fuente explores how the radical improvement in the status of the Afro-Cuban population bore a concomitant closure of the race debate, unless it was addressed either to the horrors of the slaving past or to the racial intolerance in the US.

> The revolutionary government imposed its own brand of official silence on race. Beginning in the 1960s, the new authorities claimed that racial discrimination had been eliminated from the island. [...] Domestic historians focused their attention on the study of slavery and the plantation economy (a crucial element in understanding Cuba's underdevelopment), the United States' political control and economic penetration of the island, the wars for independence and the labor movement. (2001: 4)

The publication of *Cimarrón* would have satisfied the need to address the past, whilst the dazzling films and newsreels of Santiago Alvarez, in particular his 1965 short feature *Now!*, focused on the Civil Rights Movement in the US.

In tune with the revolutionary agenda of abolishing private clubs and societies, the traditional *cabildos* and santería groups were closed down. Santería itself came under harsh criticism in the early 1960s, on one hand as being a form of religious worship and therefore 'deemed to be obstacles to the construction of socialism and the formation of the "new man"' (De la Fuente 2001: 290), and on the other hand, as being barbarous, underdeveloped and primitive, and therefore at odds with the progressive social reforms of the revolution. 'Along with other religious beliefs, the Afro-Cuban religions were characterized by the ruling Communist Party as opiates for the people' (2001: 295). Esteban repeatedly demonstrates great religious open-mindedness, claiming that 'Hay que respetar las religiones. Aunque uno no crea mucho' (101), and even overcoming his cynicism to assert that 'Hay que tener una fe. Creer en algo. Si no, estamos jodidos' (135). Accordingly, therefore, one can perceive a potential discord between Esteban's tolerance of faith, his respect and enjoyment of santería, and the revolutionary policies of the 1960s.

'I think it was a good idea to stop Esteban Montejo's history in 1902 or 1904 because that is where the chronological life begins, with events devoid of importance' (Barnet 1997: 284)

Consideration of the relationship between Esteban and the present inevitably arrives at the questions that have been asked by numerous readers and critics: why does the text end at the turn of the century? Where is the remaining material? Is there enough for a second volume? Zeuske, indeed, declares this outright: 'one can suggest that sixty years of "silence" and omissions from the life history of the *Cimarrón* is definitely too long a period' (1997: 273), and suggests that Barnet 'would consider writing a new epilogue for the next edition or translation of *Cimarrón*' (274). Barnet responds to Zeuske's musings in the same publication, and for the main provides convincing, if slightly aggressive, answers. In brief, the post-bellum chapters of Esteban's life did not, according to Barnet, shed such interesting and new light on Cuban history as his life as a slave, a runaway and a *mambí*. With the exception of his participation in the 'Guerrita de 12', 'The rest is a grey, murky life, as "normal" as that of any other citizen or worker' (Barnet 1997: 283), and accordingly he directly answers the charge: 'Zeuske says that I wiped out sixty years in Esteban Montejo's life. He is right. I did it deliberately. I meant to wipe them out' (286).[33] Barnet's decision to concentrate on Esteban's life in the nineteenth century is significant, though, for whilst *Cimarrón* stands at the forefront of the politicised genre of *novela-testimonio*, so do the historical time and context position the text within a long-established tradition of slave narratives in the Americas.

Slave narratives, especially from the US, constitute a vast corpus, as does the body of corresponding scholarly research. James Olney, amongst others, examines an angle of the narratives that echoes elements of the *novela-testimonio*, namely the co-author. Slave narratives, generally, are testimonials and not autobiographies because, Olney argues, the emphasis is on slavery and not on the subject's personal development. 'Thus in one sense the narrative lives of the ex-slaves were as much possessed and used by the abolitionists as their actual lives had been by the slaveholders' (1984: 51). Slave narratives like Frederick Douglass's constitute two separate functions: at the time of publication they helped gain support for the

---

33 Barnet emphatically argues that the debate about Esteban's life in the republic should end: 'No one may write the second part while I am alive. [...] If anyone dares to write the life of Esteban Montejo, the second part, I'll kill him, I'll assassinate him, I'll become a terrorist. No one can touch Esteban Montejo. North Europeans don't understand that, but I'll kill him. I'll kill him, I'll have him killed; I don't know how to kill, but I'll have him killed. They can't touch Esteban Montejo. Yes, I'll grab a machete and chop off the head of whoever writes the second part of that book because it destroys the spirit and example that Esteban Montejo gave to the world. I'll kill him, I'm saying it as a warning. There can be no part two' (1997: 288).

abolition movement by highlighting the injustice and brutality of the slave system and by challenging the social and political mores that maintained the institution; today, they serve as historical testimonies of slavery and the age of slavery. *Cimarrón* is part and yet is not part of this tradition, as the text would not have challenged the ongoing prevalence of slavery, but of imperialism and racial inequality – two charged political issues of 1960s Cuba. The text does, however, as Barnet explains, provide valuable insight into the personal repercussions of the system of slavery. The title of Olney's article evokes the characteristic opening of the slave narrative 'I was born', a feature that we find very close to the beginning of *Cimarrón*. It is important, therefore, to consider *Cimarrón* also as part of this tradition. Furthermore, Olney also examines how African-American literature, such as James Baldwin and Maya Angelou, has its roots in the slave narratives. Thus such older texts and their impact on abolition are evoked in the relationship between literature and the Civil Rights Movement. In the Cuban case, the text of *Cimarrón* evokes both contemporary race relations and politics through an examination of nineteenth-century slavery.

'Las formas discursivas del testimonio se internalizan en la literatura y la impregnan de una combatividad nueva que es, al mismo tiempo, acusación y desafío. Frente a ellos está el juez, el lector tiene la palabra y la sentencia'
(Jara 1986: 5)

Ultimately, the text can only operate with the participation of an active reader. The challenges placed upon the reader by the text of *Cimarrón* are manifold, and reflect the text's particular importance at the level of cultural and literary theory, and at the numerous social and political levels. Can these perspectives be separated? Concentrating on the theoretical implications of the plural voice, does the text lose its historical, social impact? If we take Esteban's account as 'el testimonio más desgarrado y sincero' (Barnet 2002: 9) and do not question the narrative strategies, do we overlook the particular cultural context in which the text was created? These questions are of crucial importance, as in many respects studies concerning the problematic of authorship, the authenticity of the account and the narrative devices of *testimonio* rarely address issues of slavery, postcolonialism or the circularity of misfortune in Montejo's life. Correspondingly, studies concentrating chiefly on issues of slavery, war, Cuban history, or Afro-Cuban linguistic or cultural aspects of the text, rarely confront the problematic of the text itself. As such, the body of research comes to represent, or consciously to reflect, the debate of postcolonial writing and 'subaltern studies' – literature vs. anti-literature, the metropolis vs. the outpost, the subject vs. the object. Where defenders of the *testimonio* tradition have emphasised the voice and agency of Montejo in relation to history, tradition and national identity, such defence often regards theoretical approaches as elitist concerns of the leisured academic. Similarly, certain studies of the complex narrative layers and the problematic of mimetic representation often depict as naïve and uncultured those studies concentrating essentially on the events of the narrative. As such the overall body of critical research concerning *Cimarrón* has in many respects come to characterise the polarising issues that lie at the heart of the text itself; or, as in the case of Saldívar (2000) and Lezra (2000), the nature of the debate itself becomes part of the debate. The importance of the work demands a more comprehensive and disinterested analysis.

As mentioned, many critics have dedicated pages to attempting to disentangle the plural voice and to separate the twin concepts of fact and fiction, history and memory, testimony and art, only to return to Barnet's simple categorisation of the text as *novela-testimonio*. All these supposedly opposing concepts are resolved within the text. It is precisely these unverifiable qualities of the text that make it, conversely, authentic. Were Esteban merely to give a chronological sequence of facts and figures, the text would only serve as historical archive. Esteban's authentic voice stems from his creativity, his memory, poetry and mysticism. In true Borgesian terms, the text is real in its artifice and artificial in its realism. When, for example, the question emerges about whose voice is really speaking, one must ask whether a single voice is any more single or more authentic than a plural voice, language itself is a plural affair. Sklodowska identifies this problem and understands that the only solution is accepting the authenticity of a plural speaking voice:

> La imposibilidad de establecer quién en realidad habla en el testimonio pone en tela de juicio la naturaleza receptiva del lenguaje, a la vez que sitúa la palabra en función de la posición ideológica de varios sujetos hablantes. La arbitrariedad del signo lingüístico, la selección, el montaje y la condensación del material – implícitos en cualquier discurso – afloran en el testimonio a nivel ideológico, mientras que la cuestión de la fidelidad a la voz del otro llega a ser un problema ético para el gestor del testimonio. (1988: 141)

Like any biographical or autobiographical subject, Esteban is real and authentic, and yet he is also a textual character. As analysed, his memory itself is subject to lacunae and to the vicissitudes of the present, and is thus part fictional. The tape-recorded interviews constitute a creative text.

Barnet's insertions, edits and glossary add further textual elements. Lastly, the reader's own cultural perception may colour his/her interpretation and thus add further creative spin, all of which results in a positively plural affair where the real and the fictional combine.

We cannot, however, overlook that *Cimarrón* was published during the wave of publications emerging in Latin America that later would be considered *El Boom*, texts that are characterised by the conflict of the 'marvellous' and the real, author–narrator–protagonist–reader relationship, new definitions of plot sequence (Cortázar's *Rayuela*, for example) and of the novel genre itself (Cabrera Infante's *Tres tristes tigres*). Were the reader expected to take the text of *Cimarrón* as the ultimate in realist mimetic representation, the text would become anachronistic alongside the Boom. The general readership of the time was being increasingly challenged by the texts, challenges that reflected social, political, ontological concerns, and as a result we cannot expect a sudden abandonment of such critical faculty owing to an author's 'anti-literary' realist claims. When Esteban himself describes devils hatching from eggs and flying Chinese is he any less *maravilloso* than Melquíades of García Márquez's *Cien años de soledad*, or Oppiano Licario of Lezama's *Paradiso*? Are we expecting a different readership?

No amount of textual intrigue can stifle the voice of Esteban Montejo. However differently critics have judged the text through the polarising influence of contemporary politics, nothing should question the core issues that affected the life of Esteban. He was born into slavery, part of the most brutal system of human cruelty in the history of the last five hundred years. He lived in utter isolation in order to avoid recapture, punishment and a return to bondage. He witnessed the changing face of Cuban political and social structures and yet saw little improvement in the condition of his people. If his memories confuse chronology, or blend mythology with verifiable historicity, if his memories are influenced by the present, if his narrative is adapted by the editor, so be it, nothing can silence the voice of Esteban.

Esteban Montejo murió el 10 de febrero de 1973, un sábado tomando café. Pero quiero que sepa que Esteban Montejo no está muerto. La muerte es una noticia técnica. (Barnet 2008)

Bibliography

Barnet, Miguel

Editions of Cimarrón

—— (2002), *Cimarrón: Historia de un esclavo*, Madrid: Ediciones Siruela.

—— (1994a), *Biography of a Runaway Slave*, trans. W. Nick Hill, Willimantic, Conn.: Curbstone Press.

—— (1987), *Cimarrón*, Buenos Aires, Argentina: Ediciones del Sol.

—— (1971), *Biografía de un cimarrón*, 2ª ed., Mexico: Siglo xxi editores, S.A.

—— (1968), *The Autobiography of a Runaway Slave*, trans. Jocasta Innes, London: Bodley Head.

—— (1966), *Biografía de un cimarrón*, Havana: Instituto de Etnología y Folklore.

Further information about the various editions and translations of *Cimarrón* is available at www.cubaliteraria.com/autor/miguel_barnet/obra.html.

Other works cited

——(2008), 'Barnet ante el cimarrón', interview with Hossiri Godo-Solo, *La isla en peso, Revista bimestral sobre libros y autores cubanos*, no. 3.

—— (2007), 'Ni epígono de Oscar Lewis ni de Truman Capote', interview with Yanko González C., *Revista austral ciencias sociales* no. 13: 93–110.

—— (1997), 'The untouchable Cimarrón', *New West Indian Guide/Nieuwe West-Indische Gids*, 71, no. 3/4, Leiden, 281–289.

—— (1994b), 'The alchemy of memory', in *Biography of a Runaway Slave*, trans. W. Nick Hill, Willimantic, Conn.: Curbstone Press, 203–208.

—— (1991), *Afro-Cuban Religions*, Princeton, NJ: Markus Wiener Publications.

—— (1986), *La vida real*, Havana: Letras Cubanas.

—— (1983), *La fuente viva*, Havana: Letras Cubanas.

—— (1981), 'The documentary novel', trans. of 'La novela-testimonio: Socioliteratura' by Paul Bundy and Enrico Mario Santí, *Cuban Studies*, 11 (January), 19–31.

—— (1970a), *Canción de Rachel*, Barcelona: Editorial Estela.

—— (1970b), 'La novela-testimonio: Socioliteratura', in Miguel Barnet, *Canción de Rachel*, Barcelona: Editorial Estela, 125–150. Also in Jara and Vidal (eds.), *Testimonio y literatura*, Minneapolis: Institute for the Study of Ideologies and Literature, 1986, 280–302.

Beverley, J. (2004), *Testimonio: On the Politics Of truth*, University of Minnesota Press.

—— (1993), *Against Literature*, University of Minnesota Press.

—— (1989), 'The margin at the centre: On testimonio (testimonial narrative)', *Modern Fiction Studies* 35.1 (Spring), 11–28.

Bianchi Ross, C. (2008), 'Miguel Barnet: I am a soloist with choral answers', *Cuba Now.net Cuban Art and Culture*, www.cubanow.net/pages/loader.php?sec=7&t=2&item=4265.

Binder, W. (1993) (ed.), *Slavery in the Americas*, Würzburg, Königshausen and Neumann.

Blackburn, R. (1997), *The Making of New World Slavery: From the Baroque to the Modern 1492–1800*, London and New York: Verso.

Cabrera, L. (1983), *El Monte*, Miami: Ediciones C.R.

Cabrera Infante, G. (1999), 'José Martí: en palabras propias: the self-portrait of a Cuban hero', *Hopscotch: A Cultural Review*, Duke University Press, 1.3: 38–45.

De la Fuente, A. (2001), *A Nation for All: Race, Inequality and Politics in Twentieth-Century Cuba*, Chapel Hill: University of North Carolina Press.

—— (1995), 'Race and inequality in Cuba, 1899–1981', *Journal of Contemporary History*, 30, no. 1 (Jan.), 131–168.

DePalma, A. (2006), *The Man who Invented Fidel: Cuba, Castro, and Herbert L. Matthews of The New York Times*, New York: Public Affairs.

Eckstein, S. (2004), 'Dollarization and its discontents: Remittances and the remaking of Cuba in the post-Soviet era', *Comparative Politics*, 36, no. 3 (April), 313–330.

Fernández Retamar, R. (1997), *Caliban and Other Essays*, trans. Edward Baker, University of Minnesota Press.

Ferrer A. (1999), *Insurgent Cuba: Race, Nation, and Revolution, 1868–1898*, Chapel Hill: University of North Carolina Press.

Franco, J. L. (1973), 'Maroons and slave rebellions in the Spanish territories', in Richard Price (ed.), *Maroon Societies: Rebel Slave Communities in the Americas*, New York: Anchor Press, Doubleday, 1973, 35–49.

Fuentes, C. (1992), *Buried Mirror: Reflections on Spain in the New World*, London: André Deutsch.

Gott, R. (2005), *Cuba: A New History*, Yale University Press.

González Echevarría, R. (1980), '*Biografía de un cimarrón* and the novel of the Cuban Revolution', *Novel: A Forum on Fiction*, 13, no. 3 (Spring), 249–263.

Guevara, E. (1999), *Pasajes de la guerra revolucionaria*, Havana: Editorial de Ciencias Sociales.

Gugelberger, G. (1996) (ed.), *The Real Thing: Testimonial Discourse in Latin America*, Durham and London: Duke University Press.

Haley, A. (1976), *Roots: The Saga of an American Family*, New York: Doubleday.

Helg, A. (1995), *Our Rightful Share: The Afro-Cuban Struggle for Equality, 1886–1912*, Chapel Hill: University of North Carolina Press.

Jara, R. and Hernán Vidal (eds.) (1986), *Testimonio y literatura*, Minneapolis: Institute for the Study of Ideologies and Literature.

Knight, F. W. (1974), *Slave Society in Cuba during the Nineteenth Century*, Madison: University of Wisconsin Press.

La Rosa Corzo, G. (2003), *Runaway Slave Settlements in Cuba: Resistance and Repression*, trans. Mary Todd, Chapel Hill: University of North Carolina Press.

Lezra, J. (2000), '"Disastrous Looking": Response to Saldívar', *American Literary History*, 12, no. 3 (Fall), 407–416.

Luis, W. (1989), 'The politics of memory and Miguel Barnet's "The Autobiography of a Runaway Slave"', *MLN*, 104, no. 2 (Hispanic Issue, March), 475–491.

Manzano, J. F. (2007), *Autobiografía del esclavo poeta y otros escritos* (ed. William Luis), Madrid and Frankfurt: Iberoamericana.

Ogundayo, 'B. J. (2006), 'Polyphony in Miguel Barnet's *Biografía de un cimarrón*', *Nebula: A Journal of Multidisciplinary Scholarship*, 3.2–3.3 (September), 189–204.

Olney, J. (1984), '"I was born": Slave narratives, their status as autobiography and as literature', *Callaloo*, no. 20 (Winter), 46–73.

Palmié, S. (1995) (ed.), *Slave Cultures and the Cultures of Slavery*, Knoxville: University of Tennessee Press.

Perez Jr., L A. (1998), *The War of 1898: The United States and Cuba in History and Historiography*, Chapel Hill: University of North Carolina Press.

—— (1986), 'Politics, peasants and people of color: The 1912 "Race War" in Cuba reconsidered', *The Hispanic American Historical Review*, 66, no. 3 (August), 509–539.

Price, R. (1973) (ed.), *Maroon Societies: Rebel Slave Communities in the Americas*, New York: Anchor Press, Doubleday.

Saldívar, J. D. (2000), 'Looking awry at 1898: Roosevelt, Montejo, Paredes, and Mariscal', *American Literary History*. 12, no. 3 (Fall), 386–406.

Sarmiento Ramírez, I. (2001), 'La artillería rudimentaria en la Guerra de Cuba', *Militaría, Revista de Cultura Militar*, Madrid: Universidad Complutense, 15: 85–118.

Scott, R. (1985), *Slave Emancipation in Cuba: The Transition to Free Labor (1860–1899)*, New Jersey, Princeton University Press.

Simpson, A. (2004) (ed.), *Oral Tradition Relating to Slavery and Slave Trade in Nigeria, Ghana and Benin*, Paris: UNESCO.

Sklodowska, E. (1988), 'Miguel Barnet: Hacia la poética de la novela testimonial', *Revista de crítica literaria latinoamericana*, 14, no. 27: 139–149.

Thomas, H. (1997), *The Slave Trade: The History of the Atlantic Slave Trade, 1440–1870*, New York: Simon & Schuster.

—— (1971), *Cuba: The Pursuit of Freedom*, London: Eyre & Spottiswoode.

Tinajero, A. (2007), *El lector de tabaquería: Historia de una tradición cubana*, Madrid: Editorial Verbum.

Tone, J. L. (2006), *War and Genocide in Cuba, 1895–1898*, University of North Carolina Press.

—— (1998), 'The machete and the liberation of Cuba', *Journal of Military History*, 62, no. 1 (January), 7–28.

Valdés Bernal, S. (1994), *Inmigración y lengua nacional*, Havana: Editorial Academia.

Walvin, J. (2006), *Atlas of Slavery*, London: Pearson.

Wong, Moisés Sío, Armando Choy and Gustavo Chui (2005), *Our History is Still Being Written*, London: Pathfinder.

Yúdice, G. (1991), 'Testimonio and postmodernism', *Latin American*

Perspectives, 18, no. 3 (Voices of the Voiceless in Testimonial Literature, Part 1, Summer), 15–31.

Zeuske, M. (2004), 'Quién es Esteban Montejo?', *Estudios Afroamericanos Virtual (EAVirtual)*, no. 1 (Winter), www.ub.edu/afroamerica/EAVirtual_1/zeuske2.pdf.

—— (1999), 'Clientelas regionales, alianzas interraciales y poder nacional en torno a la "guerrita de Agosto" (1906)', *Islas e Imperios. Estudios de historia de las sociedades en el mundo colonial y post-colonial*, no. 2 (Spring), Barcelona: Universitat Pompeu Fabra, 127–156.

—— (1997), 'The Cimarrón in the archives: A re-reading of Miguel Barnet's biography of Esteban Montejo', *New West Indian Guide/Nieuwe West-Indische Gids*, 71, no. 3/4, Leiden, 265–279.

Biografía de un cimarrón

Miguel Barnet and Esteban Montejo

... hay cosas que yo no me explico de la vida ...

Introducción

A mediados de 1963 apareció en la prensa cubana una página dedicada a varios ancianos, mujeres y hombres, que sobrepasaban los 100 años. Página que contenía una serie de entrevistas orientadas hacia temas insustanciales, anecdóticos. Dos de los entrevistados nos llamaron la atención. Uno era una mujer de 100 años; el otro, un hombre de 104. La mujer había sido esclava. Era además santera y espiritista. El hombre, aunque no se refería directamente a tópicos religiosos, reflejaba en sus palabras una inclinación a las supersticiones y a las creencias populares. Su vida era interesante. Contaba aspectos de la esclavitud y de la Guerra de Independencia. Pero lo que más nos impresionó fue su declaración de haber sido esclavo fugitivo, cimarrón, en los montes de la provincia de Las Villas.

Olvidamos a la anciana y a los pocos días nos dirigimos al Hogar del Veterano, donde estaba albergado Esteban Montejo. Hallamos un hombre muy serio, sano y de cabello completamente blanco. Le conversamos largamente en aquella primera ocasión.

Como nuestro interés primordial radicaba en aspectos generales de las religiones de origen africano que se conservan en Cuba, tratamos al principio de indagar sobre ciertas particularidades. No fue difícil lograr un diálogo vivo, utilizando, desde luego, los recursos habituales de la investigación etnológica. Al principio nos habló de sus problemas personales; pensión, mujeres, salud. Procuramos resolver algunos de éstos. Le hicimos obsequios sencillos: tabacos, distintivos, fotografías, etcétera. Nos contaba de una manera deshilvanada y sin orden cronológico, momentos importantes de su vida. El tema religioso no afloraba fácilmente. De este aspecto sólo más tarde recogimos datos sobre ritos, dioses, adivinación y otros pormenores. Después de haber conversado alrededor de seis veces con él —nuestras entrevistas duraban hasta cinco horas— fuimos ampliando la temática con preguntas sobre la esclavitud, la vida en los barracones y la vida en el monte, de cimarrón.

Una vez obtenido el panorama de su vida, decidimos contemplar los aspectos más sobresalientes, cuya riqueza nos hizo pensar en la posibilidad de confeccionar un libro donde fueran apareciendo en el orden cronológico en que ocurrieron en la vida del informante. Preferimos que el libro fuese un relato en primera persona, de manera que no perdiera su espontaneidad, pudiendo así insertar vocablos y giros idiomáticos propios del habla de Esteban.

Con este fin formulamos un esquema que nos permitiera dividir las etapas que íbamos a abarcar en el trabajo. Una vez realizado este esquema comenzamos a desarrollar las preguntas. Como los temas surgían de las propias preguntas, no nos resultó difícil mantener la secuencia de los diálogos. Al principio Esteban se mostró algo arisco. Más tarde, al identificarse con nosotros, se percató del interés del trabajo, y con su colaboración personal, pudimos lograr un ritmo de conversación normal, sin las anteriores interrupciones banales.

Con frecuencia, una palabra, una idea, despertaban en Esteban recuerdos que a veces lo alejaban del tema. Estas digresiones resultaron muy valiosas porque traían a la conversación elementos que quizás no hubiéramos descubierto.

Podemos decir que aunque elaboramos las preguntas básicas con la consulta de algunos libros y cuestionarios etnológicos, fue en la práctica como surgieron las más directamente vinculadas a la vida del informante.

Nos preocupaban problemas específicos como el ambiente social de los barracones y la vida célibe de cimarrón.

En Cuba son escasos los documentos que reconstruyan estos aspectos de la vida en la esclavitud. De ahí que más que una descripción detallada de la arquitectura de los barracones, nos llamara la atención la vida social dentro de estas viviendas-cárceles. También quisimos describir los recursos empleados por el informante para subsistir en medio de la más absoluta soledad de los montes, las técnicas para obtener fuego, para cazar, etc. Así como su relación anímica con los elementos de la naturaleza, plantas y animales, especialmente las aves.

A las pocas semanas de continuados encuentros, Esteban comenzó a demostrar una afabilidad poco usual entre las gentes de su edad. Hablaba con fluidez y él mismo en muchos casos escogía el tema que consideraba de más importancia. No pocas veces coincidimos. En una ocasión nos señaló, sorprendido, nuestra omisión al no preguntarle sobre los chinos en Sagua la Grande.

Miraba insistentemente hacia nuestra libreta de apuntes y casi nos obligaba a recoger todo lo que decía. En una entrevista con el capitán Antonio Núñez Jiménez[1] *surgió un tema que nosotros no habíamos abordado: la vida*

1 1923–1998, Cuban revolutionary academic and author, former rebel captain under 'Che' Guevara and later Minister of Agrarian Reform.

en las cuevas. Esteban informó a su interlocutor, experto espeleólogo, todos los medios de que se valió para subsistir en una de ellas.

Muchas de nuestras sesiones fueron grabadas en cintas magnetofónicas. Esto nos permitió familiarizarnos más con formas de lenguaje, giros, sintaxis, arcaísmos y modismos de su habla. La necesidad de verificar datos, fechas, u otros pormenores, nos llevó a sostener conversaciones con veteranos más o menos coetáneos con él. Sin embargo, ninguno de ellos era de tan avanzada edad como para haber vivido etapas o hechos de los relatados por Esteban.

Acudimos a libros de consulta, a biografías de los municipios de Cienfuegos y de Remedios, y revisamos toda la época con el propósito de no caer en imprecisiones históricas al hacer nuestras preguntas. Aunque por supuesto nuestro trabajo no es histórico. La historia aparece porque es la vida de un hombre que pasa por ella.

En todo el relato se podrá apreciar que hemos tenido que parafrasear mucho de lo que él nos contaba. De haber copiado fielmente los giros de su lenguaje, el libro se habría hecho difícil de comprender y en exceso reiterante. Sin embargo, fuimos cuidadosos en extremo al conservar la sintaxis cuando no se repetía en cada página.

Sabemos que poner a hablar a un informante es, en cierta medida, hacer literatura. Pero no intentamos nosotros crear un documento literario, una novela.

Encuadramos nuestro relato en una época fijada. De esta época no pretendimos reconstruir sus detalles mínimos con fidelidad en cuanto a tiempo o espacio. Preferimos conocer técnicas de cultivo, ceremonias, fiestas, comidas, bebidas, aunque nuestro informante no pudiera aclarar con exactitud los años en que se relacionó con ellas. Algunos temas, los que creímos más importantes: los acontecimientos de la Guerra de Independencia, la batalla de Cienfuegos contra los norteamericanos y otros, los hemos corroborado y acompañamos notas ilustrativas. La vida en el monte queda en el recuerdo como una época muy remota y confusa.

Indudablemente muchos de sus argumentos no son rigurosamente fieles a los hechos. De cada situación él nos ofrece su versión personal. Cómo el ha visto las cosas. Nos da una imagen de la vida en los barracones, de la vida en el monte, de guerra, que es la imagen suya. En ésta, por ejemplo, narra la batalla de Mal Tiempo contando anecdóticamente lo que vivió de ella. Su visión es subjetiva en la apreciación de figuras tan destacadas como Máximo Gómez, a quien analiza desde un punto de vista muy personal. Análisis que nos interesa porque más que la vida de Máximo Gómez, de quien todos sabemos algo, refleja la manera de nuestro informante de acercarse a las cosas, *de tratar a los hombres, su actitud de grupo, parcial a su raza.*

Algunos rasgos que caracterizan su personalidad básica se reflejan en distintas situaciones del relato. Los más agudizados son:

Un firme sentimiento individualista que le dirige a vivir aislado o más bien despegado de sus semejantes, pero que no ha sido obstáculo para su integración a hechos colectivos como la Guerra de Independencia. Sentimiento que ha contribuido a confirmar una personalidad voluntariosa y rebelde. Que ha hecho de Esteban un hombre desconfiado, muy reservado, aunque no insolente ni huraño. Por el contrario es alegre y jocoso. Seguramente los años de vida célibe en los montes, huyendo de todos los seres que le rodeaban, agregaron fuerza a este sentimiento.

Un criterio parcial, favorable a los hombres negros, en el enjuiciamiento de algunos hechos como la guerra. Este criterio parcial está perfectamente justificado en él y en todos los negros viejos que han vivido la abominable historia de esclavismo y yugo de la que participó nuestro informante. Esteban es casi incondicional en la estimación hacia los negros que lucharon por la libertad de Cuba. Ensalza a muchas figuras y a otras las sitúa correctamente. Los casos de Antonio Maceo y Quintín Banderas, por ejemplo. No deja de criticar duramente a los negros guerrilleros, a quienes considera deleznables.

Un grado de honestidad y espíritu revolucionario admirables. La honestidad de su actuación en la vida se expresa en distintos momentos del relato, en la Guerra de Independencia sobre todo. El espíritu revolucionario se ilustra no sólo en el propio relato sino en su actitud actual. Esteban Montejo, a los 105 años de edad, constituye un buen ejemplo de conducta y calidad revolucionarias. Su tradición de revolucionario, cimarrón primero, luego libertador, miembro del Partido Socialista Popular más tarde, se vivifica en nuestros días en su identificación con la Revolución cubana.[2]

Este libro no hace más que narrar vivencias comunes a muchos hombres de su misma nacionalidad. La etnología las recoge para los estudiosos del medio social, historiadores y folkloristas.

Nuestra satisfacción mayor es la de reflejarlas a través de un legítimo actor del proceso histórico cubano.

MIGUEL BARNET

---

2 This paragraph only appears in the original 1966 edition. Later Cuban, Argentine and Spanish editions, and English-language translations choose not to include it, perhaps for the overt political overtones.

La esclavitud

Hay cosas que yo no me explico de la vida. Todo eso que tiene que ver con la Naturaleza para mí está muy oscuro, y lo de los dioses más. Ellos son los llamados a originar todos esos fenómenos que uno ve, que yo *vide* y que es *positivo* que han existido. Los dioses son caprichosos e inconformes. Por eso aquí han pasado tantas cosas raras. Yo me acuerdo que antes, en la esclavitud, yo me pasaba la vida mirando para arriba, porque el cielo siempre me ha gustado mucho por lo pintado que es. Una vez el cielo se puso como una brasa de candela y había una seca furiosa. Otro día se formó un eclipse de sol. Empezó a las cuatro de la tarde y fue en toda la isla. La luna parecía que estaba peleando con el sol. Yo me fui dando cuenta que todo marchaba al revés. Fue oscureciendo y oscureciendo y después fue aclarando y aclarando. Las gallinas se encaramaron en los palos. La gente no hablaba del susto. Hubo quien se murió del corazón y quien se quedó mudo.

Eso mismo yo lo vide otras veces, pero en otros sitios. Y por nada del mundo preguntaba por qué ocurría. Total, yo sé que todo eso depende de la Naturaleza. La Naturaleza es todo. Hasta lo que no se ve. Y los hombres no podemos hacer esas cosas porque estamos sujetos a un Dios: a Jesucristo, que es del que más se habla. Jesucristo no nació en Africa, ése vino de la misma Naturaleza porque la Virgen María era señorita.

Los dioses más fuertes son los de Africa. Yo digo que es positivo que volaban. Y hacían lo que les daba la gana con las hechicerías. No sé cómo permitieron la esclavitud. La verdad es que yo me pongo a pensar y no doy pie con bola. Para mí que todo empezó cuando los pañuelos *punzó*. El día que cruzaron la muralla. La muralla era vieja en Africa, en toda la orilla. Era una muralla hecha de yaguas y bichos brujos que picaban como diablo. Espantaron por muchos años a los blancos que intentaban meterse en Africa. Pero el punzó los hundió a todos. Y los reyes y todos los demás, se entregaron facilito. Cuando los reyes veían que los blancos, yo creo que los portugueses fueron los primeros, sacaban los pañuelos punzó como saludando, les decían a los negros: «Anda, vé a buscar pañuelo punzó, anda». Y los negros embullados con el punzó, corrían como ovejitas para los barcos y ahí mismo los cogían. Al negro siempre le ha gustado mucho el punzó. Por culpa de ese color les pusieron las cadenas y los mandaron para Cuba. Y después no pudieron volver a su tierra. Esa es la razón de la esclavitud en Cuba. Cuando los ingleses descubrieron ese asunto no dejaron traer más negros y entonces se acabó la esclavitud y empezó la otra parte: la libre. Fue por los años ochenta y pico.

A mí nada de eso se me borra. Lo tengo todo vivido. Hasta me acuerdo que mis padrinos me dijeron la fecha en que yo nací. Fue el 26 de diciembre de 1860, el día de San Esteban, el qué está en los calendarios. Por eso yo me llamo Esteban. Mi primer apellido es Montejo, por mi madre que era una esclava de origen francés. El segundo es Mera. Pero ése casi nadie lo sabe. Total, para qué lo voy a decir si es postizo. El verdadero era Mesa, lo que sucedió fue que en el archivo me lo cambiaron y lo dejé así, como yo quería tener dos apellidos como los demás para que no me dijeran «hijo de manigua», me colgué ése y ¡cataplum! El apellido Mesa era de un tal Pancho Mesa que había en Rodrigo. Según razón, el señor ése me crió a mí después de nacido. Era el amo de mi madre. Claro que yo no vide a ese hombre nunca, pero sé que es positivo ese cuento porque me lo hicieron mis padrinos. Y a mí nada de lo que ellos me contaban se me ha olvidado.

Mi padrino se llamaba Gin Congo[1] y mi madrina, Susana. Los vine a conocer por los años noventa, cuando la guerra todavía no había cuajado. Me dio la contraseña un negro viejo que había en el mismo ingenio de ellos y que me conocía a mí. El mismo me llevó a verlos. Me fui acostumbrando a visitarlos en la Chinchila, el barrio donde ellos vivían, cerca de Sagua la Grande. Como yo no conocía a mis padres lo primero que hice fue preguntar acerca de ellos. Entonces me enteré de los nombres y de otros pormenores. Hasta me dijeron en el ingenio en que yo nací. Mi padre se llamaba Nazario y era *lucumí* de Oyó. Mi madre, Emilia Montejo. También me dijeron que ellos habían muerto en Sagua. La verdad es que yo hubiera querido conocerlos, pero por salvarme el pellejo no los pude ver. Si llego a salir del monte ahí mismo me hubieran agarrado.

Por cimarrón no conocí a mis padres. Ni los vide siquiera. Pero eso no es triste porque es la verdad.

Como todos los niños de la esclavitud, los criollitos como les llamaban, yo nací en una enfermería, donde llevaban las negras preñadas para que parieran. Para mí que fue en el ingenio Santa Teresa, aunque yo no estoy bien seguro. De lo que sí me acuerdo es que mis padrinos me hablaban mucho de ese ingenio y de los dueños, unos señores de apellido La Ronda.

Ese apellido lo llevaron mis padrinos por mucho tiempo, hasta que la esclavitud se fue de Cuba.

Los negros se vendían como *cochinaticos* y a mí me vendieron enseguida, por eso no recuerdo nada de ese lugar. Sí sé que el ingenio estaba por mi tierra de nacimiento, que es toda la parte de arriba de Las Villas, Zulueta, Remedios, Caibarién todos esos pueblos hasta llegar al mar. Luego me viene a la mente la visión de otro ingenio: el Flor de Sagua. Yo no sé si ese fue el lugar donde trabajé por primera vez. De lo que sí estoy seguro es que de allí me huí una vez; me reviré, carajo, y me huí. ¡Quién iba a querer trabajar! Pero me cogieron mansito, y me dieron una de grillos que si me pongo a pensar bien los vuelvo a sentir. Me los amarraron fuertes y me pusieron a trabajar, con ellos y todo. Uno dice eso ahora y la gente no lo cree. Pero yo lo sentí y lo tengo que decir.

El dueño de ese ingenio tenía un apellido extraño, de esos que son largos y juntos. Era un millón de cosas malas: zoquetón, cascarrabias, engreído... Se paseaba en la *volanta* con sus amigotes y su señora por todos los campos de caña. Saludaba con un pañuelo, pero ni por juego se acercaba. Los amos nunca iban al campo. El caso de éste era curioso; me acuerdo que tenía un negro fino él, calesero de los buenos, con su argolla en la oreja y todo. Todos estos caleseros eran *dulones de amos* y *apapipios*. Eran como decir los señoritos de color.

En Flor de Sagua empecé a trabajar en los carretones de *bagazo*. Yo me sentaba en el pescante del carretón y arreaba al mulo. Si el carretón estaba muy lleno echaba al mulo para atrás, me bajaba y lo guiaba por la rienda.

Los mulos eran duros y tenía uno que *jalar* para abajo como un animal. La espalda se llegaba a jorobar. Mucha de esa gente que anda por ahí medio jorobada es por culpa de los mulos. Los carretones salían llenitos hasta el tope. Siempre se descargaban en el *batey* y había que regar el bagazo para que se secara. Con un gancho se tiraba el bagazo. Después se llevaba enterito y seco para los hornos. Eso se hacía para levantar vapor. Yo me figuro que fue lo primero que trabajé. Al menos eso me dice la memoria.

Todas las partes de adentro del ingenio eran primitivas. No como hoy en día que hay luces y máquinas de velocidad. Se les llamaba cachimbos, porque esa palabra significaba un ingenio chiquito. En esos cachimbos se moscababa el azúcar. Había algunos que no hacían azúcar, sino miel y *raspadura*. Casi todos eran de un solo dueño; se llamaban trapiches. En los cachimbos había tres *tachos*. Los tachos eran grandes, de cobre y bocones. En uno se cocinaba el *guarapo*, en el otro se batía la *cachaza* y en el tercero la meladura cogía su punto. Nosotros le llamábamos cachaza a lo que quedaba del guarapo. Venía siendo como una capa dura muy saludable para los cochinos. Después que la meladura estaba en su punto, se cogía una *canoa* y con un cucharón grande, ensartado en un madero, se volcaba en la canoa y de la canoa para la gaveta que estaba asentada a una distancia corta de los tachos. Ahí cuajaba el moscabado que era el azúcar que no purgaba; le quedaba lo mejorcito de la miel. En ese entonces no existía la centrífuga esa que le llaman.

Ya fresca el azúcar en la gaveta, había que entrar allí descalzo con pico y pala y una parihuela. Ponían siempre a un negro delante y a otro detrás. La parihuela esa era para llevar los *bocoyes* al tinglado: un depósito largo con dos maderos donde se afincaban los bocoyes para que allí purgara el azúcar. La miel que salía del bocoy iba para el batey y se le daba a los carneros y a los cochinaticos. Engordaban muchísimo.

Para hacer azúcar turbinada había unos embudos grandes a donde se echaba el moscabado para que purgara fino. Ese azúcar se parecía a la de hoy, al azúcar blanca. Los embudos eran conocidos por hormas.

Yo me sé esa parte del azúcar mejor que mucha gente que nada más que conoció la caña afuera, en el campo. Y para decir verdad prefiero la parte de adentro, por lo cómoda. En Flor de Sagua trabajé en la gaveta del cachimbo. Pero eso vino después que yo había tenido experimentación en el bagazo. Ahí la cuestión era de pico y pala. A mi entender, hasta era mejor el corte de caña. Yo tendría entonces unos diez años y por eso no me habían mandado al campo. Pero diez años en aquella época era como decir treinta ahora, porque los niños trabajaban como bueyes.

Cuando un negrito era lindo y gracioso lo mandaban para adentro. Para la casa de los amos. Ahí lo empezaban a endulzar y... ¡qué sé yo! El caso es que el negrito se tenía que pasar la vida espantando moscas, porque los amos comían mucho. Y al negrito lo ponían en la punta de la mesa mientras ellos comían. Le daban un abanico grande de *yarey* y largo. Y le decían: «¡Vaya, para que no caigan moscas en la comida!». Si alguna mosca caía en un plato lo regañaban duro y hasta le daban *cuero*. Yo nunca hice eso porque a mí no me gustaba emparentarme con los amos. Yo era cimarrón de nacimiento.

La vida en los barracones

Todos los esclavos vivían en barracones.[2] Ya esas viviendas no existen, así que nadie las puede ver. Pero yo las vide y no pensé nunca bien de ellas. Los amos sí decían que los barracones eran tacitas de oro. A los esclavos no les gustaba vivir en esas condiciones, porque la *cerradera* les asfixiaba. Los barracones eran grandes aunque había algunos ingenios que los tenían más chiquitos; eso era de acuerdo a la cantidad de esclavos de una dotación. En el del Flor de Sagua vivían como doscientos esclavos de todos los colores. Ese era en forma de hileras: dos hileras que se miraban frente a frente, con un portón en el medio de una de ellas y un cerrojo grueso que trancaba a los esclavos por la noche. Había barracones de madera y de mampostería, con techos de tejas. Los dos con el piso de tierra y sucios como carajo. Ahí sí que no había ventilación moderna. Un hoyo en la pared del cuarto o una ventanita con barrotes eran suficientes. De ahí que abundaran las pulgas y las niguas que enfermaban a la dotación de infecciones y maleficios. Porque esas niguas eran brujas. Y como único se quitaban era con sebo caliente y a veces ni con eso. Los amos querían que los barracones estuvieran limpios por fuera. Entonces los pintaban con cal. Los mismos negros se ocupaban de ese encargo. El amo les decía: «cojan cal y echen parejo». La cal se preparaba en latones dentro de los barracones, en el patio central.

Los caballos y los chivos no entraban a los barracones, pero siempre había su perro bobo rondando y buscando comida. Se metían en los cuartos de los barracones que eran chiquitos y calurosos. Uno dice cuartos cuando eran verdaderos fogones. Tenían sus puertas con llavines, para que no fuera nadie a robar. Sobre todo para cuidarse de los criollitos que nacían con la picardía y el instinto del robo. Se destaparon a robar como fieras.

En el centro de los barracones las mujeres lavaban las ropas de sus maridos y de sus hijos y las de ellas. Lavaban en bateas. Las bateas de la esclavitud no son como las de ahora. Esas eran más rústicas. Y había que llevarlas al río para que se hincharan porque se hacían de cajones de bacalao, de los grandes.

Fuera del barracón no había árboles, ni dentro tampoco. Eran planos de tierra vacíos y solitarios. El negro no se podía acostumbrar a eso. Al negro le gusta el árbol, el monte. ¡Todavía el chino...! Africa estaba llena de árboles, de ceibas, de cedros, de *jagüeyes*. China no, allá lo que había más era yerba de la que se arrastra, dormidera, verdolaga, diez de la mañana... Como los cuartos eran chiquitos, los esclavos hacían sus necesidades en un excusado que le llaman. Estaba en una esquina del barracón. A ese lugar iba todo el mundo. Y para secarse el *fotingo,* después de la descarga, había que coger yerbas como la escoba amarga y las *tusas* de maíz.

La campana del ingenio estaba a la salida.[3] Esa la tocaba el *contramayoral.* A las cuatro y treinta antes meridiano tocaban el Ave María. Creo que eran nueve campanazos. Uno se tenía que levantar en seguida.

A las seis antes meridiano, tocaban otra campana que se llamaba de la jila y había que formar en un terreno fuera del barracón. Los varones a un lado y las mujeres a otro. Después para el campo hasta las once de la mañana en que comíamos tasajo, *viandas* y pan. Luego, a la caída del sol, venía la Oración. A las ocho y treinta tocaban la última para irse a dormir. Se llamaba el Silencio.[4]

El contramayoral dormía adentro del barracón y vigilaba. En el batey había un sereno blanco, español él, que también vigilaba. Todo era a base de cuero y vigilancia. Cuando pasaba algún tiempo y la *esquifación,* que era la ropa de los esclavos, se gastaba, le daban a los hombres una nueva a base de tela de rusia; una tela gruesa y buena para el campo, tambor, que eran pantalones con bolsillos grandes y parados, lonilla y un gorro de lana para el frío. Los zapatos eran por lo general de vaqueta, corte bajo, con dos rejitas para amarrarlos. Los viejos usaban chacualas, que eran de suela chata con cordel amarrado al dedo gordo. Eso siempre ha sido moda africana, aunque ahora se las ponen las blancas y les llaman chancletas o pantuflas. Las mujeres recibían camisón, saya, sayuela y cuando tenían conuco ellas mismas se compraban sayuelas de las blancas que eran más lindas y paraditas. Se ponían argollas de oro en las orejas y dormilonas. Estas prendas se las compraban a los moros o turcos que iban de vez en cuando a los mismos barracones. Llevaban unos cajones colgados al hombro con una faja de cuero muy gorda.

También en los barracones se metían los billeteros. Engañaban a los negros, vendiendo los billetes más caros y cuando un billete salía premiado no se aparecían más por allí. Los guajiros iban a negociar tasajo por leche. Vendían a cuatro centavos la botella. Los negros las compraban porque el amo no daba leche. La leche cura las infecciones y limpia. Por eso había que tomarla.

Pero eso de los conucos fue lo que salvó a muchos esclavos. Lo que les dio verdadera alimentación. Casi todos los esclavos tenían sus conucos. Estos conucos eran pequeños trozos de tierra para sembrar. Quedaban muy cerca de los barracones; casi detrás de ellos. Ahí se cosechaba de todo: boniato, calabaza, *quimbombó*, maíz, gandul, frijol caballero, que es como las habas limas, yuca y maní. También criaban sus cochinaticos. Y algunos de estos productos se los vendían a los guajiros que venían directamente del pueblo. La verdad es que los negros eran honrados. Como no sabían mucho todavía, les salía eso de ser honrados, al natural. Vendían sus cosas muy baratas. Los cochinos enteros valían una onza u onza y media, en onzas de oro como eran antes las monedas. Las viandas nunca les gustaba venderlas. Yo aprendí de los viejos a comer vianda, que es muy *nutricia*. En la esclavitud lo principal era el cochino. Las viandas las usaban para alimentarlos. Los cochinos de antes daban más manteca que los de ahora. Yo creo que porque hacían más vida natural. Al cochino había que dejarlo revolcarse bien en los chiqueros. Esa manteca de ellos se vendía a diez kilos la libra. Toda la semana venían los guajiros a buscar su ración. Siempre pagaban medios plata. Más tarde ese medio bajó a un cuartillo, o sea la mitad del medio. Todavía el centavo no se conocía porque no habían coronado a Alfonso XIII. Después de la coronación fue que vino el centavo. El rey Alfonso quiso cambiar hasta el dinero. Llegó a Cuba la calderilla que creo que valía dos centavos y otras novedades en cuestión de plata, todas debidas al Rey.

Aunque parezca raro, los negros se divertían en los barracones. Tenían su entretenimiento y sus juegos. También había juegos en las tabernas, pero esos eran distintos. Uno de los que más se jugaba en los barracones era el tejo: se ponía una tusa de maíz, partida por la mitad en el suelo, encima se colocaba una moneda, se hacía una raya a poca distancia y se tiraba una piedra desde la raya para alcanzar la tusa. Si la piedra alcanzaba la tusa y el dinero caía sobre ella, el individuo lo recogía y era de él. Si caía cerca de la tusa, no. El tejo traía confusión. Entonces se medía con una pajita para ver si el dinero estaba más cerca de él que de la tusa.

Este juego se hacía en el patio, como el de los bolos. Pero el de los bolos se jugaba poco. Yo lo vide creo que dos o tres veces nada más. Había unos toneleros negros que hacían los palos en forma de botellas y los bolos de madera para jugar. Era un juego libre y todo el mundo entraba. Menos los chinos, que eran muy *separatistas*. Los bolos se tiraban por el piso de tierra, para que tumbaran los cuatro o cinco palos que se colocaban en un extremo. Ese juego era igual que el de hoy, que el que se juega en la ciudad, pero con la diferencia que éste traía broncas por el dinero que se apostaba. Eso sí que no le gustaba a los amos. Por eso prohibían algunos juegos y había que hacerlos cuando el mayoral no estuviera atento. El mayoral era el que le corría las noticias; las noticias y los chismes.

El juego de mayombe estaba amarrado a la religión. Hasta los propios mayorales se metían para buscarse sus beneficios. Ellos creían en los brujos, por eso hoy nadie se puede asombrar de que los blancos crean en estas cosas. En el mayombe se tocaba con tambores. Se ponía una *nganga* o *cazuela* grande en el medio del patio. En esa cazuela estaban los poderes; los santos. Y el mayombe era un juego utilitario. Los santos tenían que estar presentes. Empezaban a tocar tambores y a cantar. Llevaban cosas para las ngangas. Los negros pedían por su salud, y la de sus hermanos y para conseguir la armonía entre ellos. Hacían *enkangues* que eran trabajos con tierras del cementerio. Con esas tierras se hacían montoncitos en cuatro esquinas, para figurar los puntos del universo. Dentro de la cazuela, ponían patas de gallinas, que era una yerba con paja de maíz para asegurar a los hombres. Cuando el amo castigaba a algún esclavo, los demás recogían un poquito de tierra y la metían en la cazuela. Con esa tierra resolvían lo que querían. Y el amo se enfermaba o pasaba algún daño en la familia. Porque mientras la tierra esa estaba dentro de la cazuela el amo estaba apresado ahí y ni el diablo lo sacaba. Esa era la venganza del congo con el amo.

Cerca de los ingenios estaban las tabernas. Había más tabernas que niguas en el monte. Eran como una especie de *vendutas* donde se podía comprar de todo. Los mismos esclavos negociaban en las tabernas. Vendían el tasajo que acumulaban en los barracones. En horas del día y a veces hasta en la tarde los esclavos podían ir a las tabernas. Pero eso no pasaba en todos los ingenios. Siempre había el amo que no le daba permiso al esclavo para ir. Los negros iban a las tabernas a buscar aguardiente. Tomaban mucho para mantenerse fortalecidos. El vaso de aguardiente del bueno costaba a medio. Los dueños también tomaban mucho aguardiente y se formaban cada *jirigays* que no eran para cuento. Algunos taberneros eran españoles viejos, retirados del ejército que ganaban poco; unos cinco o seis pesos de retiro.

Las tabernas se hacían de madera y yaguas. Nada de mampostería como las bodegas de ahora. Tenía uno que sentarse en unos sacos de yute que se amontonaban en pila, o estar de pie. En las tabernas vendían arroz, tasajo, manteca y frijoles de todas las familias del frijol. Yo vide casos de dueños duros que engañaban a los esclavos dándoles precios falsos. Y vide broncas donde salía castigado el negro y no podía regresar a las tabernas. En las libretas que daban se apuntaban todos los gastos y cuando un esclavo gastaba un medio, pues ponían una rayita y cuando gastaba dos, pues dos rayitas. Así era el sistema que había para comprar lo demás: las galletas de *queques*, redondas y dulces, las de sal, los confites del tamaño de un garbanzo y hechos de harina de distintos colores, el pan de agua y la manteca. El pan de agua valía un medio la flauta. Era muy distinto al de hoy. Yo prefería ése. También me acuerdo que se vendían unos dulces que les llamaban «capricho», de harina de castilla y ajonjolí y maní. Ahora, esto del ajonjolí era cosa de chinos, porque había vendedores ambulantes que recorrían los ingenios vendiéndolos. Estos chinos eran contratados viejos que ya no podían mover el brazo para la caña y se ponían a vender.

Las tabernas eran apestosas. Sacaban un olor fuerte por las *colgaderas* que hacían en el techo, de salchichones, jamones para curar y mortadella roja. Pero con todo y eso ahí se jugaba de relajo. Se pasaban la vida en esa bobería. Los negros tenían afanes de buenos competidores en los juegos. Yo me acuerdo de uno que se llamaba «la galleta».

La operación para ese juego era de poner en un mostrador de madera o en un tablón cualquiera, cuatro o cinco galletas duras de sal y con el miembro masculino golpear fuerte sobre las galletas para ver quién las partía. El que las partía ganaba. Eso traía apuestas de dinero y trago. Lo jugaban igual negros que blancos.

Otro juego de relajo era el de la botija. Cogían una botija grande con un agujero y metían el miembro por él. El que llegara al fondo era el ganador. El fondo estaba cubierto de una capita de ceniza para que cuando el hombre sacara el miembro se viera bien si había llegado o no.

Además, se jugaba a otras cosas, como la baraja. La baraja se jugaba preferiblemente con olea, que es la legítima para jugar, había muchos tipos de barajas. A unos les gustaba jugar a la cara; a otros al mico, donde se ganaba mucho, pero yo prefería el *monte,* que nació en las casas particulares y después se repartió al campo. El monte se jugaba en la esclavitud, en las tabernas y en las casas de los amos. Pero yo lo vine a practicar después de la abolición. El monte es muy complicado. Hay que poner dos barajas en una mesa y adivinar cuál de esas dos es la primera de las tres que se guarda. Siempre se jugaba de interés, por eso era atractivo. El banquero era el que echaba las barajas y los apuntes ponían el dinero. Se ganaba mucho. Todos los días yo ganaba dinero. La verdad es que el monte era mi vicio; el monte y las mujeres. Y no por nada, pero había que buscar un mejor jugador que yo. Cada baraja tenía su nombre. Como ahora, lo que pasa es que las de ahora no son tan pintadas. Antes había las sotas, el rey, los ases, el caballo y después venían los números desde el dos hasta el siete. Las barajas tenían figuras de hombres con coronas o a caballo. Se veía claro que eran españoles, porque en Cuba nunca existieron esos tipos, con esos cuellos de encaje y esas melenas. Antes lo que había aquí eran indios.

Los días de más bulla en los ingenios eran los domingos. Yo no sé cómo los esclavos llegaban con energías. Las fiestas más grandes de la esclavitud se daban ese día. Había ingenios donde empezaban el tambor a las doce del día o a la una. En Flor de Sagua, desde muy temprano. Con el sol empezaba la bulla y los juegos y los niños a revolverse. El barracón se encendía temprano, aquello parecía el fin del mundo. Y con todo y el trabajo la gente amanecía alegre. El mayoral y el contramayoral entraban al barracón y se metían con las negras. Yo veía que los más aislados eran los chinos. Esos cabrones no tenían oído para el tambor. Eran arrinconados. Es que pensaban mucho. Para mí que pensaban más que los negros. Nadie les hacía caso. Y la gente seguía en sus bailes.

El que más yo recuerdo es la yuka. En la yuka se tocaban tres tambores: la caja, la mula y el cachimbo, que era el más chiquito. Detrás se tocaba con dos palos en dos troncos de cedro ahuecados. Los propios esclavos los hacían y creo que les llamaban catá. La yuka se bailaba en pareja con movimientos fuertes. A veces daban vueltas como un pájaro y hasta parecía que iban a volar de lo rápido que se movían. Daban salticos con las manos en la cintura. Toda la gente cantaba para embullar a los bailadores.

Había otro baile más complicado. Yo no sé si era un baile o un juego porque la *mano* de puñetazos que se daban era muy seria. A ese baile le decían el maní. Los maniceros hacían una rueda de cuarenta o cincuenta hombres solos. Y empezaban a *dar revés*. El que recibía el golpe salía a bailar. Se ponían ropa corriente de trabajo y usaban en la frente y en la cintura pañuelos de colores y de dibujos. Estos pañuelos se usaban para amarrar la ropa de los esclavos y llevarlos a lavar. Se conocían como pañuelos de *vayajá*. Para que los golpes del maní fueran más calientes, se cargaban las muñecas con una brujería cualquiera. Las mujeres no bailaban pero hacían un coro con palmadas. Daban gritos por los sustos que recibían, porque a veces caía un negro y no se levantaba más. El maní era un juego cruel. Los maniceros no apostaban en el desafío. En algunos ingenios los mismos amos hacían sus apuestas, pero en Flor de Sagua yo no recuerdo esto. Lo que sí hacían los dueños era cohibir a los negros de darse tantos golpes, porque a veces no podían trabajar de lo averiados que salían. Los niños no podían jugar pero se lo llevaban todo. A mí, por ejemplo, no se me olvida más.

Cada vez que anunciaban tambor los negros se iban a los arroyos a bañarse. Cerca de todos los ingenios había un arroyito. Se daba el caso que iba una hembra detrás y se encontraba con el hombre al meterse en el agua. Entonces se metían juntos y se ponían a hacer el negocio. O si no, se iban a la represa, que eran unas pocetas que se hacía en los ingenios para guardar el agua. Ahí también se jugaba a la *escondida* y los negros perseguían a las negras para cogérselas.

Las mujeres que no andaban en ese jueguito se quedaban en los barracones y con una batea se bañaban. Esas bateas eran grandes y había una o dos para toda la dotación.

El afeitado y el pelado de los hombres lo hacían los mismos esclavos. Cogían una navaja grande y como el que pela un caballo, así, le cogían las pasas a los negros. Siempre había uno que le gustaba tusar y ése era el más experimentado. Pelaba como lo hacen hoy. Y nunca dolía, porque el pelo es lo más raro que hay; aunque uno ve que crece y todo, está muerto. Las mujeres se peinaban con el pelo enroscado y con *caminitos*. Tenían la cabeza que parecía un melón de castilla. A ellas les gustaba ese ajetreo de peinarse un día de una forma y otro día de otra. Un día era con caminitos; otro día, con sortijas, otro día planchado. Para lavarse los dientes usaban *bejuco de jaboncillo*, que los dejaba muy blancos. Toda esa agitación era para los domingos.

Ya ese día cada cual tenía su vestuario especial. Los negros compraban unos zapatos de becerro cerrados que yo no he vuelto a ver. Se compraban en unas tiendas cercanas a las que se iba con un permiso del amo. Usaban pañuelos de vayajá rojos y verdes en el cuello. Los negros se los ponían en la cabeza y en la cintura, como en el baile del maní. También se guindaban un par de argollas en las orejas y se ponían en todos los dedos sortijas de oro. De oro legítimo. Algunos no llevaban oro sino *pulsos* de plata finos, que llegaban casi hasta los codos. Y zapatos de charol.

Los descendientes de franceses bailaban en parejas, despegados. Daban vueltas lentas. Si había uno que sobresaliera, le ponían pañuelos de seda en las piernas. De todos los colores. Ese era el premio. Cantaban en *patuá* y tocaban dos tambores grandes con las manos. El baile se llamaba «el francés».

Yo conocía un instrumento que se llamaba marímbula y era chiquito. Lo hacían con varillas de quitasol y sonaba grueso como un tambor. Tenía un hueco por donde le salía la voz. Con esa marímbula acompañaban los toques de tambor de los congos, y no me acuerdo si de los franceses también. Las marímbulas sonaban muy raro y a mucha gente, sobre todo a los guajiros no les gustaba porque decían que eran voces del otro mundo.

A mi entender por esa época la música de ellos era con guitarra nada más. Después, por el año noventa, tocaban danzones en unos órganos grandes, con acordeones y güiros. Pero el blanco siempre ha tenido una música muy distinta al negro. La música del blanco es sin tambor, más desabrida.

Más o menos, así pasa con las religiones. Los dioses de Africa son distintos aunque se parezcan a los otros, a los de los curas. Son más fuertes y menos adornados. Ahora mismo uno coge y va a una iglesia católica y no ve manzanas, ni piedras, ni plumas de gallos. Pero en una casa africana eso es lo que está en primer lugar. El africano es más burdo.

Yo conocí dos religiones africanas en los barracones: la lucumí y la conga. La conga era la más importante. En Flor de Sagua se conocía mucho porque los brujos se hacían dueños de la gente. Con eso de la adivinación se ganaban la confianza de todos los esclavos. Yo me vine a acercar a los negros viejos después de la abolición.

Pero de Flor de Sagua me acuerdo del chicherekú. El chicherekú era conguito *de nación*. No hablaba español. Era un hombrecito cabezón que salía corriendo por los barracones, brincaba y le caía a uno detrás. Yo lo vide muchas veces. Y lo oí chillar que parecía una *jutía*. Eso es positivo y hasta en el Porfuerza,[5] hasta hace pocos años, existía uno que corría igual. La gente le salía huyendo porque decían que era el mismo diablo y que estaba ligado con *mayombe* y con muerto. Con el chicherekú no se puede jugar porque hay peligro. A mí en verdad no me gusta mucho hablar de él, porque yo no lo he vuelto a ver más, y si por alguna casualidad.... bueno, ¡el diablo son las cosas!

Para los trabajos de la religión de los congos se usaban los muertos y los animales. A los muertos les decían nkise y a los *majases*, *emboba*. Preparaban unas cazuelas que caminaban y todo, y ahí estaba el secreto para trabajar. Se llamaban ngangas. Todos los congos tenían sus ngangas para mayombe. Las ngangas tenían que jugar con el sol. Porque él siempre ha sido la inteligencia y la fuerza de los hombres. Como la luna lo es de las mujeres. Pero el sol es más importante, porque él es el que le da vida a la luna. Con el sol trabajaban los congos casi todos los días. Cuando tenían algún problema con alguna persona, ellos seguían a esa persona por un *trillo* cualquiera y recogían el polvo que ella pisaba. Lo guardaban y lo ponían en la nganga o en un rinconcito. Según el sol iba bajando, la vida de la persona se iba yendo. Y a la puesta del sol la persona estaba muertecita. Yo digo esto porque da por resultado que yo lo vide mucho en la esclavitud.

Si uno se pone a pensar bien, los congos eran asesinos. Pero si mataban a alguien era porque también a ellos les hacían algún daño. A mí nunca nadie trató de hacerme brujería, porque yo he sido siempre separatista y no me ha gustado conocer demasiado de la vida ajena.

La brujería tira más para los congos que para los lucumises. Los lucumises están más ligados a los santos y a Dios. A ellos les gustaba levantarse temprano con la fuerza de la mañana y mirar para el cielo y rezar oraciones y echar agua en el suelo. Cuando menos uno se lo pensaba el lucumí estaba en lo suyo. Yo he visto negros viejos inclinados en el suelo más de tres horas hablando en su lengua y adivinando. La diferencia entre el congo y el lucumí es que el congo resuelve, pero el lucumí adivina. Lo sabe todo por los diloggunes, que son caracoles de Africa con misterio dentro. Son blancos y abultaditos. Los ojos de *Eleggua* son de ese caracol.

Los viejos lucumises se trancaban en los cuartos del barracón y le sacaban a uno hasta lo malo que uno hacía. Si había algún negro con lujuria por una mujer, el lucumí lo apaciguaba. Eso creo que lo hacían con cocos, obi, que eran sagrados. Son iguales a los cocos de ahora que siguen siendo sagrados y no se pueden tocar. Si uno ensuciaba el coco le venía un castigo grande. Yo sabía cuando las cosas iban bien porque el coco lo decía. El mandaba a que dijeran *Alafia* para que la gente supiera que no había tragedia. Por los cocos hablaban todos los santos, ahora el dueño de ellos era *Obatalá*. Obatalá era un viejo, según yo oía, que siempre estaba vestido de blanco. Y nada más que le gustaba lo blanco. Ellos decían que Obatalá era el que lo había hecho a uno y no sé cuántas cosas más. Uno viene de la Naturaleza y el Obatalá ese también.

A los viejos lucumises les gustaba tener sus figuras de madera, sus dioses. Los guardaban en el barracón. Todas esas figuras tenían la cabeza grande. Eran llamadas oché. A Eleggua lo hacían de cemento, pero *Changó* y *Yemayá* eran de madera y los hacían los mismos carpinteros.

En las paredes de los cuartos hacían marcas de santo, con carbón vegetal y con yeso blanco. Eran rayas largas y círculos. Aunque cada una era un santo, ellos decían que eran secretas. Esos negros todo lo tenían como secreto. Hoy en día han cambiado mucho, pero antes lo más difícil que había era conquistar a uno de ellos.

La otra religión era la católica. Esa la introducían los curas, que por nada del mundo entraban a los barracones de la esclavitud. Los curas eran muy aseados. Tenían un aspecto serio que no jugaba con los barracones. Eran tan serios que hasta había negros que los seguían al pie de la letra. Tiraban para ellos de mala manera. Se aprendían el catecismo y se lo leían a los demás. Con todas las palabras y las oraciones. Estos negros eran esclavos domésticos y se reunían con los otros esclavos, los del campo, en los bateyes. Venían siendo como mensajeros de los curas. La verdad es que yo jamás me aprendí esa doctrina porque no entendía nada. Yo creo que los domésticos tampoco, aunque como eran tan finos y tan bien tratados, se hacían los cristianos. Los domésticos recibían consideraciones de los amos. Yo nunca vide castigar fuerte a uno de ellos. Cuando los mandaban al campo a chapear caña o a cuidar cochinos, hacían el *paripé* de que estaban enfermos y no trabajaban. Por eso los esclavos del campo no los querían ver ni en pintura. Ellos a veces iban a los barracones a verse con algún familiar. Y se llevaban frutas y viandas para la casa del amo. Yo no sé si los esclavos se las regalaban de los conucos o si ellos se las llevaban de por sí. Muchos problemas de fajatiña en los barracones fueron ocasionados por ellos. Los hombres llegaban y se querían hacer los chulos con las mujeres. Ahí venían las tiranteces peores. Tendría yo como doce años y me daba cuenta de todo el *jelengue*.

Había más tiranteces todavía. Por ejemplo, entre el congo judío y el cristiano no había *compaginación*. Uno era el bueno y el otro, el malo. Eso ha seguido igual en Cuba. El lucumí y el congo no se llevaban tampoco. Tenían la diferencia entre los santos y la brujería. Los únicos que no tenían problemas eran los viejos de nación. Esos eran especiales y había que tratarlos distinto porque tenían todos los conocimientos, de la religión.

Muchas *fajatiñas* se evitaban porque los amos se cambiaban a los esclavos. Buscaban la división para que no hubiera molote de huidos. Por eso las dotaciones nunca se reunían.

A los lucumises no les gustaba el trabajo de la caña y muchos se huían. Eran los más rebeldes y valentones. Los congos no; ellos eran más bien cobardones, fuertes para el trabajo y por eso se *disparaban la mecha* sin quejas. Hay una jutía bastante conocida que le dicen conga; muy cobardona ella.

En los ingenios había negros de distintas naciones. Cada uno tenía su figura. Los congos eran prietos aunque había muchos *jabaos*. Eran chiquitos por lo regular. Los mandingas eran medio *coloraúzcos*. Altos y muy fuertes. Por mi madre que eran mala semilla y criminales. Siempre iban por su lado. Los *gangas* eran buenos. Bajitos y de cara pecosa. Muchos fueron cimarrones. Los carabalís eran como los congos *musungos*, fieras. No mataban cochinos nada más que los domingos y los días de Pascua. Eran muy negociantes. Llegaban a matar cochinos para venderlos y no se los comían. Por eso les sacaron un canto que decía: «Carabalí con su *maña*, mata *ngulo* día domingo». A todos estos negros *bozales* yo los conocí mejor después de la esclavitud.

En todos los ingenios existía una enfermería que estaba cerca de los barracones. Era una casa grande de madera, donde llevaban a las mujeres preñadas. Ahí nacía uno y estaba hasta los seis o siete años, en que se iba a vivir a los barracones, igual que todos los demás y a trabajar. Yo me acuerdo que había unas negras crianderas y cebadoras que cuidaban a los criollitos y los alimentaban. Cuando alguno se lastimaba en el campo o se enfermaba, esas negras servían de médicos. Con yerbas y cocimientos lo arreglaban todo. No había más cuidado. A veces los criollitos no volvían a ver a sus padres porque el amo era el dueño y los podía mandar para otro ingenio. Entonces sí que las crianderas lo tenían que hacer todo. ¡Quién se iba a ocupar de un hijo que no era suyo! En la misma enfermería pelaban y bañaban a los niños. Los de raza costaban unos quinientos pesos. Eso de los niños de raza era porque eran hijos de negros forzudos y grandes, de granaderos. Los granaderos eran privilegiados. Los amos los buscaban para juntarlos con negras grandes y saludables.

Después de juntos en un cuarto aparte del barracón, los obligaban a gustarse y la negra tenía que parir buena cría todos los años. Yo digo que era como tener animales.

Pues bueno, si la negra no paría como a ellos se les antojaba, la separaban y la ponían a trabajar en el campo otra vez. Las negras que no fueran *curielas* estaban perdidas porque tenían que volver a *pegar el lomo*. Entonces sí podían escoger maridos por la libre. Había casos en que una mujer estaba detrás de un hombre y tenía ella misma veinte detrás. Los brujos procuraban resolver esas cuestiones con trabajos calientes.

Si un hombre iba a pedirle a un brujo cualquiera, una mujer, el brujo le mandaba que cogiera un *mocho* de tabaco de la mujer, si ella fumaba. Con ese mocho y una mosca cantárida, de esas que son verdes y dañinas, se molía bastante hasta hacer un polvo que se les daba con agua. Así las conquistaban.

Otro trabajo era cogiendo el corazón del sunsún y haciéndolo polvo. Ese se lo tiraba a la mujer en el tabaco. Y para burlarse de ellas nada más que había que mandar a buscar cebadilla a la botica. Con esa cebadilla cualquier mujer se moría de vergüenza, porque el hombre la ponía en un lugar a donde ellas se fueran a sentar y si nada más que les rozaba el culo, las mujeres empezaban a tirarse vientos. ¡Había que ver a aquellas mujeres con la cara toda untada de cascarilla tirándose vientos!

Los negros viejos se entretenían con todo ese jelengue. Cuando tenían más de sesenta años no trabajaban en el campo. Aunque ellos verdaderamente nunca conocían su edad. Pero da por resultado que si un negro se cansaba y se arrinconaba, ya los mayorales decían que estaba para *guardiero*. Entonces a ese viejo lo ponían en la puerta del barracón o del chiquero, donde la cría era grande. O si no ayudaban a las mujeres en la cocina. Algunos tenían sus conucos y se pasaban la vida sembrando. En esas tareas andaban siempre, por eso tenían tiempo para la brujería. Ni los castigaban ni les hacían mucho caso. Ahora, tenían que estar tranquilos y obedientes. Eso sí.

Yo vide muchos horrores de castigos en la esclavitud. Por eso es que no me gustaba esa vida. En la casa de caldera estaba el cepo, que era el más cruel. Había cepos acostados y de pie. Se hacían de tablones anchos con agujeros por donde obligaban al esclavo a meter los pies, las manos y la cabeza. Así los tenían trancados dos y tres meses, por cualquier maldad sin importancia.[6] A las mujeres preñadas les daban cuero igual, pero acostadas, boca abajo con un hoyo en la tierra para cuidarles la barriga. ¡Les daban una mano de cuerazos! Ahora, se cuidaban de no estropearle el niño, porque ellos los querían a tutiplén. El más corriente de los castigos era el azote. Se los daba el mismo mayoral con un cuero de vaca que marcaba la piel. El látigo también lo hacían de cáñamo de cualquier rama del monte. Picaba como diablo y arrancaba la piel en tiritas. Yo vide muchos negros guapetones con las espaldas rojas. Después les pasaban por las llagas compresas de hojas de tabaco con orina y sal.

La vida era dura y los cuerpos se gastaban. El que no se fuera joven para el monte, de cimarrón, tenía que esclavizarse. Era preferible estar, solo, regado, que en el corral ese con todo el asco y la pudrición. Total, la vida era solitaria de todas maneras, porque las mujeres escaseaban bastante.[7] Y para tener una, había que cumplir veinticinco años o cogérsela, en el campo. Los mismos viejos no querían que los jovencitos tuvieran hembras. Ellos decían que a los veinticinco años era cuando los hombres tenían experiencias. Muchos hombres no sufrían, porque estaban acostumbrados a esa vida. Otros hacían el sexo entre ellos y no querían saber nada de las mujeres. Esa era su vida: la sodomía. Lavaban la ropa y si tenían algún marido también le cocinaban. Eran buenos trabajadores y se ocupaban de sembrar conucos. Les daban los frutos a sus maridos para que los vendieran a los guajiros. Después de la esclavitud fue que vino esa palabra de afeminado, porque ese asunto siguió. Para mí que no vino de África; a los viejos no les gustaba nada. Se llevaban de fuera a fuera con ellos. A mí, para ser sincero, no me importó nunca. Yo tengo la consideración de que cada uno hace de su barriga un tambor.

Cualquiera se cansaba de vivir. Los que se acostumbraban tenían el espíritu flojo. La vida en el monte era más saludable. En los barracones se cogían muchas enfermedades. Se puede decir, sin figuraciones, que ahí era donde más se enfermaban los hombres. Se daba el caso de que un negro tenía hasta tres enfermedades juntas. Cuando no era el cólico era la tosferina. El cólico plantaba un dolor en el ombligo que duraba horas nada más y lo dejaba a uno muerto. La tosferina y el sarampión eran contagiosos. Pero las peores, las que desplumaban a cualquiera, eran la viruela y el vómito negro. La viruela ponía a los hombres como hinchados y el vómito negro sorprendía a cualquiera, porque venía de repente y entre vómito y vómito se quedaba uno tieso. Había un tipo de enfermedad que recogían los blancos. Era una enfermedad en las venas y en las partes masculinas. Se quitaba con las negras. El que la cogía se acostaba con una negra y se la pasaba. Así se curaban enseguida.

En aquellos tiempos no existían grandes medicinas. Los médicos no se veían por ningún lugar. Eran las enfermeras medio brujeras las que curaban con remedios caseros. A veces curaban enfermedades que los médicos no entendían. Porque el problema no está en tocarlo a uno y pincharle la lengua; lo que hay que hacer es tener confianza en las yerbas que son la madre de la medicina. El africano de allá, del otro lado del charco, no se enferma nunca porque tiene todas las yerbas en sus manos.

Si algún esclavo cogía alguna enfermedad contagiosa lo sacaban del cuarto y lo trasladaban a la enfermería. Allí lo trataban de curar. Si el esclavo empezaba a boquear, lo metían en unos cajones grandes y lo llevaban para el cementerio. Casi siempre venía el mayoral y daba cuenta a la dotación para que fueran a enterrarlo. Decía: «Vamos a enterrá a ese negro que ya cumplió». Y los esclavos iban para allá pronto porque, eso sí es verdad, cuando alguien se moría, todo el mundo bajaba la cabeza.

El cementerio estaba en el mismo ingenio; a dos o tres cordeles del barracón. Para enterrar a los esclavos se abría un hoyo en la tierra, se tapaba y se ponía una cruz amarrada con un alambre. La cruz esa era para alejar a los enemigos y al diablo. Hoy le dicen crucifijo. Todo el que se pone la cruz en el cuello es porque le han echado algún daño.

Una vez enterraron a un negro y levantó la cabeza. Y es que estaba vivito. Ese cuento me lo hicieron a mí en Santo Domingo, después de la esclavitud. Todo el barrio de Jicotea lo sabe. La cosa fue en un cachimbo que se llama el Diamante y era del padre de Marinello,[8] el que habla mucho de Martí. En ese lugar enterraron a un congo y se levantó gritando. La gente se espantó y salió huyendo. Unos días más tarde el congo se apareció en el barracón; dicen que fue entrando despacito para no asustar a nadie. Pero cuando la gente lo vio se volvió a asustar. Entonces el mayoral le preguntó qué le había pasado y él dijo: «Me metieron en el hoyo por la cólera y cuando me curé, salí». Desde entonces cada vez que alguien cogía esa enfermedad o cualquier otra, lo dejaban días y días en la caja hasta que se enfriaba como un hielo.

Esas historias no son inventadas, lo que sí yo creo que es cuento, porque

79

nunca lo vide, es que los negros se suicidaban. Antes, cuando los indios estaban en Cuba, sí existía el suicidio. Ellos no querían ser cristianos y se colgaban de los árboles. Pero los negros no hacían eso, porque ellos se iban volando, volaban por el cielo y cogían para su tierra. Los congos *musundi* eran los que más volaban, desaparecían por medio de la brujería. Hacían igual que las brujas isleñas, pero sin ruido. Hay gente que dicen que los negros se tiraban en los ríos; eso es falso. La verdad es que ellos se amarraban un negocio a la cintura que le decían prenda y estaba cargada. Ahí estaba la fuerza. Eso yo lo conozco palmo a palmo y es positivo.

Los chinos no volaban ni querían ir para su tierra. Ellos sí se mataban. Lo hacían callados. Después que pasaban los días aparecían guindados a un árbol o tirados en el suelo. Todo lo que ellos hacían era en silencio. A los propios mayorales los mataban con palos y puñaladas. No creían en nadie los chinos. Eran rebeldes de nacimiento. Muchas veces el amo les ponía un mayoral de su raza para que entrara en confianza con ellos. A ése no lo mataban. Cuando se acabó la esclavitud yo conocí otros chinos en Sagua la Grande, pero eran distintos y muy finos.

La vida en el monte

A mí nunca se me ha olvidado la primera vez que intenté huirme. Esa vez me falló y estuve unos cuantos años esclavizado por temor a que me volvieran a poner los grillos. Pero yo tenía un espíritu de cimarrón arriba de mí, que no se alejaba. Y me callaba las cosas para que nadie hiciera traición porque yo siempre estaba pensando en eso, me rodeaba la cabeza y no me dejaba tranquilo; era como una idea que no se iba nunca, y a veces hasta me mortificaba. Los negros viejos no eran amigos de huirse. Las mujeres, menos. Cimarrones había pocos. La gente le tenía mucho miedo al monte. Decían que si uno se escapaba de todas maneras lo cogían. Pero a mí esa idea me daba más vueltas que a los demás. Yo siempre llevaba la figuración de que el monte me iba a gustar. Y sabía que el campo para trabajar era como el infierno. Uno no podía hacer nada de por sí. Todo dependía de las palabras del amo.

Un día me puse a observar al mayoral. Ya yo lo venía *cachando*. Ese perro se me metió en los ojos y no me lo podía quitar. Creo que era español. Me acuerdo que era alto y nunca se quitaba el sombrero. Todos los negros lo respetaban, porque con un cuerazo que diera le arrancaba el pellejo a cualquiera. El caso es que ese día yo estaba caliente y no sé qué me pasó, pero tenía una rabia que de verlo nada más me encendía.

Le silbé de lejos y él miró y se volvió de espaldas; ahí fue donde cogí una piedra y se la tiré a la cabeza. Yo sé que le dio, porque él gritó para que me agarraran. Pero no me vio más el pelo, porque ese día *cogí el monte*.

Estuve muchos días caminando sin rumbo fijo. Estaba como medio perdido. Nunca había salido del ingenio. Caminé para arriba, para abajo, para todos los lados. Sé que llegué a una finca cerca de la Siguanea, donde no me quedó más remedio que acampar. Los pies se me habían llenado de ampollas y las manos se me pusieron reventadas. Hice campamento debajo de un árbol. Cobijé en unas horas un *rancho* de yerba de guinea. Allí no estuve más que cuatro o cinco días. No hice más que sentir la primera voz de hombre cerca y salí disparado. Era muy jodido que después de uno haberse escapado lo cogieran.

Un tiempo me dio por ocultarme en una cueva.[9] Viví allí como año y medio. Me dio por meterme pensando que iba a tener que caminar menos y porque los cochinos de los alrededores, de las fincas, de los conucos, y de la sitiería, iban a una especie de pantano que quedaba a la salida de la cueva. Iban a bañarse y a chapotear en el agua. Yo los cogía muy fácil porque iban tongas. Todas las semanas me hacía de un cochinato. La cueva esa era muy grande y oscura como una boca de lobo. Se llamaba Guajabán. Estaba cerca del pueblo de Remedios. Era peligrosa porque no tenía salida. Había que entrar por la entrada y salir por la entrada. Mucho que me estuvo picando la curiosidad por encontrar la salida. Pero preferí quedarme en la boca con los majases. Los majases son bichos muy peligrosos. Se dan en las cuevas y en el monte. *Bajean* a las personas con el aliento, aliento de majá que no se siente, y la adormecen para chuparle la sangre. Por eso yo siempre estaba espabilado y encendía la cándela para espantarlos. El que se adormecía en una cueva quedaba *listo para la fiesta*. Ni de lejos quería yo ver a un majá. Los congos, y eso es positivo, me decían que los majases duraban más de mil y pico de años. Y que cuando llegaban a los mil se volvían serpientes y se iban a hacer vida de mar como cualquier otro pez.

La cueva era igual que una casa por dentro. Con un poco más de oscuridad como es natural. ¡Ah! y porquería, sí, olor a porquería de murciélago. Yo la pisaba porque era como un colchón de lo suave. Los murciélagos hacían vida libre en las cuevas. Eran y son los dueños de ellas. En todo el mundo es así. Como nadie los mata, duran un chorro de años. No tanto como los majases, claro. Esa porquería que ellos echan sirve luego para abono. Se convierte en polvo y se echa en la tierra para el pasto de los animales y los cultivos.

81

Una vez por poco me arde aquello. Encendí y el fuego levantó por toda la cueva. Fue por culpa de la porquería. Después de la esclavitud yo le hice el cuento a un congo; el cuento de que yo había vivido con los murciélagos y el muy embustero, ellos a veces eran más jodedores de lo que uno se creía, me dijo: «Usté criollo no sabe ná. En mi tierra ése que usté llama murciélago son grande como un palomo rabiche». Yo sabía que eso era cuento. Con esas historias ellos engañaron a medio mundo. Pero lo oí y me divertí por dentro.

La cueva era silenciosa. El único ruido que había siempre era el de los murciélagos que hacían: «Chui, chui, chui». No sabían cantar. Pero se hablaban unos a otros, se entendían. Yo veía que uno de ellos decía: «Chui, chui, chui», y la banda lo seguía a donde él fuera. Eran muy *juntos* para las cosas. Los murciélagos no tienen alas. Son nada más que una tela con una cabecita negra, muy *prietuzca*, y si uno se acerca bien verá que parecen ratones. En la cueva estaba yo, como aquel que dice, veraneando. Lo que me gustaba a mí era el monte y al año y medio me largué de aquella oscuridad. Me di a los trillos. Entré en los montes de la Siguanea otra vez. Pasé largo tiempo en ellos. Me cuidaba como un niño lindo. No quería yo ligarme otra vez a la esclavitud. Para mí eso era una repugnancia. Siempre me ha quedado la idea. La esclavitud era una pejiguera. Todavía hoy lo sigo pensando.

Yo me cuidaba de todos los ruidos. Y de las luces. Si dejaba rastro me seguían el paso y me llevaban. Subí y bajé tantas lomas que las piernas y los brazos se me pusieron duros como palo. Poco a poco fui conociendo el monte. Y me fue gustando. A veces me olvidaba que yo era cimarrón y me ponía a chiflar. Chiflaba para quitarme el miedo de los primeros tiempos. Dicen que cuando uno chifla aleja los malos espíritus. Pero en el monte, y de cimarrón, había que andar despierto. Y no volví a chiflar porque podían venir los guajiros o los *ranchadores*. Como el cimarrón era un esclavo que se huía los amos mandaban a una cuadrilla de ranchadores; guajiros brutos con perros de caza, para que lo sacaran a uno del monte a mordidas. Nunca me topé con ninguno. Ni vide a un perro de esos de cerca. Eran perros amaestrados para coger negros. El perro que veía a un negro le corría atrás. Si por casualidad yo oía a uno ladrando cerca, me desnudaba enseguida, porque así desnudado, el perro no olfatea a nadie. Ahora mismo yo veo a un perro y no me pasa nada, pero si lo hubiera visto en aquella época no se me hubieran visto los pies en muchas leguas. Los perros nunca me han atraído. Para mí que son de malos instintos.

Cuando un ranchador atrapaba a un negro, el amo o el mayoral le daban una onza de oro o más. Por esos años una onza era como decir diecisiete pesos. ¡Ni se sabe los guajiros que había en ese negocio!

La verdad es que yo vivía bien de cimarrón; muy oculto, pero cómodo. Ni de los propios cimarrones me dejaba ver: «cimarrón con cimarrón vende cimarrón».

Muchas cosas no las hacía. Por mucho tiempo no hablé una palabra con nadie. A mí me gustaba esa tranquilidad. Otros cimarrones andaban siempre de dos o tres. Pero eso era un peligro, porque cuando llovía, el rastro de los pies se quedaba en el fango. Así cogieron a muchos grupitos bobos.

Había un tipo de negro que era *horro*. Yo los veía ir al monte a buscar yerbas y jutías, pero nunca los llamaba ni me acercaba a ellos. Al contrario, cuando veía uno de esos negros lo que hacía era esconderme más. Algunos trabajaban en las siembras y cuando dejaba el terreno vacío yo aprovechaba y me metía a llevarme las viandas y los cochinos. Casi siempre tenían cochinos en sus conucos. Pero más bien me robaba las cosas de las sitierías, porque había más abundancia de todo. Y era más fácil. Las sitierías eran más grandes que los conucos. ¡Mucho más grandes! Venían siendo como fincas. Los negros no tenían esos lujos. Los guajiros sí vivían cómodos; en casas de guano de cana o guano real. De lejos yo los veía en su música. A veces hasta los podía oír. Tocaban con acordeones chiquitos, guitarras, bandurrias, timbales, *guayos*, maracas y güiros de sujei o amargos. Esos instrumentos eran los principales para hacer música. Cuando dejé el monte fue cuando me vine a aprender esos nombres, porque de cimarrón estaba en la ignorancia de todo.

A ellos les gustaba bailar. Pero no bailaban la música de los negros. Tiraban para el *zapateo* y la *caringa*. En el zapateo se reunían todos los guajiros por las tardes, a eso de las cinco. Los hombres se ponían pañuelos en el cuello y las mujeres en la cabeza. Si un guajiro se lucía en el baile, venía la mujer y le colocaba un sombrero arriba del otro. Era para premiarlo. Yo me ponía con cuidado y me lo llevaba todo. Hasta vide los órganos. Ahí se tocaban todos los instrumentos. Hacían mucho ruido, pero eran de lo más bonito. De vez en cuando un guajiro agarraba por un güiro para acompañar al órgano. En esos órganos se oía la música de aquellos años: el danzón.

Los domingos los guajiros se vestían de blanco. Las mujeres se ponían flores en la cabeza y se soltaban el pelo. Entonces se iban a los *Partidos* y allí, en los bodegones de madera, se reunían para festejar. A los hombres les gustaba la rusia y el dril. Se hacían unas camisas largas parecidas a las guayaberas, con bolsillos parados. Esos guajiros de aquellos años vivían mejor de lo que la gente se imagina. Casi todos los días tenían propina de los amos. Entre ellos sí que simpatizaban y hacían sus suciedades. Yo tengo la consideración de que el cimarrón vivía mejor que el guajiro. Tenía más libertad.

Para buscar comida había que trajinar muy duro, pero nunca faltaba: «Jicotea con precaución lleva su casa a cuesta». Lo que más me gustaba era la vianda y la carne de puerco. Yo creo que por eso yo he durado tanto; por la carne de puerco. La comía todos los días y nunca me hacía daño. Para conseguir cochinaticos yo me acercaba a las sitierías por la noche y hacía que nadie me sintiera. Me le tiraba por el cuello al primero que veía y con una soga bien apretada me lo pasaba al hombro y me echaba a correr, tapándole el *jocico*. Cuando encontraba donde acampar me lo acostaba a un lado y me ponía a mirarlo. Si estaba bien criado y pesaba veinte libras más o menos, entonces tenía la comida asegurada para quince días.

De cimarrón andaba uno medio salvaje. Yo mismo cazaba animales como las jutías. La jutía es muy correntona y para cogerla había que tener fuego en los pies. A mí me gustaba mucho la jutía ahumada. Ahora, yo no sé qué se cree la gente de ese animal, pero nadie lo come. Antes yo cogía una jutía y la ahumaba sin sal y me duraba meses. La jutía es la comida más sana que hay, aunque lo mejor para los huesos es la vianda. El que come vianda todos los días, sobre todo malanga, no tiene problemas en los huesos. En el monte hay mucha vianda de esas salvajes.

La malanga tiene una hoja grande que se pone a brillar por la noche. Uno la conoce enseguida.

Todas las hojas del monte tienen utilidad. La hoja de tabaco o la yerba mora sirven para las picadas. Cuando veía que una picada de algún bicho se me iba a enconar, cogía la hoja de tabaco y la mascaba bien. Después la ponía en la picada y se me iba la hinchazón. Muchas veces cuando había frío me entraba dolor en los huesos, Era un dolor seco que no se me quitaba. Para calmarlo preparaba un cocimiento de hojitas de romero y me lo quitaba enseguida. El mismo frío me daba una tos muy fuerte. Un catarro con tos era lo que me entraba a mí. Ahí cogía una hoja grande y me la ponía en el pecho. Nunca supe el nombre de esa hoja, pero echaba un líquido blancuzco que era muy caliente; eso me calmaba la tos. Cuando cogía mucho frío se me aguaban los ojos y me daba una cosquilla que jodía muchísimo. Lo mismo me pasaba con el sol; entonces ponía unas cuantas hojas de ítamorreal al sereno y al otro día me limpiaba los ojos. El ítamorreal es lo mejor que hay para eso. Hoy lo que venden en las boticas es ítamorreal. Lo que pasa es que lo meten en los pomitos y parece otra cosa. Según se pone viejo uno, lo de los ojos se quita. Hace muchos años que no padezco de esas ardentías.

La hoja de palo de macagua me servía para fumar. Con ella yo hacía tabacos bien enrolladitos y apretados. El tabaco era uno de mis entretenimientos. Después que salí del monte no fumé más tabacos, pero mientras estuve de cimarrón lo fumaba a todas horas.

Y tomaba café. El café lo hacía con guanina achicharrada. Tenía que moler la hoja con el lomo de una botella. Después que esa hoja quedaba bien disuelta, la colaba y ya era café. Siempre le podía derramar un poquito de miel de abejas de la tierra para darle gusto. Con la miel de abejas el café servía para el fortalecimiento del organismo. En el monte uno andaba siempre fortalecido.

La debilidad viene en los pueblos, porque la gente cuando ve la manteca se vuelve loca para arriba de ella. A mí nunca me ha gustado porque debilita. El que coge mucha manteca se pone gordo y medio bobalicón. La manteca perjudica mucho la circulación y engarrota a la gente. Uno de los mejores remedios que hay para la salud es la miel de abejas. Esa se conseguía fácil en el monte. Donde quiera había de la tierra. Yo la encontraba muy abundante en los palos del monte, en los júcaros huecos o en las *guásimas*. La miel me servía para hacer canchánchara. La canchánchara era un agua sabrosísima. Se hacía con agua de río y miel. Lo mejor era tomarla fresca. Esa agua era más saludable que cualquier medicina de hoy; era natural. Cuando no había un río cerca, yo me metía bien adentro y me daba a buscar una casimba. En el monte hay casimbas hasta para hacer dulce. Corrían loma abajo y traían el agua más fresca y más clara que yo he visto en mi vida.

La pura verdad es que a mí nunca me faltó nada en el monte. La única cosa que no podía hacer era el sexo. Como no había mujeres, tenía que quedarme con el gusto recogido. Ni con las yeguas se podía pisar porque relinchaban que parecían demonios. Y cuando los guajiros oían ese alboroto venían enseguida y a mí nadie me iba a poner los grillos por una yegua.

La candela no me faltó nunca. En los primeros días que me pasé en el monte llevaba fósforos. Después se me acabaron y tuve que meterle mano a la yesca. La yesca era una ceniza negra que yo guardaba en un mechón de lata que vendían los españoles en las tabernas. Sacar fuego era fácil. Nada más que había que rallar en el mechón con una piedra hasta que saliera la chispa. Esto yo lo aprendí con los *isleños* cuando era esclavo. Los isleños nunca me gustaron; eran muy mandones y muy *equíticos*. Los *gallegos* eran mejores y se llevaban más con los negros.

Como a mí siempre me ha gustado gobernarme, me mantenía aislado de ellos. De todos. Hasta de los bichos me aislaba yo. Para que los majases no se me acercaran, encendía un palo gordo y lo dejaba así toda la noche. Los majases no se acercaban porque se creían que la candela era el diablo o un enemigo de ellos. Por eso digo que me sentía bien de cimarrón. Ahí me gobernaba yo solo y me defendía igual. Usaba cuchillos y machetes de media cinta o Collin, que eran como los de la guardia rural. Esas armas las usaba para chapear el monte y cazar animales. Y las tenía preparadas por si me quería sorprender algún ranchador. Aunque eso era difícil, porque yo me pasaba la vida caminando. Caminaba tanto bajo el sol que la cabeza se me iba poniendo caliente y para mí que colorada. Entonces me entraban unas calenturas fuertes que se me quitaban acurrucándome un poco o con yerbas frescas en la frente, con hoja de llantén casi siempre. El problema es que no tenía sombrero, por eso es que la cabeza se me calentaba así. Yo me hacía la figuración de que el calor se me metía por dentro y me ablandaba los sesos.

Cuando esa calentura se me pasaba, a veces me duraba muchos días, me metía en el primer río que veía sin hacer ruido y salía como nuevo. El agua del río no me hacía daño. Yo creo que lo mejor que hay para la salud es el agua del río, por lo fría. Esa misma frialdad es buena porque lo pone a uno duro. Los huesos se sienten fijos. El agua de lluvia me daba un poco de catarro que se me quitaba con cocimiento de cuajaní y miel de abejas. Para no mojarme me cubría con yaguas. Doblaba las yaguas por encima de un caballete que hacía con cuatro horquetas y formaba un *rancho*. Esos ranchos se conocieron mucho después de la esclavitud y en la guerra. Se parecían a los de *vara en tierra*.

Lo que más yo hacía era caminar y dormir. Cuando llegaban las doce del día o las cinco de la tarde, oía el *fotuto* que sonaban las mujeres para llamar a los maridos. Sonaba: «fuuuu, fú, fú, fú, fú». Por la noche dormía a pierna suelta. Por eso estaba tan gordo. No pensaba en nada. Todo era comer y dormir y vigilar. A mí me gustaba ir a las lomas de noche. Las lomas eran más tranquilas y más seguras. Difícilmente llegaban allí ranchadores y animales jíbaros. Yo llegué casi hasta Trinidad. Desde arriba de esas lomas veía el pueblo. Y el mar.

Mientras más me acercaba a la costa más grande se iba poniendo. Yo siempre me figuré que el mar era un río gigante. A veces lo miraba fijamente y él se ponía blanco de lo más raro y se me perdía en los ojos. El mar es otro misterio grande de la naturaleza. Y es muy importante, porque se puede llevar a los hombres, tragárselos y no devolverlos más. Esos son los naufragios que les llaman.

De lo que sí me acuerdo bien es de los pájaros del monte. Eso no se me ha olvidado. Me acuerdo de todos. Los había lindos y feos como carajo. Al principio me metían mucho susto, pero después me acostumbré a oirlos. Ya yo creía que ellos me cuidaban. El cotunto era el más jodedor. Era un pájaro negro *negrísimo,* que decía: «tu, tu, tu, tu, tu, tu, te comiste el queso que estaba ahí». Y repetía eso hasta que yo le contestaba: «¡Fuera!», y se iba. Yo lo oía *claritico.* Había otro que le contestaba también, hacía: «cu, cu, cu, cu, cu, cu», y parecía un fantasma.

El sijú era uno de los que más mortificaba. Siempre venía por la noche. ¡Lo más feo del monte era el bicho ese! Tenía las patas blancas y los ojos amarillos. Tronaba algo así como: «cus, cus, cuuuus».

La lechuza cantaba triste, pero era bruja. Buscaba ratones muertos. Esa hacía: «chuá, chuá, chuá, kuí, kuí», y salía volando como una luz. Cuando yo veía una lechuza en mi camino y sobre todo cuando ella iba y venía, por ese lugar yo no seguía, porque con eso ella me estaba avisando que tenía un enemigo cerca o la muerte misma. La lechuza es sabia y extraña. Me acuerdo que los brujos la respetaban mucho y trabajaban con ella, con la sunsundamba, que es como ella se llama en Africa. Probablemente la lechuza se haya ido de Cuba. Yo no la he vuelto a ver. Esos animales cambian de tierra.

El mismo gorrión vino de España y ha hecho una cría aquí grandísima. Y el *tocoloro,* que es medio verdoso él. El tocoloro lleva en el pecho una faja punzó que es igual a la del Rey de España. Decían los mayorales que él era el mensajero del Rey. Yo lo que sé es que el tocoloro no se podía ni mirar. El negro que matara a uno de esos pájaros estaba matando al Rey. Muchos negros vide yo coger látigo por matar tocoloro y gorriones. A mí me gustaba ese pájaro, porque cantaba como si saltara, decía: «có, co, có, co, có, co».

La que sí era del coño de su madre era la ciguapa. Silbaba igualito a un hombre. A cualquiera se le enfriaba el alma oyéndola. No quiero pensar las veces que me fastidiaron esos bichos.

En el monte me acostumbré a vivir con los árboles. Ellos también tienen sus ruidos, porque las hojas en el aire silban. Hay un árbol que es grande como una hoja blanca. De noche parece un pájaro. Ese árbol para mí que hablaba. Hacía; «uch, uch, ui, ui, ui, uch, uch». Los árboles también echan sus sombras. Las sombras no hacen daño, aunque por las noches, uno no debe pasar por encima de ellas. Yo creo que las sombras de los árboles son como el espíritu de los hombres. El espíritu es el reflejo del alma. Ese se ve.

Lo que sí los hombres no estamos dados a ver es el alma. No podemos decir que ella tenga tal o cual color. El alma es una de las cosas más grandes del mundo. Los sueños están hechos para el contacto con ella. Los congos viejos decían que el alma era como una brujería que uno tenía por dentro. Ellos decían también que había espíritus buenos y espíritus malos; o sea, almas buenas y almas malas. Y que todo el mundo las llevaba. A mi entender hay quien tiene el alma en el sentido de la brujería nada más. Otras personas la tienen en el sentido natural. Yo prefiero ésa, la natural, porque la otra tiene pacto con el diablo. Puede suceder que el alma se vaya del cuerpo. Eso es cuando una persona se muere o cuando está dormida. Ahí es donde el alma se sale con las suyas y empieza a recorrer el espacio. Lo hace para descansar, porque tanto litigio a todas horas no hay quien lo aguante.

Hay personas a quienes no les gusta que los llamen cuando duermen, porque son asustadizos y se pueden morir de pronto. Eso pasa porque el alma en el sueño se va para afuera. Lo deja a uno vacío. Yo a veces paso escalofríos por la noche, en el monte era igual. Entonces me protejo bien, porque ése es el aviso que Dios le manda a uno para que se cuide. El que padece de escalofríos tiene que rezar mucho.

El corazón es muy distinto. El nunca se va de su puesto. Con uno ponerse la mano en el lado izquierdo puede comprobar que está latiendo. Pero el día que se para se queda listo cualquiera. Por eso no hay que confiar en él.

Ahora, lo más importante en esa materia es el *ángel*. El Angel de la Guarda. Ese es el que lo hace avanzar o retroceder a uno. Para mí el ángel está por arriba del alma y del corazón, siempre al pie de uno, cuidándolo a uno y viéndolo todo. Por nada del mundo se va. Yo he pensado mucho sobre estas cosas y todavía las veo un poco oscuras. Todos estos pensamientos vienen cuando uno está solo. El hombre piensa a todas horas. Hasta cuando sueña es como si estuviera pensando. Hablar de esos pensamientos no es bueno. Hay el peligro de que venga la decadencia. No se puede confiar mucho de la gente. ¡Cuántas personas no le preguntan a uno para saber bien y después *partirle el carapacho*! Además, eso de los espíritus es infinito, como las cuentas, que nunca se acaban. Nadie sabe su fin.

La verdad es que yo no confío ni en el Espíritu Santo. Por eso de cimarrón no estuve con nadie. Nada más que oía a los pájaros y a los árboles y comía, pero nunca conocí a nadie. Me acuerdo que estaba tan peludo que los *frijoles* se me encaracolaron. Aquello era de meter miedo. Cuando salí a los pueblos un viejo llamado Tá Migué me peló con una tijera grande. Me dio una tusada que parecía yo un caballo fino. Con esa lana tumbada me encontraba extraño. Sentía una frialdad tremenda. A los pocos días me volvió a crecer el pelo. Los negros tienen esa tendencia. Yo nunca he visto a un negro calvo. Ni uno. La calvicie la trajeron a Cuba los gallegos.

Toda mi vida me ha gustado el monte. Pero cuando se acabó la esclavitud dejé de ser cimarrón. Por la gritería de la gente me enteré que había acabado la esclavitud y salí. Gritaban: «Ya estamos libres». Pero yo como si nada. Para mí era mentira. Yo no sé... el caso fue que me acerqué a un ingenio, sin recoger calderos ni latas ni nada y fui sacando la cabeza poquito a poco hasta que salí. Eso fue cuando Martínez Campos[10] era el gobernador, porque los esclavos decían que él había sido el que los había soltado. Así y todo pasaron años y en Cuba había esclavos todavía. Eso duró más de lo que la gente se cree.

Cuando salí del monte me puse a caminar y encontré a una vieja con dos niños de brazos. La llamé de lejos y cuando ella se acercó yo le pregunté: «Dígame, ¿es verdad que ya no somos esclavos?» Ella me contestó: «No, hijo, ya somos libres». Seguí andando por mi cuenta y empecé a buscar trabajo. Muchos negros querían ser amigos míos. Y me preguntaban qué yo hacía de cimarrón. Y yo les decía: «Nada». A mí siempre me ha gustado la independencia. La salsa y la escandalera no sirven. Yo estuve años y años sin conversar con nadie.

La abolición de la esclavitud

La vida en los ingenios

Con todo ese tiempo en el monte ya yo estaba medio embrutecido. No quería trabajar en ningún lugar y sentía miedo de que me fueran a encerrar. Yo sabía bien que la esclavitud no se había acabado del todo. A mí me preguntaba mucha gente lo que yo hacía y querían saber de dónde yo era. Algunas veces les decía: «Yo soy Esteban y fui cimarrón». Otras veces decía que había trabajado en el ingenio tal y que no encontraba a mis parientes. Ya yo tendría como veinte años. Todavía no había dado con mis parientes. Eso fue más tarde.

Como no conocía a nadie anduve muchos meses de pueblo en pueblo. No pasé hambre, porque la gente me daba comida. Uno nada más que decía que no tenía trabajo y siempre alguien *le tiraba a uno su bobería*. Pero así nadie podía seguir. Y me di cuenta que el trabajo había que hacerlo para comer y dormir en un barracón por lo menos. Cuando me decidí a cortar caña, ya había recorrido bastante. Toda la zona del norte de Las Villas yo la conozco bien. Esa es la parte más linda de Cuba. Por ahí empecé a trabajar.

El primer ingenio donde trabajé se llamaba Purio. Llegué un día con los trapos que llevaba y un sombrero que había recogido. Entré y le pregunté al mayoral si había trabajo para mí. El me dijo que sí. Me acuerdo que era español, de bigotes, y se llamaba Pepe. Aquí hubo mayorales hasta hace poco. Con la diferencia de que no golpeaban como en la esclavitud. Aunque eran de la misma cepa: hombres agrios y bocones. En esos ingenios después de la abolición siguieron existiendo barracones. Eran los mismos que antiguamente. Muchos estaban nuevos, porque eran de mampostería. Otros, con la lluvia y los temporales, se habían caído. En Purio el barracón estaba fuerte y como acabado de estrenar. A mí me dijeron que fuera a vivir allí. Cuando llegué me acomodé enseguida. No era tan mala la situación. A los barracones les habían quitado los cerrojos y los mismos trabajadores habían abierto huecos en las paredes para la ventilación. Ya no había el cuidado de que nadie se escapara, ni nada de eso. Ya todos los negros estaban libres. En esa libertad que decían ellos, porque a mí me consta que seguían los horrores. Y había amos, o mejor dicho, dueños que se creían que los negros estaban hechos para la encerradera y el cuero. Entonces los trataban igual. Muchos negros para mí que no se habían dado cuenta de las cosas, porque seguían diciendo: «Mi amo, la bendición».

No salían del ingenio para nada. Yo era distinto en el sentido de que no me gustaba ni tratar a los blanquitos. Ellos se creían que eran los dueños de la humanidad. En Purio yo vivía casi siempre solo. Podía de Pascuas a San Juan tener mi concubina. Pero las mujeres han sido siempre muy interesadas y en aquellos años no había cristiano que pudiera mantener a una negra. Aunque yo digo que lo más grande que hay son las mujeres. A mí nunca me faltó una negra que me dijera: «Quiero vivir contigo».

Los primeros meses de estar en el ingenio me sentía extraño. Estuve extraño así como tres meses. Me cansaba de nada. Las manos se me pelaban y los pies se me iban reventando. A mí me parece que era la caña lo que me ponía así; la caña con el sol. Como tenía ese estropeo, por la noche me quedaba a descansar en el barracón. Hasta que la costumbre me hizo distinto. A veces se me ocurría salir por la noche. La verdad es que había bailes por los pueblos y otros entretenimientos, pero yo nada más que buscaba el juego con las *gallinas*.

El trabajo era agotador. Uno se pasaba las horas en el campo y parecía que el tiempo no se acababa. Seguía y seguía hasta que lo dejaba a uno molido. Los mayorales siempre agitando. El trabajador que se paraba mucho rato era sacado de allí. Yo trabajaba desde las seis de la mañana. La hora no me molestaba, porque en el monte uno no puede dormir hasta muy tarde por los gallos. A las once del día daban un descanso para ir a almorzar. El almuerzo había que comerlo en la fonda del batey. Casi siempre de pie, por la cantidad de gente amontonada. A la una del día se regresaba al campo. Esa era la hora más mala y la más caliente. A las seis de la tarde se acababa el trabajo. Entonces cogía y me iba al río, me bañaba un poco y después regresaba a comer algo. Tenía que hacerlo rápido porque la cocina no trabajaba de noche.

La comida costaba como seis pesos al mes. Daban una ración buena, aunque siempre era lo mismo; arroz con frijoles negros, blancos o de carita y tasajo. En algunos casos mataban a un buey viejo. La carne de res era buena, pero yo prefería y prefiero la de cochino; alimenta más y fortalece.

91

Lo mejor de todo era la vianda; el boniato, la malanga, el ñame. La harina también, pero el que tiene que comer harina *a pulso* todos los días se llega a aburrir. Allí la harina no faltaba. Algunos trabajadores tenían la costumbre de irse a la mayordomía del ingenio para que le dieran un papel que les autorizaba a coger la comida cruda y llevarla al barracón. Cocinaban en sus fogones. Los que tenían su mujer fija comían con ella. A mí mismo me ocurría que cuando tenía *canchanchana* no iba a pasar los calores y la sofocación de la fonda.

Los negros que trabajaban en Purio habían sido esclavos casi todos. Y estaban acostumbrados a la vida del barracón, por eso no salían ni a comer. Cuando llegaba la hora del almuerzo, se metían en el cuarto con sus mujeres y almorzaban. En la comida era igual. Por la noche no salían. Ellos le tenían miedo a la gente y decían que se iban a perder. Siempre estaban con esa idea. Yo no podía pensar así, porque si me perdía, me encontraba. ¡Cuántas veces no me perdí en el monte sin hallar un río!

Los domingos todos los trabajadores que querían podían ir a sacar la *faina*.[11] Eso quería decir que uno en vez de quedarse reposando iba al campo, chapeaba, limpiaba o cortaba la caña. O si no, se quedaba en el ingenio limpiando las canoas o raspando las calderas. Era nada más que por la mañana. Como ese día no había que hacer nada especial, los trabajadores iban siempre y ganaban más dinero. El dinero es una cosa muy mala. El que se acostumbra a ganar mucho se echa a perder. Yo ganaba como los demás. El sueldo venía saliendo en unos veinticuatro pesos contando la comida. Algunos ingenios pagaban veinticinco pesos.

Todavía quedaban muchas tabernas cerca para gastar la plata. En Purio había dos o tres. Yo iba allí a tomar un trago a cada rato o si tenía necesidad de comprar algo también iba. En verdad las tabernas no eran lugares muy buenos. Casi todos los días se formaban broncas por envidias o por celos de mujeres. Por las noches se hacían fiestas. A esas fiestas podían ir todos los que quisieran. Se hacían en los bateyes. Había espacio para bailar y los mismos negros cantaban las rumbas. El *guasabeo* era de baile y de *jaladera*. Yo nunca me metí en eso, quiero decir, de lleno. Lo veía todo cuando sentía deseos; si no, me quedaba descansando. El tiempo se iba volando. A las nueve en punto había que retirar los cajones de la rumba porque tocaban el Silencio, el campanazo más grande que había, para ir a dormir. Si por los negros hubiera sido, se hubieran quedado siempre bailando hasta por la madrugada. Yo sé bien cómo es eso para ellos. Todavía uno va a un baile y seguro que el último que se va es un negro. En mi caso particular no digo que el baile y la rumba no me gusten, lo que pasa es que a mí me ha dado por ver las cosas de lejos. Por la mañana la gente se levantaba estropeada. Pero seguían la marcha como si nada.

En los ingenios de esa época se podía trabajar fijo o de paso. Los que trabajaban fijo tenían la obligación de una hora marcada. Les hacían un contrato por meses. Así, vivían en los barracones y no tenían que salir del ingenio para nada. A mí me gustaba ser fijo, porque de la otra manera la vida era muy agitada. Los que se dedicaban al trabajo por su cuenta, nada más que tenían que llegar a un campo de caña y hacer un ajuste. Podían coger un lote de dos o cuatro *besanas* y ajustarlo según la cantidad de yerbas que hubiera. Los terrenos esos por aquellos años se ajustaban a treinta o a cuarenta pesos. Y el trabajo de la limpia se hacía en quince o dieciséis días. Esos trabajadores eran muy vivos. Podían descansar a cada rato, ir a tomar agua y hasta metían a sus mujeres en el yerbazal para cogérselas. Después que pasaban los días y el terreno estaba bien limpio, venía el mayoral a recibirlo. Si encontraba alguna chapucería, ellos tenían que repasarlo. Volvía el mayoral y si estaba complacido, iban con su dinero a pasear por los pueblos, hasta que volviera a crecer la yerba. Si se les acababa el dinero rápido, buscaban la manera de ir a otro ingenio para trabajar allí. Andaban siempre de *habitantes*. Vivían en los mismos barracones, pero en cuartos más chiquitos. Casi nunca se llevaban a sus mujeres a los cuartos. Las veían por las noches, porque ellos sí tenían el permiso para salir después de la faina.

Con los que trabajábamos fijos pasaba distinto. Nosotros no podíamos salir por la noche, porque a las nueve teníamos que estar alertas a la campana del Silencio. Los domingos eran los días en que yo salía por la tarde y me demoraba bastante. Había noches en que llegaba después de las nueve. Y no me pasaba nada. Me abrían y me decían: «¡Anda, que llegas tarde, cabrón!»

Los barracones eran un poco húmedos, pero así y todo eran más seguros que el monte; no había majases. Todos los trabajadores dormíamos en hamacas. Eran muy cómodas y uno se podía acurrucar bien durante el frío. Muchos de esos barracones estaban hechos de sacos. Lo único que fastidiaba de los barracones eran las pulgas. No hacían daño, pero había que estarlas espantando toda la noche con escoba amarga. La escoba amarga acaba con las pulgas y con las niguas. Nada más que había que regar un poco en el suelo. Para mí que todos esos bichos nacieron en Cuba por la venganza de los indios. La tierra cubana está *maliciada* por ellos. Se están cobrando las muertes; Hatuey y toda su banda.[3]

En Purio, como en todos los otros ingenios, había africanos de varias naciones. Pero abundaban más los congos. Por algo a toda la parte norte de Las Villas le dicen de la conguería. También en esa época existían los filipinos, los chinos, los isleños y cada vez había más criollos. Todos ellos trabajaban en la caña, guataqueaban, chapeaban, aporcaban. Aporcar es arar con un buey y un *narigonero* para remover la tierra igual que en la esclavitud.

La cuestión de la amistad no cambiaba. Los filipinos seguían con su instinto criminal. Los isleños no hablaban. Para ellos nada más que existía el trabajo. Eran zoquetes todavía. Como yo no me emparentaba con ellos me cogieron rabia. De los isleños hay que cuidarse, porque saben mucho de brujería. A cualquiera le dan un *planazo*. Creo que ellos ganaban más que los negros, aunque antes decían que todo el mundo ganaba igual. El mayordomo del ingenio era quien se ocupaba de los pagos. El llevaba todas las cuentas. Era español también y viejo. Los mayordomos eran viejos, porque para las cuentas hay que tener mucha experiencia. El le pagaba a todos los trabajadores del ingenio. Después que el dueño revisaba las liquidaciones el mayordomo avisaba que fuéramos a cobrar. Era por orden. Uno a uno íbamos entrando en la oficina o en la bodega, según. Había quien prefería coger todo el dinero en efectivo. Otros, como yo, preferíamos que el mismo mayordomo le entregara un vale por víveres al bodeguero para ir a comprar con cuentas. El propio bodeguero nos entregaba el dinero. Una mitad en comidas y tragos y la otra en efectivo. Así era mejor, porque uno no tenía que estar yendo a la oficina esa para que lo revisaran de arriba a abajo. Yo he preferido siempre la independencia. Además, los bodegueros eran simpáticos: españoles retirados del ejército.

Por esos años pagaban en moneda mexicana o española. Las monedas mexicanas eran de plata, grandes y brillosas; les decían carandolesas. Había fracciones de monedas de veinte centavos, de cuarenta y de a peso. Yo me acuerdo de una que era española y la llamaban Amadeo I. El que cogía en sus manos una moneda de esas no la gastaba; la guardaba como señuelo, porque Amadeo I fue rey de España. Eran de plata pura como las Isabelinas, que valían cincuenta centavos. Casi todas las demás eran en oro.

---

3 Hatuey was a Taíno *cacique* from the island of Hispaniola who led an uprising in Cuba against the invading Spaniards. He was burned at the stake by the Spaniards on 2 February 1512, and has since gained legendary status as 'Cuba's First National Hero'.

Había escudos de dos pesos, doblones, que valían cuatro pesos, centenes, con un valor de cinco treinta, las onzas y las medias onzas.

Esas eran las monedas que más corrían en Cuba hasta la coronación de Alfonso XIII. Yo me las aprendía de memoria para que no me engañaran. Era más fácil que ahora, porque todas tenían la cara de un rey o de una reina o un escudo. El rey Alfonso XIII hizo que empezaran a llegar pesetas y pesos en plata. La calderilla era de cobre y las había de a centavo y de a dos centavos. Vinieron más monedas, como el real fuerte. El real fuerte valía quince centavos. Si se suma bien, con veinte reales fuertes se llega a tres pesos. Eso es positivo como quiera que uno cuente. Todavía hay gente que tiene pegada la maña de contar con esas monedas. Parece que se creen que la humanidad no avanza. Aunque a uno le gusten las costumbres viejas no se puede pasar la vida diciéndolo como una matraquilla.

Yo me encontraba mejor antes que ahora. Tenía la juventud. Ahora puedo tener de vez en cuando mi canchanchana, pero no es lo mismo. Una mujer es una cosa muy grande. La verdad es que lo que a mí me han gustado en la vida han sido las mujeres. Antiguamente, estando ahí mismo en Purio, yo hacía así y cogía para el pueblo los domingos. Siempre por la tarde, para no perder la faina de la mañana. Y a veces sin tener que llegar a los pueblos me conseguía una mujer. Yo era muy atrevido; a cualquier prieta linda le sacaba conversación y ellas se dejaban enamorar. Eso sí, yo siempre les decía la verdad. Que yo era trabajador y me gustaba la seriedad. Uno no podía andar de chulo con las mujeres como ahora. ¡Qué va! Las mujeres de aquella época valían igual que los hombres. Trabajaban mucho y no les gustaba nada eso de los hombres ambulantes y vagos. Si yo cogía confianza con una mujer podía hasta pedirle dinero. Ahora, ella se fijaba bien si a mí me hacía falta o no. Y si me hacía falta, me daba todo lo que yo pedía. Si no, me mandaba a *freír espárragos*. Esas eran las mujeres de antes.

Cuando un hombre se veía apretado de mujeres iba los domingos a las fiestas. Fiestas que se hacían en el pueblo más cercano al ingenio. Se daban bailes en las calles y en las sociedades. Aquellas calles se llenaban de gentes bailando y retozando. Yo iba nada más que a pescar gallinas, porque el baile nunca me ha gustado. Jugaban a la baraja y hacían competencias de caballos. Ponían dos palos en un extremo y de un lado a otro atravesaban una soga. De esa soga colgaban una argolla por donde el jinete tenía que meter un palito o púa, como le llamaban. Si lo lograba se ganaba el premio. Casi siempre el premio era pasearse con el caballo por el pueblo. Y ser el más orgulloso. Para eso venían muchos jinetes de otros pueblos cercanos.

A mí me gustaba pararme en los terrenos donde competían para ver los caballos. Lo que no me gustaba era que la gente iba a armar mucho brete y fajatiña. Por cualquier cosa se despertaba el mal genio en esas competencias. A los negros eso no les llamaba mucho la atención. Lo veían y todo, pero... ¿Qué negro tenía un buen caballo?

El mejor entretenimiento era la lidia de gallos. Se celebraba los domingos en todos los pueblos. En Calabazar de Sagua, que era el más cercano al Purio, había una valla de gallos muy grande. Las vallas eran todas de madera. Las pintaban de rojo y blanco. El techo lo hacían de tabla con cartones gordos para tapar las rendijas. Las peleas eran sangrientas. Pero no había un hombre de aquella época que no fuera a verlas. La sangre era un atractivo y una diversión, aunque parezca mentira. Servía para sacarle dinero a los *colonos,* que entonces estaban empezando a hacerse ricos. También apostaban los trabajadores. El gallo era un vicio; todavía lo es. A la vez que uno se metía en una valla ya tenía que seguir jugando. Los cobardes no podían entrar a esos lugares. Ni los ruines. En las peleas cualquiera se volvía loco. La gritería era peor que la sangre. El calor no se resistía. Así y todo los hombres iban a verse con la suerte. El negro y el blanco podían entrar y jugar. El asunto era tener los centenes para apostar. ¡¿Y qué negro tenía...?! Aparte de los gallos y la borrachera no había más nada. Era mejor irse con una gallina al monte y recostarse.

Cuando llegaba el día de San Juan, que es el 24 de junio, hacían fiestas en muchos pueblos. Para ese día se preparaba lo mejor. En Calabazar lo celebraban y yo iba para ver. No había hombre o mujer que no preparara su mejor ropa para ir al pueblo. Las telas de esos años eran distintas a las de hoy. Los hombres por lo general se vestían con camisas de rusia o de listados. Esas camisas de listados eran muy elegantes y se abrochaban con botones de oro. Se usaba también el dril jipijapa, el almud, que era una tela negra como el azabache y la alpaca, muy brillosa. Decían que era la más cara. Yo nunca la usé. La jerga gruesa y de color grisoso era bastante corriente. Con ella se hacían los mejores pantalones. La usé mucho por lo encubridora.

A los hombres de antes les gustaba vestir bien. Yo mismo si no tenía ropa no iba al pueblo. Y eso que los cimarrones teníamos fama de ser salvajes. Por lo menos eso es lo que decía el vulgo. Si uno se pone a comparar la ropa de antes con la de ahora, no se explica cómo antes, en tiempos de calor, la gente no se asaba.

Lo de las mujeres era el colmo. Parecían escaparates ambulantes. Yo creo que todo lo que encontraban se lo colgaban. Usaban camisón, saya, sayuelas, corset, y por arriba, el vestido ancho con tiras y lazos de colores. Casi todo el vestuario era de olán de hilo. También se ponían polizón. El polizón era como una almohadita del ancho de una nalga. Ellas se amarraban eso a la cintura y se lo dejaban caer por detrás para que las nalgas les temblaran. Tener polizón era como tener carne postiza. Algunas se ponían los pechos de rellenos. No sé qué negocio preparaban, pero parecían de verdad. Yo sabía que era trapo y todo, pero ver una mujer así, paradita de puntas, era algo muy grande. En la cabeza, las que tenían poco pelo, se ponían casquetes. Los peinados eran más lindos que ahora. Y naturales. Ellas mismas se peinaban y el pelo siempre se lo dejaban largo, porque esa moda vino de España. De España, porque de Africa *nananina*. Las mujeres que se pelaban corto a mí no me gustaban; parecían muchachos. Eso de los pelados cortos salió cuando empezaron a poner casas de peinados en Cuba. Antes, ni por cuento. Las mujeres eran lo principal en las fiestas. Se hacían más religiosas que nadie. De ahí venía la cubridera esa. Todo lo que llevaban era bueno. Ellas lo hacían saber. Aretes de oro y pulseras, zapatos de todas clases; de becerro y botas con tacones que tenían en la punta una *latica* para protegerlas. Los zapatos llevaban botonadura. Había un tipo de botas que se llamaban polacas; se abotonaban a un solo lado. Los hombres se ponían botines con elásticos en el tobillo. Pero esos eran los que tenían dinero. Yo, por ejemplo, nada más que tenía un par de zapatos de piel bajitos y mis vaquetas.

Las fiestas de San Juan eran las más conocidas por esa zona. Dos o tres días antes del 24 los niños del pueblo se ponían a hacer los preparativos. Adornaban las casas y la iglesia con pencas de guano. Los mayores se preocupaban de los bailes en los Casinos. Ya en ese entonces había sociedades de negros, con cantina y salón para baile. Cobraban la entrada para los fondos de la Sociedad. Yo a veces llegaba a esos lugares, me quitaba mi sombrero de guano y entraba. Pero me iba enseguida por el molote de gente. Los hombres de campo no se acostumbraban al baile tan encerrado. Además, las gallinas salían y ahí era donde había que atraparlas. Cuando veía que una hembra salía, me le acercaba y la invitaba a beber o comer algo. Siempre había mesones para vender empanadas, longanizas, tamales, sidra y cerveza. A esos mesones les dicen ahora kioscos. La cerveza que vendían era de marca T, española. Costaba veinticinco centavos y era diez veces más fuerte que la moderna. Al buen tomador le gustaba mucho por lo amarga. Yo me tomaba unas cuantas y me sentía de lo más sabroso.

La sidra también era muy buena y se consumía mucho. Sobre todo en los bautizos. Dicen que la sidra es agua de oro, sagrada.

El vino Rioja era muy popular. Yo lo conocí desde la esclavitud. Venía a valer veinticinco reales el garrafón; o sea, dos pesos cincuenta centavos. La copa costaba un medio o un real; dependía del tamaño. Ese vino mareaba a cualquier mujer. Había que ver a una hembra de esas mareada, jalando para el monte...

Aunque aquella era una fiesta religiosa, porque altares había hasta en los portales de las casas, yo nunca me ponía a rezar. Ni vide tampoco muchos hombres que rezaran. Ellos iban a beber y a buscar mujeres. Las calles se llenaban de vendedores de frituras de maíz, de empanadas de dulces, de toronjas, de coco y de refrescos naturales.

Era costumbre en aquellas fiestas bailar la caringa. La caringa era baile de blancos; se bailaba en parejas con pañuelos en las manos. Hacían grupos para bailarlo en el parque o en las calles. Parecía como si fueran unas comparsas. Brincaban muchísimo. Tocaban con acordeones, güiros y timbales. Y decían:

> «Toma y toma y toma caringa
> pa' la vieja palo y jeringa.
> Toma y toma y toma caringa
> pa' lo viejo palo y cachimba».

Además, bailaban el zapateo, que es el baile primitivo de Cuba y la tumbandera. El zapateo era muy lucido. Ese baile no era tan indecente como los africanos. Los bailadores no se tocaban los cuerpos ni de roce. Se bailaba en casas de familia o en el campo. No tenía que ser en día especial. Lo mismo se bailaba el zapateo el 24 de junio que el día de Santiago. Para bailar el zapateo las mujeres se vestían con olán de hilo muy fino y se ponían puchas de flores en la cabeza; de flores finas, nada de silvestres. Se adornaban los vestidos con tiras bordadas y llevaban pañuelos rojos y blancos. Los hombres también se ponían pañuelos y sombreros de paja. Las mujeres se paraban frente a los hombres y empezaban a taconear con las manos en las faldas. Y los hombres las miraban y se reían. Y daban vueltas alrededor de ellas con las manos detrás. A veces la mujer recogía el sombrero del hombre del suelo y se lo ponía. Eso lo hacían por gracia. Muchos de los hombres que veían ese gesto de las mujeres tiraban sus sombreros y ellas los iban recogiendo para ponérselos. A las mujeres bailadoras les daban regalías. Estas regalías consistían en dinero y flores. Antes las flores gustaban mucho. Dondequiera había flores. Hoy no se ven como en aquellos días de las fiestas. Yo me acuerdo que todas las casas estaban adornadas con flores. En un alambrito amarraban las puchas y las colgaban en las barandas de los portales. Las mismas familias tiraban las flores a la calle, a todo el que pasaba. Aquí había una rosa, muy grande ella, que le decían la rosa de Borbón. Esa y la azucena eran las que más se vendían. La azucena es blanca y huele fuerte.

En la Colonia Española se vendían las mejores flores, claveles y rosas. Allí les daba por bailar la jota. La jota era para los españoles exclusivamente. Ellos trajeron ese baile a Cuba y no dejaron que nadie lo bailara. Para verlo, me paraba en los portales de la Colonia y miraba para adentro. La verdad es que la jota era bonita por los disfraces que se ponían para bailarla. Y por el sonido de las castañuelas. Levantaban los brazos y se reían como unos bobos. Así se pasaban toda la noche. Algunas veces los mismos españoles veían que la gente se apiñaba en las ventanas para mirar y entonces salían y le daban a uno vino, uvas y queso. Yo tomé mucho vino español con el cuento de pararme en el portal.

La tumbandera era otro baile popular. Ese también desapareció. Los blancos no lo bailaban porque decían que era chusmería de negros. A mí la verdad es que no me gustaba. La jota era más fina. La tumbandera era parecida a la rumba. Muy movida. La bailaban siempre un hombre y una mujer. Se tocaban dos tamborcitos parecidos a las tumbadoras. Pero mucho más chiquitos. Y con maracas. Ese se podía bailar en las calles o en las Sociedades de Color.

Las fiestas de hoy no tienen el lucimiento de antes. Son más modernas o yo no sé... El caso es que uno se entretenía mucho por aquellos años. Yo mismo, que iba nada más que a ver me divertía. La gente se disfrazaba con distintos vestuarios de colores escandalosos. Se ponían caretas de cartón y de tela que representaban diablos, monos y mascaritas. Si un hombre quería vengarse de otro, por cualquier razón, se disfrazaba de mujer y cuando veía pasar a su enemigo le daba un *fuetazo* y echaba a correr. Así no había quien lo descubriera.

Para las fiestas de San Juan se organizaban varios juegos. El que más yo recuerdo era el de los patos. El juego de los patos era un poco criminal, porque había que matar a un pato. Después de muertecito el pato, lo cogían por las patas y lo llenaban de sebo. El pato brillaba. Luego lo colgaban de una soga que amarraban en dos palos, enterrados a cada extremo de la calle. Iba más gente a ver ese juego que al baile. Después que al pato lo tenían guindando de esa soga, iban saliendo los jinetes. Salían de una distancia de diez metros. Y echaban a correr. Tenían que coger velocidad, si no no valía, y cuando llegaran al pato arrancarle la cabeza con todas sus fuerzas. Al que lograba llevársela le regalaban una banda punzó y lo nombraban presidente del baile. Como presidente recibía otros regalos particulares. Las mujeres se le acercaban en seguida. Si tenía novia, a ella le ponían otra banda y la nombraban presidenta. Por la noche iban juntos al baile a presidir. Eran los que primero salían a bailar. A ellos también les tiraban flores.

Por la mañana, a eso de las diez, le daban candela al *juá*. El juá era un muñeco de palo parecido a un hombre. Lo guindaban con una soga en el medio de la calle. Ese muñeco era el Diablo en persona. Los muchachos le daban candela, y como estaba forrado de papeles, prendía enseguida. Uno veía esos papeles de colores en el aire quemándose, y la cabeza y los brazos... Yo vide eso muchos años, porque después siguió la costumbre. El día de San Juan todo el mundo iba a bañarse al río. El que no lo hacía se llenaba de bichos enseguida. Si había alguien que no podía ir al río, como una vieja o un niño muy chiquito, se metía en una batea. Una batea no era lo mismo que un río, pero tenía agua y esa era la cuestión. Mientras más agua se echara uno por arriba, más despojado salía. Yo tenía una negra de canchanchana que era como los gatos para el agua. Así y todo el día de San Juan se metía con ropa en el río.

Como los santeros también daban sus fiestas ese día, yo dejaba un lugarcito por la noche y me iba para allá. Me paseaba por varias casas, saludaba a la gente y a los santos y me iba a descansar. Había la costumbre de que los ahijados le llevaran centenes a sus padrinos. Y cualquier otra cosa que ellos pidieran. Para un negro lo más grande que había era el padrino o la madrina, porque ellos eran los que le habían dado santo. Las fiestas en las *casas de santo* eran muy buenas. Ahí nada más que iban negros. Los españoles no eran amigos de eso. Después que pasaron los años la cosa cambió. Hoy uno ve un *babalao* blanco con los cachetes colorados. Pero antes era distinto, porque la santería es una religión africana. Ni los guardias civiles, los castizos, se metían en eso. Ellos pasaban y cuando más hacían una pregunta: «¿Qué es lo que hay?» Y los negros contestaban: «Aquí, celebrando a San Juan». Ellos decían San Juan, pero era *Oggún*. Oggún es el dios de la guerra. En esos años era el más conocido en la zona. Siempre está en el campo y lo visten de verde o de morado. *Oggún Arere*, *Oggún Oké*, *Oggún Aguanillé*.

A las fiestas de santo había que ir con mucha seriedad. Si uno no creía mucho tenía que disimular. A los negros no les gustaban los intrusos.

Nunca les han gustado. Por esa yo iba de lo más tranquilo, oía el tambor; eso sí, miraba a los negros y después comía. Nunca dejé de comer en una fiesta de santo. Lo que sobraba siempre era la comida. Y había de todo tipo. La que más me gustaba era la harina amalá. Esa comida era la que le daban a Changó. Se hacía con harina de maíz y agua. Cuando el maíz se hervía, lo pelaban y le quitaban la cáscara. Lo echaban en el pilón y pila que te pila hasta que se desbarataba. Después ese amalá se envolvía en hojas de plátano en forma de bolas. Se podía comer con azúcar o sin ella.

Hacían *calalú,* que se comía casi igual que el yonyó. El yonyó era como un *quimbombó.* Se preparaba con bledo y especias de todo tipo. Bien sazonado era riquísimo. El yonyó como mejor sabía era comiéndolo con las manos. Comían el guengueré, que se hacía con una hojita de guengueré, carne de res y arroz. Había dos clases de guengueré; el blanco y el *moraúzco.* Pero el más sabroso era el blanco, por lo suave de comer.

También comían masango, que era maíz *sancochado.* Yo creo que los congos comían eso igual.

El *cheketé* era la bebida principal de los santeros. Siempre la daban en las fiestas. Era como decir un chocolate frío. Lo hacían con naranja y vinagre. Los niños lo tomaban mucho. Se parecía al atol, que se hacía de sagú: yuquilla que se rayaba y salía igual que el almidón. Se tomaba en cucharadas, pero el que era muy glotón se empinaba la vasija. De esas comidas, la más rica era el ochinchín, que se hacía con berro, acelga, almendras y camarones sancochados. El ochinchín era comida de *Ochún.*

Todos los santos tenían su comida, Obatalá tenía el ecrú de frijoles de carita. Y otras más que yo no recuerdo.

Muchas de esas comidas eran dañinas. La calabaza, por ejemplo, no se podía comer, porque había santos que no se llevaban con ella. Todavía hoy la calabaza no se come. Yo mismo ni me metía en el monte a buscarla, porque el que se enredaba en un yerbazal de calabazas se reventaba todito. Las piernas no las podía apoyar por mucho tiempo.

Tampoco comía ajonjolí, porque me salían verdugones y granitos. Si los santos se empeñaban en que uno no comiera, por algo sería. ¡Yo, ni para chistear con eso! Hoy es y ni por lo que dijo el cura como nada de eso.

Hay que respetar las religiones. Aunque uno no crea mucho. Por aquellos años el más *pinto* era creyente. Los españoles todos creían. La prueba es que en los días de Santiago y de Santa Ana en Purio no se trabajaba. El ingenio se recogía. Paraban las calderas y el campo se quedaba hueco. Daba la idea de un santuario. Los curas iban por la mañana y empezaban a rezar. Rezaban largo. Yo aprendí poco. Casi ni *ponía asunto.*

Y es que los curas nunca me han entrado por los ojos. Algunos eran hasta criminales. Gozaban de las blancas bonitas y se las *comían*. Eran carnívoros y *santuarios*. Ellos tenían un hijo y lo hacían ahijado o sobrino. Se los escondían debajo de la sotana. Nunca decían: «Este es mi hijo».

A los negros los atendían. Si alguna mujer paría, tenía que llamar al cura antes de los tres días de nacida la criatura. Si no lo hacía así, se buscaba tremendo pleito con el dueño del ingenio. Por eso todos los niños eran cristianos.

Pasaba un cura y había que decirles: «La bendición, padre». Ellos a veces ni lo miraban a uno. Así son muchos españoles, isleños; gallegos, no.

Los curas y los abogados eran sagrados en aquella época. Se respetaban mucho por el título. Hasta un bachiller era algo muy serio. Los negros no eran nada de eso; curas, menos. Yo nunca vide un cura negro. Eso era más bien para los blancos y descendientes de españoles. Hasta para ser sereno había que ser español. Con todo y que los serenos nada más que son para cuidar. Ganaban seis pesos al mes. En Purio había uno gordo que era español. Tocaba la campana para la faina y el silencio. No hacía más nada. La vida más cómoda que había era esa. A mí me hubiera gustado ser sereno. Era mi aspiración, pero en Purio nunca salí del campo. Por eso tenía los brazos como trinquetes. El sol de la caña es bueno a pesar de todo. Si he vivido tanto por algo es.

Hasta la vida en los ingenios cansaba. Ver la misma gente y los mismos campos todos los días aburría. Lo más difícil era acostumbrarse mucho tiempo al mismo lugar. Yo tuve que salir de Purio, porque la vida allí se pasmó un poco. Me dio por caminar para abajo. Y llegué al central San Agustín Ariosa, al lado del pueblo de Zulueta. Al principio no quería quedarme, porque yo prefería caminar. Iba a ir hasta Remedios, pero resultó que en el mismo central me eché una canchanchana y me quedé. Esa mujer me gustaba. Era bonita y azulada; una mulata de esas azuladas que no creen en nadie. Se llamaba Ana. Por ella me quedé a vivir allí. Pero con el tiempo me aburrí. La Ana esa me traía espanto con sus brujerías. Todas las noches era la misma historia: espíritu y brujos. Entonces le dije: «no quiero más nada contigo, bruja». Ella cogió su camino y no la vide más. Luego encontré otra que era negra; negra prieta de la tierra. Esa no era brujera pero tenía un carácter muy desenvuelto. A los dos o tres años de estar arrimado a ella, la dejé. Se me quiso hacer demasiado alegre. No era ella sola la alegre. En cuanto uno llegaba a un ingenio a trabajar las mujeres se acercaban. Nunca faltaba una que quisiera vivir con uno.

En el Ariosa estuve un rato largo. Cuando llegué allí me preguntaron los trabajadores: «Oye, ¿de dónde tú vienes?». Yo les dije: «Yo soy liberto de Purio». Entonces ellos me llevaron al mayoral. El me dio trabajo. Me puso a tumbar caña. No me resultó raro; ya yo era experto en eso. También guataqueaba el campo.

El ingenio era mediano. El dueño era de apellido Ariosa, español puro. El ingenio Ariosa fue uno de los primeros que se convirtió en central, porque le entraba una línea de vía ancha que traía la caña a la casa de calderas. Allí era como en todos los demás ingenios. Había apapipios y adulones de los mayorales y de los amos. Ellos siempre interrogaban a los nuevos trabajadores para saber cómo pensaban. Eso era por el odio que ha existido siempre entre una parte y la otra, por la ignorancia. No es por otra cosa. Y los negros libertos por lo general eran muy ignorantes. Se prestaban para todo. Hasta se dio el caso de que si un individuo estorbaba, con unos centenes, lo mataban sus propios hermanos.

Los curas influían en todo. Cuando ellos decían que un negro era resabioso, había que cuidarlo, si no ya había alguien preparado para en cualquier oportunidad llevárselo.

En Ariosa la religión era fuerte. Había una iglesia cerca, pero yo nunca fui porque sabía bien que los verdaderos sembradores de la inquisición en Cuba eran los curas, y eso lo digo porque los curas apoyaban ciertas y determinadas cosas... Con las mujeres ellos eran diablos. Convertían la sacristía en un prostíbulo. Cualquiera que haya vivido en el Ariosa sabe los cuentos. Hasta los propios barracones llegaban esas historias. Me sé unas cuantas. Otras las vide personalmente.

Los curas metían a las mujeres en subterráneos, en huecos donde tenían verdugos preparados para asesinarlas. Otros subterráneos estaban llenos de agua y las pobres se ahogaban. Eso me lo han contado muchas veces.

Yo vide curas con mujeres muy coquetas que después decían: «Padre, la bendición». Y se acostaban con ellas. En Ariosa se hablaba de otras cosas, como era la vida que hacían en las iglesias y en los conventos. Los curas eran como los demás hombres, pero tenían todo el oro. Y no gastaban. Nunca vide yo a un cura en una taberna divirtiéndose. Ellos se encerraban en las iglesias y ahí sí gastaban. Todos los años hacían recolectas para la iglesia, para los trajes y las flores de los santos.

A mí me parece que la cuestión de los trapiches no les llamaba la atención. Nunca se llegaban hasta las máquinas. Tenían miedo de asfixiarse o quedarse sordos. Eran delicados como nadie.

En aquellos años las maquinarias eran de vapor. Yo mismo entré una vez a los trapiches y cuando me fui acercando a la moledora empecé a toser. Tuve que salir enseguida, porque mi cuerpo no estaba acostumbrado a ese calor. El campo es distinto, con la yerba y la humedad esa que se pega a la piel.

El mejor trabajo que hice en Ariosa fue en el trapiche. Cerca de allí, porque pude salir del campo. La verdad que me gustó. Yo tenía que botar la caña de la estera. Eso se hacía adentro, por donde todavía corría la brisa. La estera tenía un largo como el de una palma. Traían la carreta llena de caña y la ponían culateada a la estera. Así se descargaba. Cuatro o seis hombres recibíamos la caña de las carretas y la íbamos colocando en las esteras. Cuando la caña estaba toda botada, la estera se echaba a andar con correas y llegaba hasta la moledora. En la moledora descargaba la caña y luego regresaba a recoger más cantidad. No se podía perder tiempo en ese trabajo, porque los mayorales vigilaban.

Era un trabajo descansado. En el mezclador se trabajaba cómodo también. Se gozaba más. Ahí la cosa era de llenar los carritos. Eran unos carritos que iban vacíos a los tachos y allí se llenaban de azúcar fresca. Cuando quedaban llenos se mandaban al mezclador. Si los tachos se vaciaban los fregaban con chorros fuertes de agua. El mezclador era un aparato grande con unos ganchos y una canal donde se depositaba el azúcar. Ese azúcar la disolvían en el mezclador y ya disuelta iba a refinarse a la centrífuga, que era una máquina nueva en Ariosa. A veces pasaban dos días y uno no tenía que mover un dedo, porque los tachos venían a botar cada 24 horas. El pito avisaba con un ruido que volvía sordo a cualquiera. Cuando él avisaba había que prepararse para recoger la *templa*. Nosotros le decíamos templa a las veces que el tacho botaba.

Yo hice esos trabajos en el Ariosa. Nunca me quedé dormido. El que se quedaba dormido era castigado. Y si el mayoral se ponía furioso, lo echaba para la calle. Cuando llegaba la noche me iba al barracón y me dormía enseguida. No sé qué cansa más, si el monte, los trapiches...

En aquella época yo soñaba bastante, pero nunca soñaba con visiones. El sueño viene por la imaginación. Si uno se pone a pensar mucho en una mata de plátano, y la mira, mañana o pasado sueña con ella. Yo soñaba con el trabajo y con las mujeres. El trabajo es malo para soñar. Da espanto y después al otro día, uno se cree que está soñando todavía, y ahí es donde se coge un dedo o se resbala.

Las que son buenas para los sueños son las mujeres. Yo estuve *metido* con una negra mora que no me salía de los sueños. Con esa gallina yo me pasaba la vida en cosas raras. Ella no me hacía caso. Todavía la recuerdo a cada rato. Y me acuerdo de Mamá. Mamá era una negra vieja medio traidora ella. Entraba a los cuartos de los hombres y decía: «Buenas por aquí». Miraba bien y luego se iba a contarle al mayoral lo que había visto. Perra y traidora. Todo el mundo le tenía miedo por la lengua suelta. Ella tenía varios hijos mulatos. Al padre nunca lo mencionaba. Para mí que era el mayoral. La ponían siempre a trabajar liviano. Servía la comida y lavaba ropa; camisas, pantalones y mamelucos de niños. Los mamelucos eran pantaloncitos de rusia con unas tiras para sujetarlos a los hombros. Los niños de aquellos años se ponían nada más que esa ropa. Se criaban salvajemente. A lo único que les enseñaban era a guataquear y a sembrar viandas. De instrucción nada. Cuero sí les daban, y mucho. Después, si seguían faltando, los hincaban y les ponían granos de maíz o sal en las rodillas. La zumba era el castigo más frecuente. Venían los padres y con un *rascabarriga* o con un chicote de soga les daban hasta sacarles sangre. El rascabarriga era un chucho fino que salía de un árbol y nunca se partía, aunque el niño soltara las tiras del pellejo. Yo creo que tuve hijos; a lo mejor muchos, o quizás, no. Creo que nunca los hubiera castigado así.

En las bodegas vendían chuchos colorados de cuero de buey torcido. Las madres se lo amarraban a la cintura, y si el niño se ponía malcriado, le daban por dondequiera. Eran castigos salvajes heredados de la esclavitud. Los niños de ahora son más majaderos. Antes eran tranquilos y la verdad es que no se merecían esos castigos. Ellos han cambiado por el sistema de los golpes. Un niño de aquella época se pasaba el día correteando por los bateyes o jugando a las *bolas españolas*. Unas bolitas de cristal que tenían todos los colores. Se vendían también en las bodegas. Jugaban seis o diez niños en dos bandos. Hacían dos rayas en la tierra y tiraban por turno las bolitas. Al que le cayera más cerca de las rayas, ganaba. Entonces volvía a tirar y si tocaba alguna otra bola del bando opuesto, se la apuntaban.

También se jugaba al tejo y las hembras se entretenían haciendo muñecas de trapos o jugando a la sortija con los varones. Los varones dejaban caer la sortija en las manos de la hembra que más le gustaba. Así se pasaban horas. Sobre todo por la tarde, de seis a ocho o a nueve, en que se iban a dormir. En el Ariosa tocaban el Silencio todavía, a la misma hora de antes: nueve en punto rayando.

A cada rato había niños huidos. Daban *perro de muerto* en las casas para no trabajar. Y se escondían. Muchas veces lo hacían huyéndole al trabajo o a los castigos de los mismos padres. Ya en esos años los niños no recibían la doctrina cristiana. Pero algunos padres habían heredado esa manía y los llevaban a la iglesia. La iglesia era muy importante para los españoles. Se la inculcaban a los negros todos los días. Pero ni los Fabás ni yo íbamos nunca. Los Fabás eran brujeros los dos. Uno se llamaba Lucas y el otro, Ricardo o Regino. Yo me amisté con Lucas. Ellos habían sido esclavos del ingenio Santa Susana, que quedaba entre Lajas y Santo Domingo. Ese ingenio era propiedad del Conde Moré; Lucas me hablaba mucho de ese Conde. Decía que era uno de los españoles más crueles que él había conocido. Que no creía en nadie. El daba órdenes y había que cumplirlas. Los propios gobernadores le tenían respeto. Una vez el gobernador Salamanca[12] lo mandó a prender, porque les pagaba a los negros con fichas marcadas con la T de la Santísima Trinidad. El conde cogía dinero en oro y plata y pagaba con papelitos. Era un ladrón a mano armada. Pero el Rey de España se enteró de ese trasiego y mandó al gobernador a que investigara bien. Entonces Salamanca salió disfrazado para el ingenio. Llegó y se sentó a comer en la bodega. Nadie sabía que ese hombre era el gobernador. Lo apuntó todo en una libreta. Y cuando se cercioró bien de los horrores que hacía el Conde, lo llamó y le dijo: «Llegue hasta la Casa de Gobierno». A lo que Moré contestó: «La misma distancia hay de su casa a la mía. Venga usted». Pero Salamanca no fue. Le mandó a la guardia civil y lo trajeron esposado a La Habana. Lo encarceló y a los pocos meses el Conde murió preso. Entonces los Condes y Vizcondes buscaron la forma de vengarse del gobernador. Se amistaron con el médico de Salamanca para que él lo envenenara. Y Salamanca fue envenenado como en el año noventa por una nacencia que tenía en la pierna. En vez de curarlo, el médico le echó veneno y el gobernador murió a los pocos días. Lucas me contó esto porque él lo vio; fue en el mismo año en que él llegó al Ariosa con Regino.

Lucas era muy brujero y muy dado al maní. Era buen bailador. El siempre me decía: «¿Cómo tú no aprende a jugá maní?», Y yo le decía: «No, porque el que me dé una trompada a mí le doy un machetazo». Este Lucas sabía mucho. Era un tipo *chévere*. Jugaba maní para tener un atajo de mujeres. A las mujeres les gustaba que el hombre fuera bailador. Cuando un hombre era un buen manicero, las mujeres decían: «¿Coño, a mí me gusta ese hombre!». Y se lo llevaban para los cañaverales y a gozar, porque la paja de caña calientica, en tiempo de frío sabe muy bien. Ese negocio de irse a gozar al campo era muy conocido. Se aprovechaba el viaje de la carreta del ingenio al terreno de corte. En ese tiempo se tumbaba a cualquier mujer y se metía dentro de la caña. No había que buscar tanto acotejo como ahora. Cuando una mujer se iba con uno, ya ella sabía que tenía que regarse en el suelo.

Lucas era un hombre bueno, pero le gustaban demasiado las mujeres. A veces él y yo reuníamos a un grupo para jugar al monte por la noche, en el barracón. Poníamos una lona en el suelo y ahí nos sentábamos a jugar. Nos pasábamos la noche jugando. Pero yo me iba cuando veía que tenía cuatro o seis pesos de mi parte. Y si perdía mucho, me largaba. Yo no era como ese tipo de gente que por *plante* se quedaban toda la noche jugando para perder. Además, los juegos siempre terminaban mal. Las discusiones venían de todas maneras. Los hombres eran muy egoístas. Siempre ha sido igual. Y si uno perdía y no estaba conforme armaba un lío de siete suelas. Como he sido siempre separatista, me alejaba.

En Ariosa había dos negros que me conocían de muchacho. Un día le dijeron a Lucas: «Este vivía como un perro en el monte». Y yo los vide después y les dije: «Oigan, los que vivían así eran ustedes que recibían cuero». Y es que toda esa gente que no se huyó, creía que los cimarrones éramos animales. Siempre ha habido gente ignorante en el mundo. Para saber algo hay que estar viviéndolo. Yo no sé cómo es un ingenio por dentro si no lo miro. Eso es lo que les pasaba a ellos. Lucas me decía igual, porque me conocía bien. Era mi único amigo de verdad.

En Ariosa no le daban trabajo a cualquiera. Si veían a un hombre muy figurín, con sombrerito de pajilla, no le hacían caso, porque decían que era un chulo. Para conseguir trabajo era mejor ir a esos ingenios un poco ripiado, con sombrero de guano o jipijapa. Los mayorales decían que al figurín no le gustaba agachar el lomo. Y en Ariosa había que trabajar duro. La vigilancia era constante. Por nada lo catalogaban a uno. Yo me acuerdo de un criminal él que se llamaba Camilo Polavieja. Polavieja era gobernador por los años noventa. Nadie lo quería. El decía que los trabajadores eran bueyes. Tenía el mismo pensamiento de la esclavitud. Una vez le mandó a dar *componte* a los trabajadores que no tuvieran cédula. La cédula era un papelito, como un vale, donde escribían las señas del trabajador. Había que tenerlo arriba siempre. Y el que no lo tuviera recibía unos buenos mochazos en el lomo con vergajo, que era *pisajo* de res seco. Eso era el componte. Siempre lo daban en el cuartel, porque al que cogían sin la cédula lo llevaban allí. Costaba veinticinco centavos y había que sacarla en el Ayuntamiento. Todos los años se renovaba.

Además del componte, Polavieja hizo otros horrores. Remachó negros por millar. Era soberbio como un buey. Hasta con sus tropas era así. Los mismos soldados lo decían. Una vez le dio por mandar negros a la isla de Fernando Po. Aquello era un castigo fuerte, porque esa isla era desierta. Era una isla de cocodrilos y tiburones. Ahí soltaban a los negros y no se podían ir. A Fernando Po mandaban a ladrones, chulos, cuatreros y rebeldes. A todo el que llevara un tatuaje lo embarcaban. Se entendía que el tatuaje era señal de rebeldía contra el gobierno español. Los *ñáñigos* también iban a esa isla, y a otras que se llamaban Ceuta y Chafarinas. Polavieja mandaba a los ñáñigos porque él decía que eran anarquistas. Los trabajadores que no estaban complicados con el ñañiguismo ni con la revolución se quedaban en Cuba. Las mujeres tampoco iban. Esas islas eran de hombres nada más.

Polavieja obligaba a las mujeres a llevar su cartilla. La cartilla era parecida a la cédula. A todas las mujeres les daban una en el Ayuntamiento. Era su identificación.

Por aquellos años las mujeres recibían mucha atención médica. Al mismo Ariosa iba un médico todos los lunes y las reconocía. Un médico español, fulastre, sin fama. En los médicos españoles no confiaba nadie. La brujería era la que seguía curando a la gente. Brujeros y médicos chinos eran los más mentados. Aquí hubo un médico de Cantón que se llamaba Chin. Chin se metía en los campos a curar a la gente de *guano*. Yo estaba una vez en el pueblo de Jicotea y lo vide. No se me olvidó más. Allí lo llevaron los Madrazos, que eran familia de dinero. Chin era regordete y bajito. Vestía con una camisa de médico medio amarilla y con sombrero de pajilla. Los pobres lo veían de lejos, porque él cobraba muy caro. Yo no dudo que él curara con yerbas de esas que se meten en *pomos* y se venden en las boticas.

En Cuba había muchos chinos. Eran los que habían llegado contratados. Se iban poniendo viejos con el tiempo y dejaban el campo. Como yo salía a cada rato del ingenio los vide mucho. Sobre todo en Sagua la Grande, que era la mata de ellos. A Sagua iban muchos trabajadores los domingos. De todos los ingenios se reunían allí. Por eso es que yo vide teatro de chinos. Era un teatro grande de madera, muy bien construido. Los chinos tenían mucho gusto para las cosas y pintaban con colores muy vivos. En ese teatro hacían *murumacas* y se encaramaban unos arriba de otros. La gente aplaudía mucho y ellos saludaban con elegancia. Lo más fino que había en Cuba eran los chinos. Ellos lo hacían todo con reverencias y en silencio. Y eran muy organizados.

En Sagua la Grande tenían sociedades. En esas sociedades se reunían y conversaban en sus idiomas y leían los periódicos de China en alta voz. A lo mejor lo hacían para joder, pero como nadie los entendía, ellos seguían en sus lecturas como si nada.

Los chinos eran muy buenos comerciantes. Tenían sus tiendas que vendían cantidad de productos raros. Vendían muñecas de papel para los niños, perfumes y telas. Toda la calle Tacón en Sagua la Grande era de chinos. Allí tenían, además, sastrerías, dulcerías y fumaderos de opio. A los chinos les gustaba mucho el opio. Yo creo que ellos no sabían que eso hacía daño. Se lo fumaban en pipas largas de madera, escondidos en sus tiendas para que los blancos y los negros no los vieran. Aunque en aquellos días no perseguían a nadie por fumar opio.

Otra cosa que a ellos les atraía era el juego. Los más grandes inventores del juego eran y son los chinos. Jugaban en las calles y en los portales. Yo recuerdo un juego que le decían el botón y otro que llegó hasta hoy que es la charada. A Sagua la Grande iban negros y blancos a jugar con ellos. Yo nada más que jugaba al monte.

Los chinos alquilaban una casa y se reunían en ella los días de fiestas. Ahí jugaban hasta que se cansaban. En esas casas ponían a un portero para que atendiera a los jugadores y para evitar fajatiñas. Ese portero no dejaba entrar a los guapos.

Yo cada vez que podía iba a Sagua. Me iba en tren o a pie. Casi siempre iba a pie, porque el tren era muy caro. Yo sabía que los chinos tenían fiestas en los días grandes de su religión. El pueblo se llenaba de gente para verlos festejar. Hacían todo tipo de murumacas y figuraciones. Yo nunca pude ir a esas fiestas, pero oí decir que se guindaban de la trenza y bailaban moviendo todo el cuerpo en el aire. Hacían otro engaño acostados en el suelo con una piedra de amolar sobre la barriga. Otro chino cogía una mandarria, daba un mandarriazo y la barriga se quedaba sana. Entonces el chino se paraba, brincaba, se reía y el público empezaba a gritar: «¡Otra vez!» Otros quemaban papeles, como los titiriteros de Remedios y los botaban en el suelo. Cuando ese papel estaba hecho cenizas, se enganchaban y de las cenizas sacaban cintas de colores. Eso es positivo, porque a mí me lo contaron muchas veces. Yo sé que los chinos hipnotizaban al público. Ellos siempre han tenido esa facultad. Es el fundamento de la religión de China.

Después, se dedicaron a vender viandas y frutas y se echaron a perder. A los chinos se les ha quitado aquella alegría del tiempo de España. Ahora uno ve a un chino y le pregunta: «¿Voy bien?». Y él dice: «Yo no sabe».

Aunque estuve unos cuantos años en Ariosa, las cosas se me han olvidado un poco. Lo mejor que hay para la memoria es el tiempo. El tiempo conserva los recuerdos. Cuando uno quiere acordarse de las cosas del tiempo nuevo, no puede. Sin embargo, mientras más atrás uno mire, más claro lo ve todo. En Ariosa había muchos trabajadores. Yo creo que era uno de los ingenios más grandes de esos años. Todo el mundo hablaba bien de él. El dueño era renovador y hacía muchos cambios en los trapiches. Algunos ingenios daban muy mala comida, porque los bodegueros no se ocupaban. En Ariosa era distinto. Ahí se podía comer. Si los bodegueros se despreocupaban de la comida, el dueño venía y les decía que pusieran más atención. Había ingenios que estaban como en la esclavitud; es que los dueños se creían que eran amos de negros todavía. Eso pasaba mucho en ingenios apartados de los pueblos.

Cuando llegaba el tiempo muerto venía la calma. Toda la situación cambiaba en el ingenio y en los bateyes. Pero nadie se quedaba sin hacer algo. El tiempo muerto era largo y el que no trabajaba, no comía. Algo había que hacer siempre.

Yo era muy dado a buscar mujeres en esos meses. Y caminaba por los pueblos. Pero regresaba a los barracones por la noche. En tren podía ir a Sagua la Grande, a Zulueta y a Rodrigo. Iba, pero no era amigo de conocer mucha gente en esos pueblos. Total, en verdad, mi vida era el ingenio. Lo que más hacía en el tiempo muerto era guataquear caña, porque era lo que más conocía. Unas veces me daba por hacer los desorillos, que era guataquear igual, pero en las guardarrayas, para que en caso de candela no ardiera la caña. También se sembraba caña nueva y había que darle una mano de guatacas para que cogiera en tierra sana. Se aporcaba la caña con un solo buey y un yugo chiquito. El buey se metía por dentro del surco de caña. El arado lo llevaba un gañán. Y el narigonero, un niño de ocho o nueve años, llevaba al buey para que no se desviara.

En tiempo muerto había menos obligaciones y menos trabajo. Naturalmente, venía el aburrimiento. Yo mismo salía a los pueblos cuando tenía centenes. Si no, qué diablos iba a buscar a ningún lado. Me quedaba en los barracones y era mejor.

Las mujeres seguían en lo mismo. Para ellas no existía el tiempo muerto. Seguían lavando la ropa de los hombres, zurcían y cosían. Las mujeres de aquella época eran más trabajadoras que las de hoy.

Las mujeres tampoco sentían el tiempo muerto. La vida de ellas era la cría de gallinas o de cochinaticos. Los conucos siguieron existiendo pero en pocos lugares. Para mí que con la libertad, los negros se despreocuparon de los conucos. El que conservaba el suyo, se pasaba el tiempo muerto atendiéndolo. Yo nunca hice conucos, porque no hice familia.

Otra cosa muy corriente eran los gallos; la crianza de gallos para las peleas. Los dueños de ingenios tenían esa manía de tiempos atrás. No era una manía, era casi un vicio. Querían más a los gallos que a las personas.

En tiempo muerto había trabajadores, igual negros que blancos, que se ocupaban de cuidarles los gallos al dueño. Los colonos también tenían sus gallitos, pero no eran poderosos. Como para tener gallos caros, de raza. Los galleros ganaban mucho dinero en las apuestas. Se jugaban una pata de gallo en ocho y diez onzas. Si el gallo se lastimaba en la pelea, el cuidador tenía que curarlo en seguida. Para eso tenía que conocer bien a los gallos, porque ellos eran muy delicados. A veces en la misma pelea, un gallo se lastimaba fuerte, y lo cogían medio muerto. Entonces había que soplarlo por el pico para que soltara los cuajarones de sangre y reviviera. Lo echaban en la pista de nuevo y mientras el gallo estaba peleando no se perdía la pelea. El gallo para perder tenía que huirse o caerse muerto. Ese era el único final.

Yo iba mucho a las peleas en las vallas cercanas al Ariosa. Me gustaba ir a ver eso, aunque siempre he pensado que es criminal. No se me olvida que a las vallas yo iba con una cachimba de barro que había comprado en la bodega del ingenio. Creo que me había costado un medio más o menos. La rellenaba con *andullo* y me ponía a fumar para pasar el rato. El que se aburría era porque quería mucho jelengue de fiestas y *parrandas*.

Antiguamente, los esclavos que morían los enterraban en los cementerios del ingenio. Pero cuando pasaban unos días empezaban a oirse voces, como quejidos, y unas luces blancas se veían cruzar por arriba de las fosas. Esa aglomeración de muertos que había antes en los ingenios trajo mucha brujería. Por eso, cuando finalizó la esclavitud, los llevaban al pueblo, al cementerio grande. Los mismos compañeros los llevaban. Los cargaban entre cuatro. Cogían dos palos duros de caña brava o de guayacán. Cada palo era agarrado por dos hombres para sostener bien el peso del muerto. Encima de estos guayacanes ponían la caja, que las hacía un carpintero del ingenio. Una caja de madera barata y floja, de pino. Los candeleros se hacían de cepas de plátano ahuecadas, donde se metían las velas. Se ponían cuatro velas igual que ahora. A los muertos los tendían donde mismo vivían. Si vivían en bohíos los tendían allí, si no, en los barracones.

Antes no había costumbre de llevarlos a la funeraria. En muchas ocasiones se dio el caso de muertos que revivieron. Y es que los enterraban antes de tiempo. De ahí nació la idea de esperar veinticuatro horas para enterrarlos. Ese sistema es moderno. Aún así no ha dado resultados, porque veinte veces he oído decir que ha habido muertos que después de estar cubiertos de tierra se han levantado flacos y enfermos y han seguido gritando.

Aquí mismo hubo una epidemia de cólera en que esos casos se dieron. A todos los que veían un poco *matungos*, se los llevaban en la carreta y los enterraban. Después salían caminando como si nada. La gente se asustaba.

Cuando un trabajador se moría, el ingenio se llenaba de gente. Todo el mundo le hacía el honor y las reverencias. Había compañerismo y respeto. Un muerto antes era algo muy grande. Toda su familia venía a caballo de otros ingenios o pueblos lejanos. No se paraba el trabajo, pero la gente se desanimaba. Yo mismo me enteraba de una muerte y no podía estarme tranquilo.

Al que se moría lo ponían figurín. Y lo enterraban así. Todo lo que esa persona usaba se lo ponían. Hasta los zapatos de vaqueta, se los encasquetaban. Ese día hacían comida en abundancia. Por la tarde daban viandas, arroz y carne de puerco. Bebida blanca y cerveza marca T. Por la noche daban queso blanco criollo y amarillo, español. Además, repartían café a cada rato. Café como el que a mí me gustaba. El único que sabe bien. En *jícaras cimarronas* que se criaban nada más que para eso.

Si el muerto tenía familiares, ellos se ocupaban de estos preparados. Si no los mismos amigos y sus mujeres se reunían y hacían el cumplido. Cuando la familia del muerto era fina, daban café en escudillas. Después que todo el mundo comía y hablaba, se llevaban al muerto sin más *musarañas* para la fosa. Para el cementerio principal. Y yo digo que lo que hay es que no morirse, porque a los pocos días nadie se acuerda de uno, ni los mejores amigos. Es mejor no darle tanto cumplido a los muertos, como se hace ahora, porque la verdad que todo eso es hipocresía. Lo mismo antes que ahora. A mí, denme la fiesta en vida.

Lo más curioso en esa época era el enamoramiento. Cuando un joven pretendía a una muchacha usaba mil trucos. Antes no se podían hacer las cosas así, abiertas. Había misterio. Y trucos; trucos de todo tipo. Yo mismo, para enamorar a una mujer decente, me vestía de blanco y pasaba por el lado de ella sin mirarla. Lo hacía unos cuantos días. Hasta que me decidía a preguntarle algo. A las mujeres les gustaba ver a los hombres vestidos de blanco. Un negro como yo, de blanco, era llamativo. El sombrero era la prenda de agarre, porque uno hacía mil gestos con él. Se lo ponía, se lo quitaba, saludaba a las mujeres, y les preguntaba: «Bueno, ¿y cómo le va?».

Los novios, si tenían parientes, sobre todo la novia, se enamoraban con granitos de maíz o piedrecitas. Ella estaba en la baranda del bohío y él pasaba y le decía: «Pssss, psss...» o chiflaba. Cuando ella miraba, él sonreía y le tiraba las piedrecitas poquito a poco. Ella respondía recogiendo las piedrecitas y guardándolas. Si no las conservaba, era señal de que lo despreciaba. Una mujer de ésas, zoquetonas y engreídas a lo mejor devolvía las piedras.

Los novios se veían después en un velorio o en una sitiería, en cualquier fiesta o en las parrandas. Si ella había aceptado las pretensiones, ese día se lo decía a él: «Oye, mira, aquí tengo todavía los granitos de maíz que tú me tiraste». Entonces él la cogía por la mano o la besaba. Ella preguntaba: «¿Vas a ir a mi casa?». El le decía que sí y se iba. Al otro día ya estaba en la casa hablando con los padres. Ella fingía, porque todas las mujeres lo hacen, que no lo conocía. Y entonces decía: «Voy a pensar, Fulano». Días antes del casamiento habían preparado la casa. En ese jelengue ayudaba la madre de ella. Ya tenían una docena de taburetes, una cama grande, un baúl mundo y los avíos de cocina. Todavía los pobres no conocían el escaparate. Los ricos sí, pero sin luces. Escaparates grandes, como caballos de cedro.

La costumbre era que los padres de ella y los padrinos del matrimonio le dieran al novio media docena de gallinas, una cochinata grande, una novilla, una vaca de leche y el vestido del matrimonio, que lo hacían de cola, porque a la mujer no se le podían ver los tobillos. La mujer que enseñaba el tobillo no era religiosa, ni decente. El hombre era el que mantenía el hogar; el jefe de la casa. Ella recibía órdenes y al principio no trabajaba; como no fuera un lavadito para alguna familia. Después que estaban fijos, viviendo en su casa, empezaban a recibir visitas y a comentar sobre la fiesta de la boda y los dulces y la cerveza. Todos los días, por la mañana, venía la madre de ella o el viejo, a darle una vuelta a la casa. Esa era la obligación.

También podía venir el cura. Aunque los curas se preocupaban más de visitar a los ricos. Los santuarios esos lo que buscaban era la *cogioca*. Cuando una persona se iba a casar tenía que pagar unos seis o siete pesos. Pobres y ricos pagaban. En la capilla se casaban los pobres, los trabajadores del ingenio. Esa capilla quedaba por atrás. Y en la iglesia, en el centro, por la vía del altar mayor, se casaban los ricos. Ahí tenían bancos y cojines, mientras que los pobres se sentaban en banquetas de palo que había en la capilla o sacristía como también le llamaban.

La gente, por lo común, no entraba a la capilla, se quedaban por fuera y esperaban a que salieran los novios. Al hombre que se casaba con viudas le tocaban el fotuto y le sonaban en la cara latas viejas para burlarse de él. Se lo hacían, porque el viudo, como le decían, venía pareciéndose a un albañil;

estaba tapando un hueco hecho por otro. Mientras más bravo se ponía el hombre, más latas y fotutos le sonaban. Si él decía: «Bueno, muchachos, a tomar», entonces se callaban la boca y aceptaban la convidada. Eso era lo que hacían los hombres de experiencia. Pero un muchachón de éstos que se enamoraba de una viuda y no sabía nada de la vida, se enfurecía y se creía que era un animal. Así se hacían odiar por los compañeros.

El buen carácter es importante en todo. Cuando uno vive solo no hace falta. Pero como uno siempre está rodeado de gente, lo mejor es ser agradable; no caer mal. Esas viudas eran muy descaradas. Había una en Ariosa que se casó con un hombre de allí. Cuando a él le empezaron a tocar el fotuto, ella se hizo la avergonzada y escondió la cara. Eso lo hacía fingiendo. Un día se fue con otro para los matorrales y la cogieron. Cuando volvió, nadie le hizo amistad.

Los matrimonios ambulantes daban más resultados. Las mujeres eran libres y no tenían que vérselas con sus padres. Trabajaban en el campo. Ayudaban a chapear o a sembrar. Y se iban con uno cuando querían. Los hombres *tarambanas* siempre andaban en ese tipo de matrimonio. Hoy una, mañana otra. Creo que así es mejor. Siempre anduve suelto. No me casé hasta después de viejo; soltero estuve en muchos sitios. Conocí mujeres de todos los colores. Soberbias y buenas. En Santa Clara tuve una negra vieja, después de la guerra. Se hizo tantas ideas conmigo... Me llegó a pedir que me casara con ella. Le dije un no redondo. Eso sí, nos juntamos y ella me decía: «Yo quiero que tú heredes mi casa». Era dueña de una casona de muchos cuartos en el barrio del Condado, en la calle San Cristóbal.

Pocos días antes de morirse, me llamó y me dijo que yo lo iba a tener todo. Me hizo una escritura para dejarme el Cabildo; en esos años la casa era un Cabildo Lucumí, porque la madre de ella había sido famosa santera en Santa Clara. Cuando murió, yo fui a legalizar la propiedad. Entonces me encontré con tremendo brete. Dio por resultado que el padrino de ella quiso apoderarse de la casa. Me hizo eso porque la mujer que él tenía entonces vivía en la casa; era la que cuidaba el Cabildo. Pero cuando yo me enteré de la maraña, corrí y lo arreglé todo. Me dirigí a unos amigos que tenía en el Gobierno Provincial. Por fin me quedé con la casa. Era más grande de lo que yo me figuraba. No había alma que viviera en ella. Y menos sola. Era una casa llena de espíritus y de muertos; estaba maliciada. Se la vendí a un tal Enrique Obregón que era viejo *garrotero*. Después me di a pasear con el dinero. Me lo gasté todo con mujeres salpiconas. Eso ocurrió después de la guerra, cuando yo era maduro ya.

Si saco la cuenta de todas las mujeres que me cogí en el Ariosa, los hijos me sobran. Ahora, yo no conocí a ninguno. Por lo menos las mujeres que vivieron conmigo en el barracón no parieron nunca. Las otras, las mujeres de monte, venían y me decían: «Este hijo es tuyo». Pero ¿quién iba a estar seguro de eso? Además, los hijos eran un problema grande para aquellos tiempos. No se les podía dar instrucción, porque no había las escuelas que hay hoy.

Cuando un niño nacía había que llevarlo al juzgado a los tres días para dar cuenta. Lo primero era dar el color de la piel. Un niño venía muy fácil. Las mujeres de antes no pasaban los trabajos que pasan las de hoy. Cualquier vieja de campo era mejor partera que las de estudio. Nunca vide que a ellas se le murieran niños. Los sacaban con las manos llenas de alcohol y les cortaban el ombligo que les sanaba enseguida. Las viejas esas, parteras, adivinaban el día y la hora en que una mujer iba a parir. Y eran medio curanderas también. El *empacho* lo curaban en un pestañear. Curaban con *flor de camino*. La cogían seca y la hervían. Con un paño fino la colaban y a las dos o tres tomas el empacho desaparecía. Curaban todas las enfermedades. Si al niño se le pegaba el sapillo, que era una enfermedad *malevosa* en las encías, cogían yerba de monte, la machucaban y después se la daban ya colada en cocimiento. Eso les mataba la enfermedad enseguida. Los médicos ahora les han cambiado el nombre a esos males. Les dicen infección o erupción. Y resulta que tardan más en curarlos que antes. Y eso que no existían las inyecciones ni las placas.

La medicina era la yerba. Toda la naturaleza está llena de remedios. Cualquier planta es curativa. Lo único que todavía muchas no se han descubierto. Yo quisiera saber por qué los médicos no van al campo a experimentar con las plantas. Para mí que como ellos son tan comerciantes no quieren salir diciendo que tal o cual hoja cura. Entonces lo engañan a uno con medicinas de pomo, que total cuestan muy cara y no curan a nadie. Antiguamente no podía comprar esas medicinas. Y por eso no iba al médico. Un hombre que ganaba veinticuatro pesos al mes no podía gastarse ni un centavo en un pomo de medicinas.

En Ariosa ganaba veinticuatro pesos, aunque creo que alguna vez me estuvieron pagando veinticinco, como en Purio. Eso de los pagos era elástico. Dependía de cómo era el hombre en el trabajo. Yo era *largo* y me llegaron a pagar veinticinco. Pero había infelices que se quedaban ganando veinticuatro y hasta dieciocho pesos al mes. Los sueldos incluían la comida y barracón. A mí eso no me convencía. Siempre estuve claro en que esa vida era propia de animales. Nosotros vivíamos como puercos, de ahí que nadie quería formar un hogar o tener hijos. Era muy duro pensar que ellos iban a pasar las mismas calamidades.

El Ariosa tenía mucho movimiento. A cada rato venían técnicos, se ponían a recorrer el campo y luego iban a la casa de calderas. Ellos miraban el funcionamiento del ingenio para eliminar los desperfectos. Cuando se anunciaba alguna visita, enseguida el mayoral ordenaba que la gente se vistiera de limpio y ponía la casa de calderas brillante como un sol. Hasta el olor desagradable desaparecía.

Los técnicos eran extranjeros. Ya por esa época aquí venían ingleses y americanos. Las máquinas eran de vapor desde hacía años. Primero fueron chicas; luego llegaron otras mayores. Las máquinas chicas fueron desechadas, porque eran muy lentas. En esas máquinas no había picadoras, por eso no le sacaban todo el zumo a la caña. En los trapiches viejos la mitad del guarapo se iba en el bagazo. Eran muy flojos. Lo más importante era la centrífuga. Esa máquina se conocía aquí desde hacía como cuarenta años. Llegué al Ariosa y me la encontré allí. Ahora, había ingenios que todavía no la tenían, como el Carmelo, la Juanita y San Rafael.

La centrífuga es una poceta redonda adonde baja la miel para que el azúcar quede seca. Si un ingenio no tenía centrífuga, tenía que hacer moscabado, que es un azúcar prieta desleída. El refresco que se sacaba de ese azúcar era muy bueno. Alimentaba igual que un bistec. La máquina grande de Ariosa tenía tres mazas. Estaban la picadora, la moledora y después la remoledora. Cada una tenía su función. La picadora nada más que picaba la caña, la moledora sacaba el azúcar como hecha guarapo, y la remoledora dejaba el bagazo seco y listo para llevarlo a los hornos a levantar vapor. Los hombres que trabajaban en esas máquinas eran los que estaban en mejor situación en el ingenio. Se figuraban mejores que los demás. Sentían repugnancia hacia los hombres de campo. Ellos les decían a los cortadores de caña cuerós, que quería decir algo así como áspero. Se pasaban la vida criticándolos. Si tenían callos en las manos, les decían: «Cuidado, que me lastimas». Y no les daban la mano por nada del mundo. Se crearon una mentalidad muy perjudicial. Sembraron el odio y las diferencias. Dormían aparte. Igual maquinistas, que tacheros, que maestros de azúcar, que pesadores; todos tenían sus casas en el batey. Y bien cómodas. Algunas eran de mampostería, aunque en Ariosa abundaban más las de madera con adornitos en el techo. El trato de esos hombres era incorrecto. Después se fueron dando cuenta de muchos cambios y trataron de ser distintos. Pero a mí me parece que el peor siempre fue el que trabajaba debajo del sol. Ese era el más sacrificado y el más jodido. Tenía que *jugar barracón* todas las noches.

La verdad es que el adelanto causa admiración. Cuando yo veía todas esas máquinas moviéndose a la vez, me admiraba. Y de veras parecían ir solas. Yo nunca antes había visto tanto adelanto. Las máquinas eran inglesas o americanas. De España no vide ninguna. Ellos no sabían cómo se hacían. Los más revueltos con esa novedad eran los colonos. Se alegraban más que nadie, porque mientras más producción había en la casa de calderas, más caña les compraba el ingenio.

Los colonos de esa época eran nuevos todavía. No se puede decir que tenían grandes sembrados de caña. Cualquier *sitiero* tenía su colonita con diez o quince besanas sembradas de caña. A veces aprovechaban y sembraban caña hasta en los alrededores del batey, a tres o cuatro cordeles. Los colonos eran unos infelices todavía. No tenían tierra suficiente como para hacerse ricos. Eso vino después. Lo que sí eran unos hijos de puta; más bravos y tacaños que los mismos hacendados. Los colonos apretaban duro en el sueldo. Regañaban a los trabajadores todos los días. Y eran más escatimadores que los dueños de ingenio. Si había una tierra que valía cuarenta pesos trabajarla, ellos pagaban veinte; o sea, la mitad. Y a veces había que conformarse, porque tenían sus contubernios. Aunque unos a otros no se podían ver. Los trabajadores casi nunca tenían mucho trato con los colonos. Ellos iban al campo y todo, pero nadie les hablaba. Hasta para cobrar el sueldo había que recurrir al bodeguero. Era mejor así. Los colonos, por aquella época, no tenían mayordomos, porque eran unos *surrupios* casi todos. Empezaron a crecer después cuando el alza del azúcar. Algunos se llegaron a imponer. Llegó la ambición de la caña y por poco no dejan ni montes en Cuba. Talaron los árboles de cuajo. Se llevaron caobas, cedros, *jiquís*; bueno, todo el monte se vino abajo. Eso fue después de la independencia. Ahora uno coge por el norte de Las Villas y a lo mejor dice: «En este lugar no hay monte». Pero cuando yo estaba huido aquello metía miedo. Todo era espeso como una selva.

Se cultivó caña, pero se acabó con la belleza del país. Los culpables de eso fueron los colonos. Casi no hubo excepción de colonos que no fueran *diente de perro*. Unicamente se puede sacar a Baldomero Bracera. El abrió una colonia con el nombre de Juncalito en la ciénaga del valle de Yaguajay. Secó en poco tiempo todo el terreno. Eso le dio mucho prestigio y se hizo grande. Baldomero tenía más crédito que el dueño del ingenio Narcisa, un tal Febles, adonde pertenecía su colonia. El Febles ese sí que era un tirano; *se fajaba* a trompadas con los trabajadores y después los

117

seguía tratando como si nada. Era muy mala paga. Un día un trabajador llegó y le dijo: «Págueme». Febles lo mandó a meter en los hornos. El hombre se achicharró. Nada más que quedaron los mondongos y fue como se supo del crimen. A Febles ni lo tocaron. Por eso cuando había un hombre como Baldomero la gente lo quería y lo respetaba. Si tenía que despedir a alguien se lo decía en su cara. Una de las cosas más grandes que hizo Baldomero fue traer a Narcisa la máquina de halar caña. Esa máquina ya la tenían en otros ingenios, pero a Narcisa no había llegado, porque Febles no tenía suficiente crédito. Entonces Baldomero le prestó dinero y mandó a buscar la máquina. A los pocos días ya Narcisa tenía máquina de halar caña. Yo la vide y me acuerdo de ella porque tenía el número uno pintado en grande. Baldomero era un colono serio. Un buen comerciante. Atendía a sus negocios con cabeza. Daba dinero para obras públicas y para el comercio. No pagaba mal. El pueblo de Yaguajay sintió mucho la muerte de ese hombre. Yo nunca trabajé con él, porque estaba en Ariosa, pero lo vide y oí muchos cuentos acerca de su vida y de su desenvolvimiento. Baldomero era la excepción.

Nadie se imagina cómo estaba la *candela* por aquellos años. La gente se pasaba la vida hablando de revueltas. La guerra se iba acercando. Pero para mí que todavía la gente no estaba segura de cuándo empezaba. Muchos decían que a España le quedaba poco; otros, se callaban el pico o metían la cabeza en un orinal. Yo mismo no decía nada, aunque me gustaba la revolución y admiraba a los hombres valientes y arriesgados. Los más populares eran los anarquistas. Estaban dirigidos desde España, pero querían que Cuba fuera libre. Ellos eran algo así como los ñáñigos, porque estaban muy juntos y para todo tenían sus contubernios. Eran valentones. La gente se pasaba la vida hablando de ellos. Los anarquistas, después de la guerra, se impusieron en Cuba. Yo no los seguí más. De lo que sí nosotros no conocíamos era del anexionismo ese de que se habla ahora. Lo que nosotros queríamos, como cubanos, era la libertad de Cuba. Que se fueran los españoles y nos dejaran tranquilos. No se decía más que Libertad o Muerte, o Cuba Libre.

Mucha gente se alzó y se buscó *fandango* con eso de la independencia. Se iban a las lomas y estaban allí haciendo ruidos unos cuantos días, luego bajaban o los cogían presos. La guardia civil era del carajo para arriba. Con esos hombres no se podía meter nadie. Al que se llevaban preso se la arrancaban. Los negros protestamos también. Esa era protesta vieja, de años. A mí me parece que los negros protestamos poco. Todavía estoy en esa creencia. Recuerdo la revuelta de los hermanos Rosales. De Panchito y

Antonio Rosales. Uno de ellos era periodista y tenía su imprenta en Sagua la Grande, porque ellos eran de allá. Enseguida se corrió la voz de que los Rosales comían candela y atacaban al gobierno español. De ahí se les pegó la simpatía del pueblo. Yo me interesé en ellos. Un día, estando en Sagua de paseo, vide a Francisco. En cuanto lo vide, me di cuenta que ése no creía en nadie. Era elegante y portentoso, pero *se llevaba a cualquiera en la golilla*. Francisco era cuatrero y bandolero. Creo que él se dedicaba a la barbería. Después los vide a los dos en Rodrigo. Ellos iban allí a cada rato. Iban a levantar vapor, claro. Esos mulatos se hicieron importantes. Se hacían pasar por blancos, pero ¡qué va! A Antonio lo fusilaron en Sagua. El gobierno español lo prendió y lo fusiló. Después no se oyó hablar más de ellos. A mí que no me digan que ésos eran revolucionarios. Ellos peleaban duro, pero no sabían por qué. Bueno, nosotros tampoco sabíamos por qué, pero no hacíamos bandolerismo. Al menos, la gente de Ariosa era decente y seria. El que quería se hacía cómplice de los bandoleros y de los cuatreros. Pero eso era por el gusto de cada cual y la conveniencia. Nadie obligaba a nadie a robar. Lo malo se le pega al que es malo. Yo estuve en la guerra con unos cuantos degenerados y salí limpiecito. Aunque, para decir verdad, los bandoleros no eran asesinos. Si tenían que matar a alguien, lo mataban. Pero lo que se dice asesino, eso no.

Aquí hubo muchos bandoleros antes de la guerra. Algunos se hicieron famosos. Se pasaban la vida en el campo, detrás de la gente de dinero y los colonos. Manuel García fue el más nombrado de ellos. Todo el mundo lo conocía. Y había gente que decía que él era revolucionario. Yo sé de otros muchos bandoleros. Entre ellos, Morejón, Machín, Roberto Bermúdez y Cayito Alvarez. Cayito era un animal. Guapo como ninguno. A cualquiera en Las Villas se le puede preguntar sobre Cayito. Estuvo en la guerra también. Sobre él se han dicho muchas mentiras; inventos de la gente.[4]

Morejón era un miserable. Podía robar una fortuna, que él no tenía la costumbre de Manuel, de darle de comer a los pobres. Yo nunca supe que él hubiera dado dinero para la Revolución. Morejón se escondía mucho. Era un poco cobardón y precavido, le gustaba el robo. Toda su vida fue bandolero. Morejón robaba el dinero de una forma natural. No hacía escándalos. Creo que nunca secuestró a nadie, sino que paraba a la gente en el camino y les decía: «Dénme todo lo que tienen arriba». Se llevaba los centenes y

4 'The different units of the rebel army [...] recruiting or being joined by many of the "revolutionary" bandits who had terrorized central Cuba in the years before the war.' (Thomas 1971: 319).

se iba. Yo nunca oí decir que él amenazara a nadie. A lo mejor era calladito, pero criminal.

Las Villas era la mata de los bandoleros. Allí pululaban. El que más y el que menos hacía sus secuestros. Otros tenían la facilidad de coger el dinero mansito. Por esa zona norte de Las Villas había muchas familias adineradas. Agüero las saqueó a casi todas. Fue el que más robó. Se llevaba hasta las gallinas y los cochinaticos. Su vicio era cogerlo todo. Decían que él salía gritando cuando robaba. Le corrían atrás y la guardia rural le echaba cercos, pero él siempre tenía la habilidad de escabullirse. Agüero entraba a los ingenios como Pedro por su casa. El tenía el truco de disfrazarse, porque los bandoleros se hacían pasar por billeteros, por trabajadores y por guardias rurales. Una vez Agüero entró en Ariosa. Dicen que hizo un asalto grande. Yo no lo vide. Llegó allí despacio, caminando como caminaban los guardias rurales y vestido de guardia. Preguntó por el dueño del ingenio. En la bodega le dijeron: «Camina para arriba, la casa está cerca». Cuando llegó a la casa del vizcaíno, que era el dueño, volvió a preguntar y lo hicieron pasar. Ahí fue donde Agüero lo encañonó y le pidió una suma grande de dinero. La cuestión fue que el vizcaíno se lo tuvo que dar todo y nunca pensó que había sido Agüero el ladrón. Ese día iba muy bien disfrazado y hablando como un español. Lo primero que Agüero le pidió al vizcaíno fue que mandara a retirar la guardia de escolta, que no hacía falta. Y el vizcaíno de bobo le dijo al guardia: «Váyase».

Las malas lenguas dicen que el propio Máximo Gómez, el general, le cogió dinero a Agüero para la Revolución. Yo no lo dudo. El único que nunca aceptó dinero de los bandoleros fue Martí, el patriota de Tampa, el hombre más puro de Cuba.

El *paisanaje* era sano y le tenía mucho miedo a los bandoleros. Por eso fue que un compadre de Agüero lo entregó a la guardia rural. Parece que lo obligaron a que lo entregara. Ya lo de ese hombre era demasiado. La ambición lo hacía devorar ingenios.

Uno de los secuestros más grandes de Remedios, fue el de los Falcón. Esa era una de las familias más raras de Las Villas. Formaron una variedad de líos del carajo. En esa familia había celos, odios, hipocresías; todo lo que se junta en la cabeza cuando la gente no tiene corazón. Entre ellos hubo uno que no tenía nada; se llamaba Miguel, Miguel Falcón. Era natural de Remedios. Ese don Miguel se casó con una buena mujer. Ella no sabía la clase de calaña que él era. La mujer había enviudado del hermano de Modesto Ruiz, que por entonces era el alcalde del pueblo. La viudez la cogió con sus hijas ya creciditas. Así y todo don Miguel se enganchó a ella, porque la verdad es que esa manceba tenía gracia y lucía joven todavía. Todos la llamaban por Antoñica, aunque su nombre real era Antonia Romero. Su familia era de honor. En todo Remedios se les respetaba. Pues el caso es que durante el gobierno de Polavieja, don Miguel planeó un secuestro a Modesto Ruiz.[13] Modesto no era malo, pero nadie sabía por qué tenía tanto dinero. Entonces un tal Méndez, que yo creo que era español, estaba de teniente coronel de los *voluntarios* de Vueltas. Méndez tenía la confianza de Polavieja. Y don Miguel lo sabía mejor que nadie. Por eso se aprovechó de él para organizar el secuestro de Modesto. Lo que no sabía Polavieja era que Méndez tenía cuadrilla de bandoleros. Y mucho menos que el mismo Méndez era el más bandolero y degenerado de todos.

Un día don Miguel fue a verlo y le dijo: «Tenemos que sacarle los diez mil pesos a Modesto». Y Méndez le dijo: «¡Arriba!». Entonces se reunieron dos o tres más y aprovecharon los paseos que daba Modesto a su finca La Panchita. En uno de esos viajes lo agarraron y se lo llevaron al monte y allí lo obligaron a decir dónde estaba el dinero. Claro, que en este brete no daba la cara don Miguel, para que Modesto no lo fuera a reconocer. Yo creo que estuvo como dos semanas secuestrado, por la cuadrilla sanguinaria del tal Méndez. El dijo en seguida lo del dinero y ellos se lo llevaron todo. Dejaron a Modesto trancado en una casa y amarrado por los pies. Hasta que le ordenaron a un mulato de la cuadrilla que lo matara y lo enterrara bien con cabeza y todo. El mulato fue a ver a Modesto y hablaron. Modesto no hacía más que decirle: «Si usted me suelta, yo lo gratifico». El mulato, medio lastimoso, le dijo: «Yo lo suelto si usted me promete que me va a sacar del país». Modesto dijo que sí y el mulato lo soltó. Al otro día don Miguel Falcón se enteró de todo y fingió estar alegre. Organizó una fiesta de *comelata* para recibir a Modesto en su casa. Modesto fue y recibió todos los honores. Pero el brujo andaba suelto y Modesto dijo para dentro de sí, que eso no quedaba ahí.

Empezó a averiguar bien y cuando tenía todos los argumentos reunidos se dirigió al mismo Polavieja. Ya Méndez, el asesino, había mandado a matar al mulato, que no salió de Cuba ni un carajo. Polavieja, que sentía repugnancia por los bandoleros, mandó a buscar a Méndez y le hizo consejo de guerra. Méndez fue fusilado en la ciudad de La Habana. A don Miguel lo prendieron unos días y luego lo deportaron a Ceuta, que era una isla rodeada de diablos. Allí murió al poco tiempo. Vino la verdad a relucir, y todo el mundo se quedó pasmado. Nadie imaginaba la maquinación de esos bandoleros. Antonia, la pobre, *quedó lela*. Sobre todo cuando se enteró que su propio marido había querido matar a Modesto, su cuñado, para que las hijas de ella cogieran la herencia del tío, además de los diez mil pesos que ellos se iban a repartir. No sé si a los demás de la cuadrilla los cogieron, lo veo difícil, porque la guardia de aquellos tiempos no era tan despierta como la de ahora. Eran sanguinarios, pero brutos. Antonia Romero fue una mujer entera. Se abochornó. No se le cayó el ánimo. A las hijas tampoco. Cuando entró la guerra, Antonia empezó a colaborar. Cosió ropa y cocinó. Repartió medicinas y fue al monte. Llegó a coger grado revolucionario. Fue teniente coronel de la independencia.

Hay quien pinta a los bandoleros como benefactores. Dicen que ellos eran nobles, porque robaban para los pobres. A mí me parece que el robo, como quiera que uno lo mire, es robo. Y los bandoleros no tenían reparo en robarle a cualquiera. Lo mismo a un rico que a un medio rico. Para ellos lo importante era tener guano arriba. Y eso, sí nunca les faltaba. A veces tenían que guarecerse en casa de los guajiros y coger su platico de boniato para no quedarse con hambre. De ahí viene esa frase de que los bandoleros eran benefactores. Claro, si los guajiros les ofrecían villas y castillos, ellos tenían que pagar con algo. Cuando robaban una buena suma, iban y se las repartían. Por eso los guajiros se hacían tan amigos de los bandoleros. No llegaban a bandoleros, pero eran sus amigos. El guajiro siempre ha sido servicial. Veían a un bandolero en su caballo y la mujer decía: «Vamos, hombre, a tomar un buchito de café». Ahí es donde se bajaba el bandolero y aprovechaba la confianza para amistarse con la familia. Los mismos bandoleros a veces se cogían a las guajiritas y se las llevaban. Esos eran los secuestros más corrientes. Todavía no he conocido a nadie más mujeriegos que esos tipejos. Lo arriesgaban todo por ver a una mujer. La guardia civil se aprovechaba de las visitas que ellos hacían a las mujeres y les tiraban ahí mismo una emboscada. Así cazaron a muchos bandoleros, porque en el campo no había quien los cogiera. Eran sueltos como un lince y los mejores jinetes. Además, no había quien conociera la manigua tan bien. Muchos decían que eran revolucionarios y querían la libertad de Cuba. Otros se apodaban autonomistas. Todo eso lo hacían *por parejería*. Ningún asesino iba a ser patriota. Lo que sí eran muy incendiarios. Llegaban a donde estaba un hacendado y le preguntaban: «Bueno, ¿y el guano qué?» Si el hacendado decía que no daba nada, ellos amenazaban con incendiar los campos. Y no era cuento. A veces uno veía la candela subida y era por culpa de ellos.

La costumbre que tenían era salir de noche. Todas las fechorías eran a esas horas. Por el día descansaban. Esa vida era peligrosa, porque el gobierno español les tenía odio. La isla esta se estaba llenando de bandoleros. Ya había en todas las provincias.

El más popular era Manuel García, que ahora le dicen El Rey de los Campos de Cuba. Hasta hablan de él por radio. Yo no lo vide nunca, pero sé que recorrió muchos lugares. La gente hace los cuentos.

Manuel no perdía una oportunidad. Dondequiera que él veía centenes hacía la *zafra*. Esa valentía le ganó muchos amigos, y muchos enemigos. Yo creo que eran más los enemigos. Dicen que no era asesino. No sé. Lo que sí es positivo es que tenía un *ángel* buenísimo. Todo le salía bien. Fue amigo de los guajiros; amigo de verdad. Cuando ellos veían que la guardia española se aproximaba al lugar donde estaba Manuel, sacaban los pantalones y los tendían en una soga con la cintura para abajo. Esa era la señal para que Manuel se alejara. Por eso vivió tanto tiempo con el robo.

Fue el más atrevido de los bandoleros. Lo mismo detenía un tren que lo descarrilaba. Cobraba contribuciones. Para qué contar... Lo de Manuel llegó a tal punto que no cortaba ya ni las líneas telegráficas, porque él decía que estaba seguro de que nadie lo iba a coger. Salamanca y Polavieja lo combatieron como a nadie. Otro general que vino aquí, llamado Lachambre, iba a capturar a Manuel. Pero Manuel lo que hacía era reírse de él y amenazarlo con cartas donde le decía que lo iba a colgar. Lachambre era guapo, pero nunca pudo dar con Manuel. Y eso que los españoles tenían las armas mejores y el número de hombres mayor.

La cuadrilla de Manuel García usaba rifle de dieciocho tiros. Eran buenos, por lo menos mejores que los *trabucos* de otros bandoleros. Era una cuadrilla bien provista. Tenían cocineros, ayudantes y de todo lo demás. Nunca les faltaba tabaco, ni chocolate caliente, ni viandas, ni carne de puerco.

Manuel García dio mucha lata en Cuba, en La Habana sobre todo. A él le gustaba esa vida. Y no tenía vergüenza de decirlo. Primero estuvo de cuatrero en el monte, robando bueyes para vender. Luego se puso a robar dinero y a secuestrar.

Creo que Manuel había nacido en Quivicán. Ahí mismo se había casado con Rosario, que fue su mujer siempre. Ella estuvo presa en Isla de Pinos y la gente lo comentaba mucho. Vicente García, hermano de Manuel, fue bandolero como él. Creo que también pertenecía a su cuadrilla. Pero no fue tan famoso. Yo oí hablar mucho de Osma, que era el ayudante principal de Manuel: un negro *rebencúo* que luego se pasó para la *guerrilla de la muerte.* Operó con esas guerrillas en muchos lugares. En Las Villas había muchas de ellas. Osma mataba *a boca de jarro,* con un trabuco grande de bronce y madera. La gente hablaba de Osma como si fuera brujo. A mí no me consta. Ahora, yo creo que tiene que haber habido algo de eso, porque esa cuadrilla para caminar como caminaba necesitaba su *trabajo de palo.*

Manuel García no alcanzó la Guerra de Independencia. O mejor dicho, no luchó en ella. Dio mucho dinero; eso sí. Como cincuenta mil pesos por lo menos. Máximo Gómez lo recibió como caído del cielo. Su muerte ha quedado muy oscura. Cuando un hombre es así, grande como él, es difícil saber quién lo mató. Manuel tenía muchos enemigos, porque en cada familia que él se metía, se los buscaba. Secuestró a un tal Hoyo y luego los parientes anduvieron detrás de Manuel. Pero nada. Manuel conocía el monte palmo a palmo.

A mí me han dicho los viejos que conocieron a Manuel personalmente, que las mujeres fueron su perdición. Pero yo sé que a él lo mataron por dar dinero a la Revolución. Un traidor que se hacía pasar por revolucionario lo esperó un día en el monte y le dijo que encandilara un tabaco para reconocerlo. Manuel, confiado, fue a la cita a cumplir con lo prometido. Llevaba miles de pesos. Cuando se fue acercando, el traidor llamó a la guardia civil para que le tiraran. Y lo hicieron un colador. Esa es la muerte de Manuel García.

Otra gente le da otra forma al asunto. Los *vueltabajeros* dicen que Manuel murió porque fue a verse con una manceba en la Mocha. Que iba todas las noches a cogérsela.

Un día, la muy *verraca,* fue al cura del pueblo y le dijo: «¡Ay, padre, yo me acuesto con Manuel García!». Y el cura la denunció a las autoridades. A los pocos días, Manuel entró en casa de esa mujer, abrió la *talanquera* y la dejó así. Al poco rato salió y la talanquera se había cerrado. A él le pareció raro y se sorprendió. Cuando fue a abrirla de nuevo le gritaron: «¡Manuel García!». El miró y ahí mismo los guardias civiles lo mataron.

Yo he oído la historia distinta: Que el sacristán de la parroquia de Canasí lo mató en una bodega y que luego la cuadrilla de Manuel macheteó al sacristán en el monte. Todo eso está oscuro y no hay quien diga la verdad.[5] Ahí, como en la muerte de Maceo, hay gato encerrado. A la gente les cuesta trabajo decir las cosas claras. Por eso yo digo que los brujos serán brujos y todo, pero no se callan las verdades. Le dicen a uno quién es su enemigo y

---

5 Thomas is more specific than Esteban about García's death: 'The most famous bandit, Manuel García, was killed on the first day of the war after robbing a ship as his first act of commitment to the rebel cause' (Thomas 1971: 319).

cómo se lo puede quitar, de arriba. En Ariosa los únicos que hablaban claro eran ellos. Y si uno le pagaba, más. Mucha gente les cogía miedo. Se ponían a decir que se comían a los niños, que les sacaban el corazón y un montón de porquerías más. Cuando uno oye todo eso no se debe atemorizar. Debe cerciorarse de todo. Los que hablan así es porque algo les pica.

No soy partidario de la brujería, pero tampoco digo sandeces por gusto. Más miedo le tengo a otras cosas que a la brujería. Ni siquiera a los bandoleros les temía. También es que yo era pobre, pelado, pelado de verdad y nadie me iba a secuestrar. Y había que ver lo que caminaba. Paseaba hasta cansarme.

Los montes cansan cuando uno está en ellos todos los días. Mucho más si uno trabaja de sol a sol. Porque ese mismo sol se queda incrustado y tupe. Por el día, cuando yo estaba en la caña, el sol se me metía por la camisa y me llegaba adentro. El calor era bravo.

Ahí sudaba todo. Sin embargo, cuando uno va a pasear, el sol parece más noble. Se enfría un poco, o le parece a uno que se enfría.

Pero volviendo a lo del miedo. El miedo a los brujos; eso es bobería, y el miedo a los bandoleros, igual. Lo que sí era muy serio y ahí todo el mundo estaba de acuerdo, era la guardia española y los capitanes de Partido. Estando ahí en Ariosa yo recuerdo a un capitancito de esos que era la candela. No me acuerdo su nombre, porque la verdad es que sin saberlo ya fastidiaba bastante. Con decir, «ahí viene el capitán de Partido», era suficiente. Bueno, era como decir, «ahí viene el diablo». Todo el mundo les huía. Si veían algún problema o se olfateaban algo nada más, lo empezaban a coger con uno. Cuando los negros comenzaron a revirarse contra España, los capitanes esos se dieron gusto. Un negro revolucionario no podía existir. A ése le daban muerte enseguida. Todavía si era blanco, bueno... Yo sé que es mejor ni acordarme de esa época. No hay nada peor que un vergajo de español zoquete. ¡Y tener que quedarse uno con el bembo cerrado!

Al que se comportara de una forma indebida, lo mandaban a limpiar las caballerizas de la guardia civil. La guardia iba siempre a caballo, aunque una parte hacía servicio de infantería. Los que cogían el caballo eran los más forzudos. En la guardia civil no había ese hombre *patato*; chiquito, ¡qué va!, ahí no había eso, como tampoco había hombres buenos. Todos eran el *fenómeno colorado*. Duraron tanto porque parece que aquella época no daba muchos hombres rebeldes, como ahora. Antes, un hombre revolucionario era una cosa rara. La gente era demasiado noble, más noble de la cuenta. Nadie era capaz de rebelarse ante un capitán. Primero preferían morir.

Hubo un negro colorado que sí hizo historia en Cuba. Se llamaba Tajó.[6] Vivía en el Sapo. Ese Tajó un día desarmó dos parejas de guardias civiles a la vez. Siempre estuvo fuera de la ley. De prófugo y de asaltador hasta que empezó la guerra. Tajó era diente de perro. La mujer que a él le gustaba, se la llevaba. Y cuidado con quejarse. Si por alguna casualidad el padre de la mujer venía a reclamarla, Tajó sacaba el machete para meterle miedo y el pobre hombre se retiraba. Así era de *salao*. Siempre se salió con las suyas. A las mismas hijas se las comía. Todo el mundo estaba enterado de eso, aunque no hicieron nada. Las pobres hijas se pasaban la vida metidas en la casa y no salían ni para coger sol. Parecían fantasmas de tanta encerradera. En los sitios la gente no sabía cómo eran ellas, si bonitas o feas, nada, él las quería para su gustó nada más. Nunca vide a esas niñas, sé que es positivo, porque todo el mundo lo contaba. A Ariosa llegaban las noticias como la espuma. Había quien decía que Tajó, después de comerse a las hembras de los pueblos por ahí, las mataba y las enterraba en un *bibijagüero*. Eso está exagerado aunque de ese cabrón no dudo nada. Sus entretenimientos eran criminales; un tipo de hombre que no pensaba en divertirse, ni en el juego. En nada que no fuera para daño. En la guerra me tocó acatar sus órdenes. Por culpa de Máximo Gómez, que fue quien lo nombró jefe de un escuadrón.

Volviendo a las mujeres; es cierto que ése era el tema principal. Aunque de una forma distinta. Uno iba a hablar con los amigos, o con los conocidos, mejor, y ellos le contaban a uno todo lo que hacían con las mujeres. Yo nunca fui partidario de contar mis cosas. Cada hombre debe aprender a ser reservado. Ahora, estos hombres chismosos le decían a uno tranquilamente: «Oye, Fulano, tú sabes que mañana me voy a llevar a Fulanita». Y si era conmigo, yo me hacía el que no oía nada, para conservar la distancia. A mí esos chismes nunca me han gustado. Para eso me quedo con el juego, que es un entretenimiento más sano.

En Ariosa se jugaba dominó con jugadores buenos. El dominó era un poco difícil. Había que tener la cabeza clara. Jugábamos a la convidada y al tin, tin, tin, que tenía que ser oculto. Si la guardia lo cogía a uno en eso, la mano de vergajazos que daba era de padre y muy señor mío. Como yo me aburría con esas marañas del dominó, me iba al batey u oía a los viejos y a los jóvenes, cuando les daba por contar visiones.

---

6 Tone (2006) cites Esteban for information about Tajó (and Quintín Bandera) in order to illustrate his discussion of banditry and violence amongst the insurgents. 'If the violence against noncombatants was bad, the cruelty visited upon Cubans who served the Spanish regime knew no bounds' (147).

Todos los hombres tienen sus visiones y muchos se las callan. Para mí las visiones son ciertas y hay que respetarlas. No cogerles miedo, sino respetarlas. Yo he visto muchas distintas. Algunas me han llamado la atención. Otras me las han contado; como aquélla de un amigo mío que era una brasa de candela que le salía por el brazo derecho. Era peligrosa, porque si salía por el izquierdo traía la muerte segura. Hay quien piensa mucho en las visiones. Y se pone a esperar medio embelesado a que vengan. Entonces ellas no vienen. De ahí es que mucha gente no cree.

Los videntes ven casi todos los días. Los que no son videntes también pueden ver, pero con menos frecuencia. Yo mismo no me puedo llamar vidente, aunque he visto cosas raras. Por ejemplo, una luz que salía caminando al lado mío y cuando llegaba a lugares donde había dinero enterrado se paraba a recogerlo. Luego desaparecía. Eran muertos que salían con la misión de recoger dinero. Otros salían en forma de luces; lo hacían por la cuestión de las promesas. Se me pegaban al lado, igual, y no me lo decían, pero yo sabía que lo que buscaban era que yo les pagara una promesa en la iglesia. Nunca cumplí ese mandato. Y las luces me salían a cada rato. Ya no me salen, porque uno está medio retirado y las luces esas son propias del campo.

Otra visión era la de los güijes. ¡Ave María, los güijes cada vez que salían eran la comidilla! Yo no vide ninguno, pero los negros tenían una inclinación hacia ellos natural. Los güijes salían en los ríos a todas horas. Cuando lo sentían a uno, se escondían, se escurrían en las orillas. Salían a coger sol. Eran negritos prietos con las manos de hombres y los pies... los pies nunca supe cómo eran, pero la cabeza sí la tenían aplastada como las ranas. Asimismo. Las sirenas eran otra visión. Salían en el mar. Sobre todo los días de San Juan. Subían a peinarse y a buscar hombres. Ellas eran muy zalameras. Se ha dado el caso muchas veces de sirenas que se han llevado a los hombres, que los han metido debajo del mar. Tenían preferencia con los pescadores. Los bajaban y después de tenerlos un cierto tiempo, los dejaban irse. No sé qué *preparo* hacían para que el hombre no se ahogara. Esa es de las cosas raras de la vida. De lo que queda oscuro.

Las brujas eran otra rareza de esas. En Ariosa yo vide cómo cogían a una. La atraparon con ajonjolí y mostaza y ella se quedó plantada. Mientras haya un granito de ajonjolí en el suelo, ellas no se pueden mover. Las brujas para salir dejaban el pellejo. Lo colgaban detrás de la puerta y salían así, en carne viva. Aquí se acabaron, porque la guardia civil las exterminó. No dejó ni rastro de ellas. Todas eran isleñas. Cubanas no vide ninguna. Volaban aquí todas las noches; de Canarias a La Habana

127

en pocos segundos. Todavía hoy, que la gente no es tan miedosa, dejan una luz encendida en las casas donde hay niños chiquitos para que las brujas no se metan. Si no eso sería el acabose, porque ellas son muy dadas a los niños.

Otra visión positiva, es la de los jinetes sin cabeza. Jinetes que salían a penar. Metían un miedo espantoso. Un día yo me topé con uno y me dijo: «Ve allí a recoger centenes». Yo fui medio enfriado y cuando saqué me encontré carbón nada más. Era un muerto *bromero* que no tenía cruz. ¡Y me cago en su madre mil veces, porque más nunca me salió! Esos muertos eran tremendos. Después dicen que los muertos, que qué sé yo, y total, son más jodedores que los vivos.

En los ingenios estaba toda la hechicería. Los filipinos se mezclaban mucho en las cosas de brujos. Se acercaban a los negros y hasta se acostaban con negras y todo. Siempre fueron criminales. Si alguno moría, lo enterraban junto a un negro y después salía con unas ropas rojas a meter miedo. Estas visiones más bien las veían los viejos. Los jóvenes, la verdad es que veían poco. Todavía hoy un joven no está facultado para ver.

Las voces tampoco las oían los jóvenes. Las voces del campo. Uno iba por un camino, por la noche y sentía un grito o un ronquido. Yo, acostumbrado a eso, no me *atemoraba* mucho. Ya estaba hecho para oírlos. Ahí mismo, en Santa Clara, decían que en el vertedero de puercos de los Alvarez se sentían ronquidos por la noche. ¡Vaya, eso me lo han contado a mí! Yo nunca vide esas figuras. Siempre me ha parecido, aunque otra gente diga lo contrario, que son espíritus que debían algo; una misa o una rezada. Después que cumplen la misión, desaparecen. El que mira de reojo, pierde.

Todo eso es espiritual y hay que darle el frente sin cobardía. Los vivos son más peligrosos. Yo nunca he oído decir que el espíritu de fulana le entró a palos a mengano. ¡Pero cuántos vivos no se están halando los pelos todos los días! Esa es la cosa. Hay que entenderlo así. Ni más ni más. Si el muerto se acerca a uno, no huir, preguntar: «¿Qué quiere usted, hermano?». El contestará o lo llevará a uno a un lugar. Nunca virarles la cara. Después de todo no se puede decir que son enemigos.

La gente de antes le tenía cierto miedo a los muertos. Los mismos chinos se asustaban y abrían los ojos; la piel se les ponía flaca cada vez que un paisano se moría. No hacía el hombre más que estirarse y ahí salían los chinos corriendo y lo dejaban solo. Solito, solito. El muerto no decía nada. ¡¿Qué iba a decir?! Cuando pasaban unas horas, ellos se reunían, encargaban a un cubano para que lo atendiera y lo enterrara. Entonces se iban para su cuarto y para mí que cocinaban, porque salía enseguida un olor riquísimo, que no era opio. Ese miedo yo no me lo puedo explicar. No sé en qué consiste.

Los congos eran distintos en su materia. Ellos no le temían a los muertos. Se ponían serios y callados, pero sin miedo. Cuando un congo moría no se podía llorar. Había que rezar mucho y cantar bajito, sin tambores. Luego se llevaban al muerto para el cementerio, que estaba al lado del ingenio, y allí lo dejaban enterradito a cuerpo limpio. Por allá no había cajas para meterlos. Al menos, no se usaban. Yo creo que es mejor irse así y no encerrado sin poder hacer nada en toda la oscuridad esa. En el lugar donde lo enterraban quedaba una lomita y sobre esa lomita colocaban una cruz de madera de cedro para que el negro tuviera protección. Los congos decían que un muerto no se podía quedar con los ojos abiertos. Ellos se los cerraban con esperma y quedaban pegaditos. Si los ojos se abrían eran mala señal. Siempre lo ponían boca arriba. No sé por qué, pero a mí me parece que es por la costumbre. Los vestían con zapatos y todo. Si el muerto era *palero* tenía que dejar su *prenda* a alguien. Casi siempre, cuando un paisano de éstos se enfermaba, dejaba dicho quién lo podría heredar. Entonces la prenda se quedaba en manos de esa persona. Ahora, que si esa persona no podía sobrellevar la prenda, tenía que tirarla en el río para que la corriente se la llevara. Porque al que no entendía una prenda heredada, se le torcía la vida. Esas prendas se reviraban como carajo. Mataban a cualquiera.

Para preparar una prenda que camine bien, hay que coger piedras, palos y huesos. Eso es lo principal. Los congos, cuando caía un rayo se fijaban bien en el lugar; pasados siete años, iban, excavaban un poquito y sacaban una piedra lisa para la *cazuela*. También la piedra de la tiñosa era buena por lo fuerte. Había que estar preparado al momento en que la tiñosa fuera a poner los huevos. Ella ponía dos siempre. Uno de ellos se cogía con cuidado y se sancochaba. Al poco rato se llevaba al nido. Se dejaba ahí hasta que el otro huevo sacara su pichón. Entonces el sancochado, seco así como estaba, esperaba a que el *aura tiñosa* fuera al mar. Porque ella decía que ese huevo iba a dar pichón también. Del mar traía una virtud. Esa virtud era una piedrecita arrugada que se ponía en el nido al lado del huevo. La piedrecita tenía un brujo muy fuerte. A las pocas horas salía el pichón del huevo sancochado. Eso es positivo también. Con esa piedrecita se preparaba la prenda; así que no era de jugar el asunto. Una prenda de esas no la podía heredar cualquiera. Por eso morían los negros congos tan tristes.

Hay gente que dice que cuando un negro moría se iba para Africa. Eso es mentira. ¡Cómo va a irse un muerto para Africa! Los que se iban eran los vivos, que volaban muchísimo. Una raza brava que los españoles no quisieron traer más, porque no era negocio. Pero los muertos, ¡qué va! Los chinos sí, ellos morían aquí, por lo menos eso contaban, y resucitaban en Cantón. Lo que les pasaba a los negros, que es lo mismo ayer que hoy, es que el espíritu se iba del cuerpo y se ponía a vagar por el mar o por el espacio. Igual que cuando una babosa suelta el caracol. Ese caracol encarna en otro y otro y otro. Por eso hay tantos. Los muertos no salen, así como muertos. Salen como figuras de espíritus. En Ariosa salía uno que se llamaba Fulanito Congo; digo, Faustino. Tomaba aguardiente como un animal. Salía porque tenía dinero enterrado en botijas. Antes se enterraba el dinero en esa forma; los bancos no existían. Dos españoles que estaban zanjeando un día, encontraron la botija y se hicieron ricos. Después Faustino no salió más. Más bien lo que él hacía con salir era cuidar su botija. Parece que esos españoles eran amigos de él. Y él les quiso dar ese beneficio. Muchas monedas se quedaron regadas y la gente se tiró a recogerlas. Los españoles huyeron. Si no, hubieran tenido que darle el cincuenta por ciento al gobierno. Como Faustino no volvió a salir, la gente se olvidó de él, pero yo me acuerdo bien cómo era. Lo que no hago es ponerme a pensar mucho en eso, porque agota.

El pensamiento agota. Hoy mismo hay gente que no cree en salidera de muertos, ni nada de eso. Y es que no han visto nada. Los jóvenes que no creen es porque no han visto. Sin embargo, se agotan igual; piensan en otras cosas del tiempo moderno, de los pueblos del mundo, de las guerras y de todo lo demás. Gastan el tiempo en eso y no se recrean. Otros se ponen a nadar en vicios y en trucos. Entre los vicios y la manera de ponerse a pensar se acaba la vida. Aunque uno se los diga no hacen caso. Y no creen. Ni oyen.

Yo le hice el cuento del diablillo una vez a un joven y me dijo que eso era mentira. Pero aunque parezca mentira, es cierto. Un hombre puede criar un diablillo. Sí señor, un diablillo. Un congo viejo del ingenio *Timbirito* fue quien me enseñó a hacerlo. Se pasaba las horas hablando conmigo. No hacía más que decirme que yo tenía que aprender a trabajar palo, porque era serio y reservado. Había que oírlo en los cuentos. Lo había visto todo; lo de aquí abajo y lo de arriba también. En verdad que era un poco cascarrabias, pero yo lo entendía. Nunca le dije: «Usted no sabe lo que habla». Ni me reí de él. Ese viejo era como un padre para mí. Pero bueno, volviendo a lo del diablillo. El me enseñó a hacerlo. Un día que yo estaba de paso por allí, me sentó solo en un lugar, me miró y empezó a decirme: «Criollo camina allá adonde yo te diga, que yo te va a regalá a ti una cosa». Yo me figuraba que era dinero o algún *macuto,* pero nada de eso. Siguió con su habladuría medio enredada: «Usté, criollo, son bobo», y me señaló un pomo que se sacó del bolsillo. «Mire, usté ve eso, con eso usté consigue tó en cosa». Ahí fue donde yo me dí cuenta que era de brujería el asunto. Aprendí a hacer el diablillo, a criarlo y todo. Para eso hay que tener más corazón que nada. Un corazón duro como un pescado. No es difícil. Se coge un huevo de gallina con miaja; tiene que ser con miaja, porque si no, no sirve. Se pone al sol dos o tres días. Después que está caliente se mete debajo del sobaco tres viernes seguidos. Y al tercer viernes nace un diablillo en vez de un pollito. Un diablillo color de camaleón. Ahora, ese diablillo se mete en un pomito chiquito y transparente para que se vea para adentro y se le echa vino seco. Luego se guarda en el bolsillo del pantalón, bien seguro para que no se escape, porque esos diablillos tienen tendencia de peleadores. Se mueven mucho por la colita.

Así se consigue lo que uno quiere. Claro que no se puede pedir todo de un tirón. La cosa es poco a poco. Llega un tiempo del año en que hay que botar al diablillo, por que es bastante lo que se ha caminado con él. Entonces se lleva al río por la noche y se tira allí, para que la corriente lo arrastre. Eso sí, el brujo que lo lleva no puede pasar por ese río otra vez. Si veinte veces pasa por allí, veinte veces le cae todo lo *judío* arriba.

Lo bueno es hacer todos esos trabajos los martes, por lo menos yo lo he oído así. Cuando un brujo quería trabajar palo, palo monte judío sobre todo, escogía los martes. Los martes son los días del diablo, por eso son tan malos. Parece que el diablo tenía que escoger un día y se decidió por ése. A la verdad que cada vez que yo oigo esa palabra, martes, así nada más: martes, me erizo por dentro, siento al demonio en persona. Si iban a preparar una cazuela bruja de mayombe judío, la hacían los martes. Así tenía más fuerza. Se preparaba con carne de res y huesos de cristianos, de las canillas principalmente. Las canillas son buenas para los judíos. Luego se llevaba a un bibijagüero y se enterraba allí. Siempre los martes.

Se dejaba en el bibijagüero dos o tres semanas. Un día, martes también, se iba a desenterrar. Ahí era donde venía el juramento, que consistía en decirle a la prenda: «Yo voy a hacer daño y a cumplir contigo». Ese juramento se hacía a las doce de la noche, que es la hora del diablo. Y lo que el congo iba a jurar era un contrato con él. Complicidad con *endo cui.* El juramento no era juego ni cuento de camino. Había que cumplirlo bien, si no hasta se podía morir uno de repente.

Mucha de la gente que muere así, sin enfermedad, es por castigo del diablo. Después de hecho el juramento y desenterrada la prenda, se llevaba para la casa, se colocaba en un rincón y se le agregaban los otros ingredientes para alimentarla. Se le daba pimienta de guinea, ajo y *ají guaguao*, la cabeza de un muerto y una canilla tapada con un paño negro. Ese preparado del paño se ponía arriba de la cazuela y... ¡cuidado el que mirara para ahí! La cazuela, así como llegaba a la casa no servía, pero cuando se le ponían todos los agregados, era de espantar al demonio. No había trabajo que no se pudiera hacer. También es verdad que la cazuela tenía su piedra de rayo y su piedra de aura, que eran nada menos que judías.

Yo vide hacer cada trabajos con eso, terribles. Mataban gente, descarrilaban trenes, incendiaban casas, bueno... Cuando uno oye hablar de judío tiene que quedarse sereno y respetar. El respeto es el que abre las puertas de todo. Así era como yo me enteraba de las cosas.

Ese congo de Timbirito me ha contado a mí mucho de sus encuentros con el diablo. El lo veía cada vez que quería. Yo pienso que el diablo es un aprovechado. Para hacer daño y darse gusto obedece cuando lo llaman. Pero que no lo llamen para el bien, porque ¡*ñinga*! El que quiera tener complot con él que coja un martillo y un clavo grande. A mí me lo contó ese viejo. Un martillo y un clavo nada más. Se busca una ceiba joven en los descampados y en el tronco se dan tres martillazos fuertes para que él los oiga. En cuanto el muy cabrón oye ese llamado, viene. Viene tranquilito y guapetón, como el que no quiere las cosas. A veces se viste elegante como los hombres. Nunca llega de diablo. No le conviene meter miedo, porque él es raro y temible al natural. Llega rojo todo como una llama de candela, con la boca llena de fuego y una lanza en forma de garabato en una mano. Cuando llega se le puede hablar normalmente. Lo que sí hay que tener mucha claridad en lo que se dice, porque para él los años son días. Y si uno le promete que va a hacer un trabajo en tres años, él entiende tres días. El que no sabe ese truco está jodido. Yo lo sabía desde la esclavitud. El diablo calcula en forma distinta al hombre. Tiene otro proceso. Nadie se presta más para el daño que él. No sé ahora cómo estará, pero, antes ayudaba en todo. Proporcionaba todas las facilidades para las evoluciones.

Cualquiera podía acudir a él. Muchas gentes de la aristocracia lo llamaron. Condes y marqueses. De los mismos que decían que eran cristianos y masones. A mí nunca me han metido cuento con eso de la masonería. Donde hay secreto, hay brujo. Y nadie más celoso que los masones. Yo no dudo que ellos tengan al diablo en su religión. Aunque lo del diablo de los congos lo aprendieron por los mismos viejos. Los viejos enseñaban a los congos y a los marqueses a trabajar palo. Y les decían: «Mientras tú trabaja mayombe, tú son dueño e tierra». Los condes cumplían todo lo que los viejos les mandaban. Cogían tierra de los cuatro vientos, la envolvían en paja de maíz, y hacían cuatro montoncitos a los que amarraban cuatro patas de gallinas y los llevaban a la cazuela, para que se les cumpliera el pedido. Si había algo flojo, *asobaban* la cazuela con escoba amarga y a caminar se ha dicho. Aquellas cazuelas cogían una fuerza tremenda. Se reviraban y repudiaban a cualquiera.

Los congos usaban muchos tipos de *resguardos*. Un palito cualquiera o un hueso podían ser buenos resguardos. Yo usé algunos estando en Ariosa. En la guerra también. Llevaba uno que me ayudó mucho. Nunca me mataron gracias a él. Me hirieron una sola vez, pero fue un muslo y se me curó con alcanfor.

El mejor de los resguardos se hace con piedrecitas. Rellenando una bolsita de cuero fino y colgándosela del pescuezo basta. Lo que no se puede hacer es abandonarla. Hay que darle comida a cada rato como a las personas. La comida la ordena el dueño de la prenda, que es quien pone los resguardos. Casi siempre se alimentan de ajo y ají guaguao. También se les da a beber aguardiente y se les riega un dedito de pimienta de guinea. El día que un negro brujo de esos entregaba un resguardo, lo miraba a uno bien fijo y le chocaba las manos, apretaba bien fuerte y las tenía un rato juntas. Primero uno le daba la seguridad al brujo de que no iba a hacer nada malo con él. Y de que de sexo nada, mientras uno lo llevara arriba.

El resguardo es una cosa delicada. El hombre que se acuesta con una mujer y lleva un resguardo, falla. Seguro que se le tuerce el camino largo tiempo. Además, las mujeres aflojan. Después que uno hace sus cosas con ellas, si quiere volver a ponerse el resguardo, tiene que restregarse las manos con ceniza para apaciguar y espantar lo malo. Si no, el mismo resguardo se rebela.

Las mujeres lo aflojan todo, desde los resguardos hasta las cazuelas. Por eso tienen sus formas especiales. Ellas pueden ser brujas, pero no trabajan con cazuelas de hombres. Hay algunas que son más fuertes que los hombres, más bravas. Yo creo que ellas sirven más bien para las limpiezas y los refrescamientos. Nadie mejor que las mujeres para refrescar.

No me acuerdo cuál fue la que me enseñó lo de las latas de carbón, pero sé que fue hace muchos años. Es lo mejor para refrescar. Nada más hay que coger una lata grande de aceite de carbón y llenarla de yerbas y agua. Esas yerbas se consiguen en los jardines de la gente rica. Se mezclan todas, la albahaca, el apasote, el piñón de botija, se meten en la lata con un poco de azúcar y sal. Se lleva la lata a una esquina de la casa, y a los dos días sé riega por todos los rincones. El agua coge peste, pero refresca. Al poquito rato se siente un fresco suave que entra por las puertas. Es lo más saludable que hay. También si uno quiere se puede bañar con él. Quitándole la sal y el azúcar.

El baño debe de ser a las doce del día, con el sol en medio de la tierra. Siete baños son suficientes para una buena limpieza. Antes los baños eran todos los días. Los congos se valían de ellos para la salud. Eso se llamaba *ganguleria,* aunque la gente diga que es espiritual.

El espíritu está por debajo del brujo. Yo no prestaba mucha atención a lo que me decían los viejos. Nada más que hacía unas cuantas cosas para no quedar mal. Los hombres como yo no somos muy dados a la brujería, porque no tenemos paciencia. A mí me gustaba mucho la maldad y la jodedera. Y así no se puede llevar la brujería. Me gustaba ver y oir para desengañarme. Lo que me fastidiaba era que me dijeran que tal o cual cosa no se podía tocar o conocer. Entonces yo *me ponía subido* y quería salirme con las mías.

Una vez hice una maldad que cada vez que me acuerdo me da grima. ¡Grima! Resulta ser que voy a casa de un santero y empiezo a registrar los cuartos, los escaparates, las soperas, todo. El santero me ve y no me dice nada. Pero a mí se me ocurre ir al último cuarto, donde estaban los tambores y los paños blancos y las soperas y los santos. Me meto allí y empiezo a darme banquete de plátanos indios, panetelitas dulces de almíbar y cocos. Cuando salgo ya medio atarugado, me topo con el santero y él me mira y me pregunta: ¿Qué pasa? Yo no le digo nada y él sigue su camino. Pero que parece que eso mismo me hizo temblar las piernas y temblaba y temblaba como si estuviera enfermo. Bueno, me tuve que ir. La verdad es que esa tembladera no tenía razón, porque el santero no me pilló. Si me hubiera pillado, entonces sí. La comida que se le pone a los santos no se debe ni tocar. Pero cuando el hambre reclama, uno no es dueño de sí. Entre los congos eso no se podía hacer ni por juego. Un congo lo veía a uno metiendo el jocico en lugares impropios y ¡cuidado!, que hasta daño le podían echar. Los congos tienen más fortaleza que los lucumíses. Son de cabeza más dura. Trabajan material. Todo es a base de palos, huesos, sangre, árboles del monte...

Para los congos el árbol es una cosa muy grande. De él nace todo y en él se da todo. Es como un dios. Se le da de comer, habla, pide, se le cuida.

Ellos lo consiguen todo de la naturaleza, del árbol, que es el alma de ella. La brujería tiene que auxiliarse de los árboles y de las yerbas. En todos los ingenios de la esclavitud había sus matorrales y sus buenos árboles. Por eso a los congos les era propicio el lugar. En Ariosa había grandes terrenos sembrados y lugares silvestres también. En esos montes crecía y crece la brujería. Salen espíritus y luces y todas las cosas que yo he visto desfilar y que luego, con el tiempo, se me han ido borrando de la cabeza. Cosas que uno mismo no sabe cómo son, ni qué forma tienen. Los misterios, vamos a decir. Lo más emocionante que he visto en mi vida ha sido lo de los congos viejos que se volvían animales, fieras. Eso sí era del carajo para arriba.

Eran malos que a uno se le erizaban los pelos y la carne se le ponía de gallina. A veces decían que fulano, el palero, había salido del batey como un gato o un perro. O si no, alguna negra salía halándose los pelos y gritando: «¡Ay, auxilio, vi un perro del tamaño de mi marido!» Ese perro podía ser el marido en persona, en persona de perro quiero decir.

Yo creo que no vide esas cosas, pero nada más que los cuentos asustaban bastante. Y en aquellos años la gente se pasaba la vida haciendo cuentos. De pensar que un perro con rabia podía ser un congo viejo rebencúo, a cualquiera se le paraban los pelos. Después eso no se ha vuelto a ver en Cuba. Al menos nadie me ha salido con un cuento parecido. Yo a veces pienso que eso pasaba, porque aquí había muchos africanos. Hoy no hay africanos en Cuba. Y la gente nueva tiene mucha indiferencia hacia la religión. Se creen que la vida es nada más que comer y dormir y mucho guano. Por eso estamos así. Guerras para acá y guerras para allá. Hay que tener una fe. Creer en algo. Si no, estamos jodidos.

El que no cree en milagros hoy, cree mañana. Pruebas hay todos los días. Unas más fuertes que otras, pero todas con razón. Hay momentos en que uno se siente muy seguro y pierde los estribos. Se llega a la desilusión. En esos momentos no hay santos, ni milagros, ni Juan de los palotes. Pero ellos pasan enseguida. El hombre vive y piensa en la serenidad.

Cuando uno está por dentro como caliente, como con una hinchazón, trabado que no puede ni mover la quijada, entonces no piensa, y si lo hace piensa para mal. El peligro nace ahí. En esos momentos. Para aliviar esa situación hay que tener agua fresca en algún lugar. Con dos o tres semanas basta para refrescar la atmósfera. El agua fresca es muy buena. Para mí que descongestiona el cerebro. Llega arriba sin gastarse. Si el agua se gasta mucho, hay que volver a llenar el vaso. Eso quiere decir que está trabajando bien. En los barracones cada cual tenía su vasito de agua y su yerba colgada de la pared. Nadie era bobo. Yo nunca vide la casa de los dueños por dentro, pero seguro que ellos tendrían lo suyo también. Bastante creyentes eran.

El catolicismo siempre cae en el espiritismo. Eso hay que darlo por sentado. Un católico solo no existe. Los ricos de antes eran católicos pero hacían caso, de vez en cuando, a la brujería.

Los mayorales, ni hablar. Tenían el ojo puesto a los negros brujos del miedo que les tenían. Sabían bien que si los brujos querían, les podían partir el carapacho. Hoy mismo hay mucha gente que le dice a uno: «Yo soy católico y apostólico». ¡Qué va!, ese cuento que se lo hagan a otro. Aquí el que más y el que menos tiene su librito, su regla. Nadie es puro así de llano. Todas las religiones se han mezclado aquí en esta tierra. El africano trajo la suya, la más fuerte, y el español también trajo la suya, pero no tan fuerte. Hay que respetarlas todas. Esa es mi política.

Las religiones africanas tienen más entretenimientos. Uno baila, canta, se divierte, pelea. Están el maní, el palo, la *quimbumbia*. Cuando caía el sol se iban formando los grupos. Quimbumbia y brujo eran lo mismo. Casi siempre se usaban tambores. Los mismos tambores de *jugar palo*. La quimbumbia era asunto de congo. Aquí hubo un tiempo en que dos grupos de negros brujos se dividían para porfiar. Sembraban, bien sembradita, una mata de plátanos en el centro del círculo. Entonces cada brujo le iba haciendo trabajos a la mata para que pariera. Pasaban frente a ella y se arrodillaban, le sonaban tres o cuatro buches de aguardiente, y el que lograra que la mata pariera, ahí mismo ganaba. El ganador se comía la fruta y si quería, la repartía a su gente.

Al rato, para festejar, tocaban tambores y bailaban. Al que ganaba le decían *gallo* y lo embullaban a bailar. Cada vez que esos grupos iban a jugar quimbumbia se buscaban una mano de palitos de manigua cargados y los amarraban. Hacían mazos de cinco palitos para fortalecerse. Para mí que esta quimbumbia no era tan judía. Había otra que sí era de rompe y raja. Se hacía pelando bien a un gallo vivo y luego matándolo. Las plumas todas y las tripas las llevaban a una cazuela grande para cocinarlas. Ya cocinado el gallo se lo empezaban a comer, y los huesos, que iban quedando los echaban en la cazuela: huesos de gallo, que son los más fuertes.

Ese gallo, comido así como estaba, le tomaba el pelo a cualquier cristiano, porque después que uno se lo había tragado, salía de la cazuela, cuando menos la gente se lo figuraba. Salía en medio de la bulla y el ronquido de los cueros. Parecía que estaba enterito. Y lo estaba.

Esa quimbumbia se jugaba los martes, porque era judía de las verdaderas.

Con ese gallo se hacían veinte *maromas* de brujos. Ya él se había lucido de valentón.

La quimbumbia se jugaba casi siempre de noche. Por aquella época, claro está, no había electricidad y los ingenios se alumbraban con *chismosas* de hojalata. La quimbumbia se alumbraba con eso. Aunque en brujo la oscuridad es buena. Los espíritus no bajan con luz. Son como los albinos, que nada más ven por la noche.

La primera electricidad que existió fue en Santa Clara. En la misma ciudad. La mandó Marta Abreu, la benefactora. En Ariosa no hubo hasta... bueno, no me acuerdo, pero fue después del Caracas. Caracas estrenó la luz eléctrica en esa zona de Lajas. En el ingenio más grande de Cuba. Los dueños eran millonarios, por eso compraron la luz. Eran de apellido Terry. Yo no sé bien donde me paraba, si arriba de un árbol o de un techo. Lo que sí veía las luces del Caracas que eran una maravilla.

En el barracón me alumbraba con chismosas. Se las compraba al bodeguero. Me imagino que a los otros dueños les daría un poco de envidia ver ese alumbramiento y ese lujo en Caracas. Es que los Terry eran aristocráticos; muy finos. Iban a Francia todos los años. El mayor de ellos era don Tomás Terry. Lo vide mucho de lejos. No era hombre de época por las ideas que tenía. Emilio, el hijo, era por el estilo. Pero don Tomás era mejor. Todo el personal lo quería. Y él se amistaba con los negros congos para su bien. Los ayudaba bastante. Llegó a dar dinero para que los congos fundaran sus *cabildos*. Los trataba bien. La gente decía que él se divertía con los negros viéndolos bailar. En Cruces hubo un cabildo congo fundado por don Tomás y otro en Lajas. Yo vide los dos y estuve en ellos. Iba a buscar mujeres. ¡Había cada negra prieta! Ahora, al que se ponía con groserías lo sacaban de allí como a un volador. Esas negras se daban su lugar.

Me acuerdo que en el cabildo de Cruces había una fotografía de don Tomás Terry. ¡Ojalá todos los hombres de la esclavitud hubieran sido como él y como sus hijos! Yo no sé de ellos. Deben de estar en Francia. Paseando y viviendo como millonarios que son.

El Ariosa era distinto. No era miserable ni mucho menos, pero no tenía el lujo y la presencia del Caracas. La casa de calderas se alumbraba con faroles grandes de gas. Y el batey en tiempo de zafra, porque en tiempo muerto era la boca de un lobo. A la entrada del barracón siempre dejaban una lucecita encendida. Así era todo. Por eso los hombres se aburrían y nada más que pensaban en las mujeres. La obsesión mía era ésa y es. Yo sigo pensando que las mujeres son lo más grande de la vida. Cuando a mí se me metía una mujer por los ojos había que verme. Era el mismo diablo. Mansito, pero preparado. Las mujeres de Remedios tenían fama de mancebitas lindas. Para verlas lo mejor era ir a las fiestas que se daban allí todos los años. Yo creo que fui como a diez fiestas de esas. ¡Allí vide cada una! Eran fiestas religiosas y divertidas. Las dos cosas. Más religiosas, pero...

Todas las fiestas tienen su relajo, si no no son fiestas. La seriedad en Remedios era por la religión. Aquél fue siempre un pueblo muy religioso y muy serio. Todas las casas tenían altares con santos hembras y machos. Unos feos, otros lindos. Los remedianos tenían fama de celebrar buenas fiestas en Semana Santa. Se pasaban casi toda la semana con luto, muy serios y callados. No le permitían a nadie entrar al pueblo a caballo y mucho menos ponerse espuelas. Esos días eran de recogimiento. Los trenes no podían pitar. El silencio era de cementerio. El jueves santo no se podía barrer la casa, porque los blancos decían que era lo mismo que barrerle la cabeza a Dios. No se podía uno bañar con agua, porque el agua se volvía sangre. ¡Para qué contar! No se mataban aves ni puercos. Era el luto de ellos, de los blancos, y decían que el que comía era un pecador y merecía castigo. Pero yo vide a muchos campesinos en esos días atracarse de lechón.

Había muchas costumbres raras en Remedios, sobre todo en los días de Semana Santa. Bastante bien las conozco, porque a mí ese pueblo me gustaba y yo iba a cada rato. Ariosa quedaba pegadito. Recuerdo una costumbre que obligaba a los primos que se fueran a casar a pagarle una dispensa a Dios. Estaban mal vistos los casamientos entre primos y por eso tenían que pagar, para no caer en pecado. Claro que ese sistema le convenía a los curas. Ahí ellos tenían otra cogioca más. También es verdad que eso de casarse entre primos es feo, pero cuando a un hombre se le mete una mujer por los sesos, no hay Dios que lo contenga.

Una cosa que se hacía en secreto, por esos días, era jugar al dominó o a las barajas. El sábado de gloria, en que se rompía el recogimiento, la gente jugaba en los portales. Los demás días tenían que esconderse. El juego de bolos estaba tan prohibido que ni en secreto lo jugaban. En Remedios había dos o tres boleras grandes sin uso. Con las barajas se hacían rifas. Se compraban dos barajas. El que las compraba las firmaba con su nombre o con alguna seña en el respaldo. El mismo que tiraba la baraja recogía el dinero. Luego se cogía un cuchillo y se levantaba la baraja. Si era el número siete el que salía se llevaba la rifa. Eso del número siete nadie lo sabe, es un misterio, como el número tres, y el ocho, que es muerto. En silencio y en secreto se jugaba mejor. Era más llamativa la cosa. Los blancos ricos no jugaban nada de esto en Semana Santa. Ellos decían que había duelo total por la desaparición de Cristo. A mi entender, engañaban a la gente. Yo sé que Cristo es el hijo de Dios. Que vino de la naturaleza. Pero eso de la muerte está oscuro todavía. La verdad es que a él lo he visto muchas veces, pero nunca lo conocí.

Durante la Semana Santa se trabajaba en todos los ingenios. Menos el lunes, el martes y el sábado de gloria, después de las diez de la mañana, en que había resucitado Cristo. Los dueños esperaban a que Cristo subiera para volver a aprovecharlo a uno. Había quien después de la Resurrección se ponía a jugar brujería. En Remedios empezaba la fiesta a esa hora. El sábado de gloria era el día más divertido del año. Se quemaba el *Júa* como en las fiestas de San Juan. El Júa era un muñeco grande y gordón que se colgaba de una soga y se le daban palos. Luego se achicharraba bien hasta hacerlo desaparecer, porque él demostraba el daño y la traición a Jesús. El Júa venía siendo el enemigo de los cristianos, el que había asesinado a Cristo, como decían los blancos. Asesinó a Cristo en una guerra de judíos. Todo eso me lo contaron una vez, pero a mí se me ha pasado un poco por los años. Lo que yo sé es que él existió y que fue el asesino de Cristo. Eso sí es positivo.

Yo no he visto pueblo más dado a las costumbres que Remedios. Allí todo era por manía. ¡Y cuidado con incumplirlas! Durante las fiestas el deber de todos los remedianos era ir y divertirse. Y en Semana Santa el que no andaba creyendo en religión se le tomaba por traidor. O decían que tenía a Satanás detrás. Naturalmente que eso era entre ellos, porque a los campesinos no les decían nada. Ellos iban a la iglesia y a las fiestas por lo que tenían de religiosos. Los padres obligaban a los hijos a rezar y cantar en las misas, por las calles. Uno veía a esos hombres grandes cantando y daba risa de lo mal que lo hacían. Se paseaban las calles vestidos de negro, con velas y libritos en las manos. Las mujeres ricas llevaban en la cabeza unas cosas grandes como un peine que se abría y tenía agujeritos. Lucían bonitas.

Antes los hijos no se gobernaban por sí solos. A los veinticinco años era que podían decidir algunas cosas. Los padres los tenían bajo su dominio. Por esa razón todos iban a la iglesia y rezaban. Así pasaba igual en el pueblo que en los campos.

Había un tipo allí que no era muy amigo de la iglesia. Se llamaba Juan Celorio. El reunía a los niños cada vez que había fiestas y también los domingos, para entretenerse. Era asturiano y dueño de un bodegón. Cuando los niños llegaban, él para atraérselos, les daba dulces, café con leche, pan con mantequilla y todo lo que ellos pedían. Les hablaba mucho. Les decía que en vez de ir a la iglesia había que divertirse. Los padres se enfurecían con él y no lo podían ver ni pintado. Celorio tenía buen carácter. Los chiquitos cada vez que tenían una salida se iban a verlo para comer. Entonces Celorio les daba latas, hierro, picos, rejas y tarros de buey. Unos tarros que se picaban en la punta y se rellenaban de cera en la boca. Se adornaban con plumas de guanajo y se sonaban por la misma punta. El escándalo era *vigueta*. Así, con aquellos ruidos y aquellas latas, Celorio organizaba procesiones por el pueblo. Mucha gente se unió a ellas. El que más y el que menos buscaba divertirse. Ahí empezaron las famosas parrandas.

Otras cosas extrañas vide yo en Remedios en los Sábados de Gloria. Aquel pueblo parecía un infierno. Nunca se llenaba tanto. Lo mismo se topaba uno con un rico que con un pobre. Y todo el mundo en las calles. Las esquinas eran colmenas.

La villa se ponía alegre, llena de luces, de farolas, de serpentinas... Llegaban los titiriteros y se ponían a bailar y hacer maromas. Yo los recuerdo perfectamente. Los había gitanos, españoles y cubanos. Los cubanos eran muy malos. No tenían la gracia y la rareza de los gitanos. Daban funciones en los parques o en los salones. En los parques era más difícil ver lo que hacían, porque la gente formaba un cordón alrededor de ellos y los tapaba completamente. Cantaban y chillaban. Los niños se volvían locos de contento con esos muñecones que caminaban y se movían por hilitos. También había titiriteros que se disfrazaban de muñecos, con trajes de cuadros de colores o de rayas y sombreros. Saltaban, daban caramelos, comían todo lo que la gente les daba y se acostaban en el suelo para que les pusieran en el estómago una piedra grande que uno del público le partía en dos con una mandarria. Al momento el titiritero se paraba y saludaba. Todo el mundo pensaba que había dejado las costillas en el suelo, pero de eso nada. Ellos sabían mucho para el engaño. Llevaban tantos años con sus trucos que no se les iba una.

Hacían todo lo habido y por haber. Así se ganaban la vida. Eran simpáticos y se llevaban bien con todo el mundo. Un titiritero comía papeles encendidos y al poco los sacaba de la boca convertidos en cintas de colores. La candela se volvía cintas. La gente gritaba de asombro porque aquello no tenía explicación.

140

Los gitanos eran los mejores. Eran cómicos y serios. Cuando salían de sus funciones eran serios y no les gustaba mucho la confianza. Usaban los trajes más *guarabeados*. Los hombres eran un poco sucios. Se ponían chalecos y pañuelos amarrados en la cabeza, cubriéndoles la frente. Pañuelos rojos sobre todo. Las mujeres se vestían con sayones largos y coloreados. En los brazos se adornaban con manillas y los dedos se los cubrían todos con sortijas. El pelo lo tenían negro como azabache, estirado y largo hasta la cintura. Les brillaba al natural. Los gitanos venían de su país. Yo la verdad es que no me acuerdo de qué país, pero era un país lejano. Hablaban español, eso sí. No tenían casas. Vivían con el sistema de los toldos de campaña. Con cuatro palos y una tela gruesa hacían su cobija. Total, ellos dormían en el suelo, como quiera.

En Remedios acampaban en solares vacíos o en el portalón de alguna casa desolada. Allí estaban pocos días. Nada más que iban a las fiestas. La vida de ellos era así; corredera y tragos. Cuando les gustaba algún lugar querían quedarse y metían a toda la comitiva con niños y animales. A veces tenía que venir la policía del gobierno a botarlos. Entonces no formaban escándalos. Cargaban sus palos y sus cajones y a coger rumbos nuevos.

Eran despreocupados hasta para la comida. Bueno, cocinaban en el suelo. A mí me simpatizaron siempre. Como los brujos, adivinaban la suerte. La adivinaban con barajas. Las mujeres salían a trabajar en la adivinación y casi obligaban a la gente a oírlas. Y convencían, porque sabían mucho de tanto caminar mundo. Los gitanos tenían monos, perritos y pájaros. A los monos los enseñaban a bailar y a estirar la mano para pedir *quilos*. Eran monos flacos, faltos de comida. Los perritos también bailaban y se paraban en dos patas.

Yo creo que todavía hay gitanos de esos en Cuba. De caminantes que son puede que anden perdidos por ahí. Por los pueblos chiquitos.[7]

Otro entretenimiento de Semana Santa eran las rifas. Los sábados de gloria, claro está. Rifaban pañuelos, colonias, pomadas de rosas y máquinas de coser. Pañuelos baratos y colonias apestosas. Yo nunca me puse colonias para no enfriarme. Hay gente que no tiene el espíritu para eso. Las máquinas de coser no se las sacaba nadie. Eran la carnada para los tontos. La gente iba y ponían los números, pero nunca yo vide a nadie

7 Little has been studied about the Roma (*gitano*) heritage in Cuba. For a linguistic study see Valdés Bernal (1994). From this study, one can see that a few words that Esteban uses, such as *chivo* (for traitor), *chusma*, *jaranear* and *jaranero*, are of Caló (*gitano*) origin. These words most likely entered Cuba with Andalusian settlers.

llevarse una máquina. Y pasaban horas detrás de aquellos mostradores esperando la máquina. Me entraba soberbia ver cómo se iban gastándolo todo y sin la máquina. Si por mí hubiera sido habría acabado con esas rifas. Sobre todo por los infelices que luego andaban pidiendo el agua por señas.

Eso se daba en Semana Santa y lo propiciaban los mismos religiosos. Todavía hoy las rifas son un engaño de siete suelas. Y entre los curas más. Yo fui hace más de diez años a una iglesia que queda cerca de Arroyo Apolo, donde hay muchas matas de *mamoncillos*, con todos los veteranos en caravana. Nos habían invitado los curas. Uno de ellos, el que dio la misa, quiso atraerse a los veteranos con palabras de Cristo y otras boberías. Llegó a decir en la misma misa que a los comunistas había que exterminarlos y que eran hijos del demonio. Me encabroné, porque por aquellos años yo estaba afiliado al Partido Socialista Popular; por las formas que tenía y por las ideas. Sobre todo por las ideas, que eran para bienestar de los obreros. Más nunca volví a esa iglesia. Y al cura no lo vide tampoco. Pero me enteré por un viejo chismoso, que se hacía pasar por amigo mío, que el cura había dado una fiesta en el patio de la iglesia y había hecho una rifa grande. Empezó a rifar cosas y todos los veteranos se sacaron pañuelitos, mediecitas y mucha porquería más. Yo me di cuenta que era el mismo truco de antes. Que las rifas seguían siendo engañosas. Por eso no creo en ninguna.

En las fiestas del sábado de gloria hacían ensaladillas. Ya las ensaladillas no existen, pero antes en todas las fiestas las había. Eran divertidas, porque en ellas se veían las cosas más extrañas del mundo. Las ensaladillas se hacían con unos palos cualquiera y un toldo con un decorado al fondo. Muchas veces sin decorado. Llegaban unos cómicos y se ponían a bobear. Hacían de monos para el público. Cantaban décimas, improvisaban cuentos, chistes, bromas, adivinanzas... De todo lo que se les ocurría. Era otro engaño para recoger dinero. Cuando se hacían en un salón, la gente tenía que pagar. Entraban negros y blancos por igual.

A los cubanos siempre les ha gustado hacer ensaladillas en los teatros. En La Habana yo fui a un teatro una vez y me parece que vide hacer ensaladillas. Era una comedia entre un negro y un blanco. Nada, que para mí eso es hacer el papel de mono. Como quiera que lo vistan...

Remedios era el pueblo de las costumbres de los tiempos viejos. Allí se daban las cosas que tenían más años. Llamaba la atención ver cómo en los días del Corpus, salían los negros de los cabildos vestidos de diablitos con colorines pintorreteados en la ropa, capuchones que les cubrían la cara y cascabeles en la cintura. Esos diablitos eran como espantapájaros para los niños. Salían de los cabildos congos. No eran ñáñigos, porque en Remedios no hubo ñañiguismo. Eran diablitos de la conguería.

Los negros en Remedios tenían dos sociedades; la de recreo, al doblar de la calle Brigadier González, y la de cuestiones religiosas. En las dos se reunían. Para la Semana Santa ensayaba en la de recreo una orquesta compuesta toda de negros. Esa orquesta tocaba danzones y danzas. Antes la danza gustaba mucho. Los negros la bailaban en la calle o en los salones.

No siempre la orquesta tocaba para negros. A veces iba a la «Tertulia», que era la sociedad de blancos, y amenizaba allí un poco. Los músicos recibían buena paga. Yo nunca bailé con orquestas. El placer mío eran las mujeres. Desde que llegaba al pueblo me ponía a olfatear y sacaba el *jamo*. Agarraba buena presa siempre.

La gente de Remedios, como la de otros pueblos de esa zona, desayunaba temprano. A eso de las seis y media o las siete ya estaba lista la mesa. El desayuno de los pobres era todavía más temprano, y si eran de las afueras, mucho más. Los pobres desayunaban café y boniato. Un boniato riquísimo que se asaba con ceniza a la manera africana. El almuerzo se hacía de once a once y media. En las buenas mesas no faltaban el pan, la mantequilla y el vino. No había la costumbre de tomar agua. Todo era vino, vino y vino.

La cena era a las ocho y media o a las nueve. Era la comida más fuerte del día. La gente del pueblo se acostaba a las doce, pero en el campo, a las ocho o a las nueve todo el mundo ya estaba rendido. Los señoritos se podían levantar a las diez de la mañana; ahora, un campesino que tenía que pegar el lomo en la tierra para comer, se levantaba cuando más a las cinco de la mañana. El café se tomaba mucho. En las casas de familia no faltaban unas cafeteras grandes y prietas, de hierro, donde se hacía el café. Se tostaba en las casas. El que no tenía molino tenía pilón. El café de pilón es el que más me gusta a mí porque no pierde el aroma. A lo mejor es idea mía, pero una idea es una idea. Antes de que extendieran los cafetales, el café se vendía en boticas. Luego se vendía en la calle por particulares. Se convirtió en un gran negocio. Yo conocí gente que se dedicaba a eso nada más. Vendían café sin tostar.

Allí gustaba mucho el agualoja. Lo vendían en la calle los agualojeros. Se hacía de agua, azúcar, miel y canela. Sabía a gloria. ¡Yo me daba cada *jartadas*! Las lucumisas viejas lo hacían riquísimo. No escatimaban nada. También lo vendían las conguitas.

143

Cada vez que un africano hacía algo, lo hacía bien. Traía la receta de su tierra, del Africa. De lo que a mí más me gustaba, lo mejor eran las frituritas, que ya no vienen por vagancia. Por vagancia y por chapucería. La gente hoy no tiene gusto para hacer eso. Hacen unas comidas sin sal y sin manteca, que no valen un comino. Pero antes había que ver el cuidado que ponían, sobre todo las negras viejas, para hacer chucherías. Las frituritas se vendían en la calle, en mesas de madera o en platones grandes que se llevaban en una canasta sobre la cabeza. Uno llamaba a una lucumisa y le decía: «Ma'Petrona, Ma'Dominga, venga acá». Ellas venían vestiditas todas de olán de hilo o de rusia, muy limpias y contestaban: «El medio, hijito». Uno le daba un medio o dos y a comer frituritas de yuca, de carita, de malanga, buñuelos... veinte cosas más. A todas esas comidas les decían *granjerías*. Los días de fiesta salían más vendedores a la calle que en otros días. Pero si uno quería comer chucherías siempre había una vieja en un rincón con su anafe listo.

El ponche lo vendían igual en la calle que en la bodega. Más bien en la calle, los días de fiesta. Aquel ponche no se me podía olvidar. No tenía naranja, ni ron, ni nada de eso. Era a base de yemas de huevo puras, azúcar y aguardiente. Con eso bastaba. Se hacía metiendo todos los ingredientes en un depósito de barro o en una lata grande y batiéndolos con una maza de madera en forma de piña, a la que se le daba vueltas con las manos. Se removía bien y se tomaba. No se le podía echar claras, porque lo cortaba. A medio vendían el vaso. ¡Baratísimo! En los bautizos era muy corriente el ponche. Entre los africanos no faltaba nunca. Lo tomaban para alegrarse aunque la verdad es que los bautizos antiguamente eran alegres de por sí. Se convertían en una fiesta.

Los africanos tenían la costumbre de bautizar a sus hijos a los cuarenta días de nacidos. Entonces para ese día empezaban a recoger medios y más medios. Los niños tenían sus padrinos. Y los padrinos eran los llamados a llevar medios al bautizo. Cambiaban centenes, doblones y demás monedas por medios. Cuando ya estaban abarrotados de medios, empezaban a hacer unas cinticas de colores verde y punzó para amarrárselas a los medios, que tenían un huequito en el centro. Las muchachas eran las dadas a ensartar esas cintas. El día del bautizo llegaban muy risueños los padrinos con los bolsillos repletos de medios. Bolsillos parados como los de las esquifaciones. Después del bautizo y la comelata se iban al patio y allí llamaban a los niños, que salían corriendo como diablos. Cuando estaban todos reunidos, los padrinos tiraban los medios al aire y los pillines se volvían locos tratando de agarrarlos. Esa era otra gracia de aquella época. En Remedios se daba siempre. De ahí viene la frase: «Padrino, el medio». Yo fui padrino dos veces, pero no me acuerdo de mis ahijados. Todo se revuelve en la vida y unos se acuerdan de unos y otros no se acuerdan de otros. Así es. Contra eso no se puede hacer nada. La ingratitud existe y existe.

Lo más lindo que hay es ver a los hombres hermanados. Eso se ve más en el campo que en la ciudad. En la ciudad, en todos los pueblos, hay mucha gente mala; ricos de estos que se creen los dueños del mundo y no ayudan a nadie. En el campo es distinto. Ahí todo el personal tiene que vivir unido, como en familia. Tiene que haber alegría.

Yo me acuerdo que en toda esa zona de Las Villas la gente se ayudaba mucho. Los vecinos se tenían como hermanos. Si alguno necesitaba ayuda, porque se quería mudar o sembrar algo, o enterrar a algún pariente, enseguida la tenía. Las casas de guano, por ejemplo, se podían levantar en dos días. Y eso era posible por la ayuda de la gente que se reunía en una junta para trabajar. Le cobijaban la casa a cualquiera en pocas horas. O si no, lo ayudaban a arar. Cada vecino traía su yunta de buey. Rompían la tierra; primero al hilo y luego cruzada. Lo hacían así para que la tierra diera frutos. A esa operación la llamaban cruzar la tierra. Durante la siembra era igual. La hacían en unión para que el pobre hombre no se cansara y dejara el trabajo. Ellos sabían que un hombre solo al principio no podía hacerlo todo. Los sitieros le daban al nuevo vecino sus semillas. Después que él las sembraba, tenía que limpiar la tierra. Entonces todos le daban un aporque a las plantas para que tuvieran tierras suaves y parieran. La tierra apretada no pare, tiene que estar bien movida.

Todo eso se hacía en señal de amistad. Había una gracia, un chiste, que era un poco pesado pero a la gente le gustaba. Un campesino se ponía a vigilar los cochinos de otro campesino. Cuando aquello, los cochinos de cada cual se marcaban por las orejas con las letras de cada dueño. Si conseguía agarrar un cochino que no fuera de él, lo mataba y hacía una fiesta a la que invitaba a todos los amigos. Se reunían allí y al cochino asadito lo colocaban arriba de la mesa en una bandeja de cedro con la boca llena de flores silvestres. La cabeza con la oreja marcada se ponía bien a la vista y ahí era donde el verdadero dueño del cochino se daba cuenta del papelazo que estaba haciendo, porque todos se estaban comiendo una propiedad suya. Eso era una gracia. Gracia y no ponerse bravo. El más contento tenía que ser el dueño del animal.

Yo veo eso como una prueba de amistad. Hoy la gente no se comporta así. Hay la envidia y los celos por dondequiera. Por eso a mí me gusta la vida solitaria. No me meto con nadie, para que no se metan conmigo. Ni siquiera antes yo andaba en grupos. Siempre fui solo. De vez en cuando una canchanchana me seguía y yo la dejaba. Pero eso de pegarse a la gente para toda la vida no va conmigo. Con lo viejo que estoy no tengo enemigos, y los que tengo ni me hablan para no buscarse pleito.

En Remedios conocí a mucha gente. Por los años noventa me pasaba la vida allá. Iba del Ariosa al pueblo en un santiamén. Conozco las costumbres y sé cómo es la gente. Sé cómo piensan cuando lo miran a uno. La gente rica era la que menos se ocupaba de los chismes. Con sus músicas y sus bailes se pasaban las horas. Y con su dinero, claro.

Las mujeres del pueblo tocaban el arpa en las salas con las ventanas abiertas para que todo el mundo las viera. Después vino el piano. Pero primero fue el arpa. A mí no me llamaba la atención. Y mirar para adentro siempre me pareció tan feo, aunque ésa era la costumbre. Yo prefería los tambores y las danzas. Las danzas de las orquestas del pueblo. Pero como para los negros el arpa era nueva, ellos se paraban en la ventana y miraban y miraban. El caso es que todas esas familias, los Rojas, los Manuelillo, los Carrillo, vivían en lo suyo. Negocios, fiestas y dinero. Del chisme no se ocupaban. El pobre sí, porque vivía más unido y más... El rico es rico y el pobre es pobre.

Eso es todo lo que vide en Remedios. Muchos negros no iban a las fiestas porque eran viejos y algunos de nación. Yo me daba mis vueltas por aquello de las mancebas. ¡Qué negras! Después cogía el camino, por la noche, con el machete al cinto para que no me saliera nadie al paso. No habiendo lluvia llegaba enseguida al ingenio. Si me cansaba en el viaje me acostaba a dormir en los cañaverales hasta que las piernas me dieran para seguir la marcha. La caña es fresca por la madrugada.

Al otro día me daba por contar. Me reunía con algunos viejos y les contaba. Prefería a los viejos que a los jóvenes. Siempre los prefería. Los prefiero todavía. Quizás porque yo soy viejo ahora... pero no, antes, de, joven, pensé igual. Ellos escuchaban mis cuentos. Lo que yo les contaba de las fiestas, del Júa, de los refrescos y de los juegos. Me preguntaban si había respeto y seriedad. A mí me daba vergüenza contarles algunos detalles sucios y me callaba. Claro que me quedaba la espina. ¡Quién iba a decirle a un viejo de esos que uno era capaz de acostarse con una negra en un manigual! Igual que lo oían a uno, había que oírlos a ellos. Atenderlos con los ojos y con las orejas. Eran sinceros para todo. Tranquilamente le decían a uno: «Niño, tú no oye, tú no atiende ná, tú coge camino pa' tu casa, ¡anda!» Había que irse hecho un bólido. Aunque ellos eran de poco hablar, les gustaba que cuando hablaban los atendieran. Hablaban de la tierra, de Africa, de animales y de aparecidos. No andaban en chismes ni jaranas. Castigaban duro al que les dijera una mentira. Para andar con esos viejos había que estar callado y respetuoso. Un muchacho se burlaba de un viejo y el viejo le decía: «Oye, asegún va bajando el sol, así vas a ir caminando tú». Y efectivamente, porque la forma era la misma de la esclavitud: coger la tierra de las pisadas del muchacho y echarla dentro de una cazuela hasta puesto el sol. Así aniquilaban los viejos a los burlones. Es que los viejos eran candela. Sabían hasta dónde el jején puso el huevo. Llegaba uno a ellos y le resolvían todo, sin dinero o con él. Pero cuando uno les pedía algo, ellos decían: «Tú ve y haz este trabajo y cuando tú tiene problema resuelto, tú viene a mí y paga». Había que cumplir con esas palabras. Siempre, antes de la consulta, se pagaban veinticinco centavos; eso era aparte del otro pago, que era mayor. El que no cumplía con el pago mayor, que era secreto, estaba oscuro, le daban una puñalada a los pocos días, le tarreaban la mujer o lo botaban del trabajo... siempre algo le ocurría. Con el viejo de nación no se podía jugar. Hoy mismo, un palero joven no es tan exigente; sin embargo, un negro viejo tiene otra forma, es más serio, más recto, más...

El entretenimiento de los viejos era hacer cuentos. Chistes y cuentos. Hacían cuentos a todas horas, por la mañana, por la noche, siempre tenían el ánimo de contar sus cosas. Eran tantos cuentos que muchas veces no se podía prestar atención porque mareaban. Yo fingía que estaba oyendo, pero la verdad era que todo el final lo tenía revuelto en la cabeza. En los barracones del Ariosa había dos o tres negros de nación. Creo que una vieja *gambá* que había allí era *arará*. No estoy seguro. Los otros eran congos. Existía una diferencia entre los africanos y los criollos. Los africanos entre sí se entendían; los criollos casi nunca entendían bien a los africanos. Los oían cantar, pero no los entendían bien. Me defendía con ellos, porque la vida entera me la pasaba oyéndolos. A mí me querían bien.

Todavía hoy me acuerdo de Ma'Lucía. A Ma'Lucía la conocí fuera de Ariosa. No sé si fue en Remedios o en Zulueta. El caso fue que más tarde la vide mucho en Santa Clara. Yo iba allí a fiestar. Con Ma'Lucía tuve buenas relaciones. Era negra prieta un poco alta, de nación lucumí. Desde que la conocí se dedicaba a la santería. Tenía una porción de ahijados, de lo nombrada que era. Ma'Lucía era cuentera. Se pasaba las horas tocándose las ropas, el vestido blanco, la blusa de hilo, por presumida. Se hacía un peinado alto que ya hoy no se ve. Ella decía que era africano. Hacía dulces y amalá. Los vendía en las calles o en los bateyes de los ingenios cuando salía de corrida. Hizo dinero.

Llegó a comprar una casa en Santa Clara, ya después de la guerra. Esa casa ella se la dejó a una hija. Un día me llamó y me dijo: «Tú son bueno y callao, yo va a contá a ti un cosa». Entonces empezó a contar historias africanas de todas clases. A mí casi todas las historias y los cuentos me fallan en la memoria, los confundo, los revuelvo y entonces no sé si estoy hablando de un elefante o de una jicotea. Esa es la edad. Aunque hay otras cosas que yo recuerdo bien. Pero la edad es la edad y no está puesta así, por gusto.

El asunto es que Ma'Lucía me contaba de unas costumbres africanas que yo nunca vide aquí. Ella tampoco, por eso se acordaba. Me decía que en su tierra los hombres nada más que *tumbaban montes* y las mujeres tenían que limpiar la tierra y recoger los frutos. Luego, hacer las comidas para la familia, que era muy grande. Decía que su familia era más grande que una dotación. Para mí que eso era porque en Africa las mujeres parían y paren todos los años. Yo una vez vide una fotografía de Africa y todas las negras tenían las barrigas infladas y las tetas al aire. La verdad es que en Cuba yo no recuerdo ese espectáculo. Al menos en los barracones era todo lo contrario. Las mujeres se vestían con muchas telas y se cubrían los pechos. Bueno, para no perderme con los cuentos de Ma'Lucía... lo del elefante era muy extraño; cuando ella veía un circo de esos que andaban por los pueblos, de los que traían elefantes y monos, decía: «Usté, criollo, no sabe qué son lifiante, ese que usté vé aquí en circo no son lifiante, lifiante mi tierra son mayore, come corazón de palma». Yo no podía contestar. Eso sí, me parecía muy exagerado, porque luego decía que los elefantes de su tierra pesaban veinte o veinticinco arrobas. Los muchachos nos teníamos que echar a reir, aunque ocultándonos de ella. Muchas cosas eran mentiras, pero otras eran verdades. Bueno, yo digo que eran mentiras para mí porque ellos lo creían de verdad. ¡Dios libre decirle a una vieja de esas que estaba equivocada!

Me acuerdo del cuento de la jicotea y el sapo. Ella me lo contó como cien veces. La jicotea y el sapo tenían una porfía grande hacía muchos años. El sapo había engañado a la jicotea, porque le tenía miedo. El creía que ella era más fuerte que él. Cogió una jicarita de comida y se la puso a la jicotea. Casi se la dio en la boca. La jicotea, al ver la jicarita llena de comida, se dio gusto. Comió hasta atragantarse. Ni por la mente le pasó que el sapo se la había puesto a propósito. Ella era muy ingenua. De ingenua a cada rato la engañaban. Luego, así, llena y satisfecha, se puso a andar por el monte buscando al sapo que estaba metido en una cueva. Cuando el sapo la vio le dijo de lejos: «Aquí estoy, jicotea, mira». Ella miraba y no veía nada. Se cansó y se fue. Llegó a un montoncito de paja en un seco y se acostó a reposar. El sapo la agarró dormida y la envenenó orinándola. Ella se durmió de lo llena que estaba, por eso él la pudo agarrar. Esa lección sirve para que la gente no sea avariciosa. Hay que dudar de todo el mundo. Un enemigo de uno puede brindarle comida para engañarlo.

Ma'Lucía me seguía contando del sapo. Les tenía miedo, porque decía que tenían un veneno mortal en las venas; que no tenían sangre sino veneno. La prueba está que cuando uno le hace daño a un sapo, le da un palo o le tira una piedra, él se venga siguiendo el rastro de la persona y envenenándola por la boca o por la nariz. Sobre todo por la boca porque casi todo el mundo duerme con ella abierta.

Del tigre me decía que era un animal traicionero, que saltaba árboles por arriba para agarrar a los hombres por el cuello y matarlos. A las mujeres las cogía por ahí mismo y las forzaba a hacer cosas sucias, como los orangutanes. Aunque ésos eran peores. Según Ma'Lucía, un orangután conocía a las mujeres por el olor y las cogía mansitas. Ellas no podían ni moverse. Todos los monos son así. Es como si fueran hombres con rabo y mudos.

Cualquier mono se enamora de una mujer. Aquí en Cuba se han dado casos. Yo he oído hablar de dos mujeres de familias ricas que se dormían con los monos. Dos hermanas. Una de ellas era de Santa Clara. La otra no me acuerdo, pero tenía cría, porque yo vide esos monos como señores en su casa. Fue un día que yo llegué allí no sé ni para qué y me encontré a un mono sentado en una silla del portal. Por eso todo lo que los viejos contaban no era mentira, lo que pasaba era que nosotros no habíamos visto las cosas y dudábamos o nos reíamos. Hoy, después de tanto tiempo, yo me pongo a pensar y la verdad es que llego a la conclusión de que el africano era un sabio de todas las materias. Hay quien dice que ellos eran del monte y se comportaban como los animales. No falta un blanquito por ahí que lo diga. Yo pienso distinto porque los conocí. De brutos no tenían un pelo. A mí me enseñaron muchas cosas sin saber leer ni escribir. Las costumbres, que son más importantes que los conocimientos. Ser educado, no meterse en problemas ajenos, hablar bajito, respetar, ser religioso, buen trabajador... todo eso me lo inculcaron a mí los africanos. Me decían: «a la hoja de malanga le cae el agua pero no se moja». Eso para que yo no me buscara pleitos. Que oyera y estuviera enterado para poderme defender, pero que no hablara demasiado. El que habla demasiado, se enreda. ¡A cuántas gentes no tienen que caerles bichos en la boca por la lengua tan suelta!

Por suerte yo he sido callado. A mí no se me olvidan las palabras de los viejos. ¡Qué va! Y cuando oigo a la gente hablando de bozalones, me echo a reír. ¡Vamos a ver quién es el bozalón! Les decían bozales por decirles algo, y por que hablaban de acuerdo con la lengua de su país. Hablaban distinto, eso era todo. Yo no los tenía en ese sentido, como bozales; al contrario, yo los respetaba. Un negro congo o lucumí sabía más de medicina que un médico. ¡Que el médico chino! Sabían hasta cuando una persona iba a morirse. Esa palabra, bozales, era incorrecta. Ya no se oye, porque poco a poco los negros de nación se han ido muriendo. Si queda alguno por ahí tiene que estar más viejo que yo veinte veces.

Cada negro tenía un físico distinto, los labios o las narices. Unos eran más prietos que otros; más coloraúzcos, como los mandingas, o más anaranjados, como los musongo. De lejos uno sabía a qué nación pertenecían. Los congos, por ejemplo, eran bajitos. Se daba el caso de un congo alto, pero era muy raro. El verdadero congo era bajito y trabado. Las congas igual. Los lucumises eran de todos los tamaños. Algunos más o menos como los mandingas, que eran los más grandes. Yo no me explico esa rareza. Es un misterio del que no cabe duda. ¡¿Cómo puede haber unos hombres más grandes que otros?! Dios sabe.

Los lucumises eran muy trabajadores, dispuestos para todas las tareas. Hasta en la guerra hicieron un buen papel. En la guerra de Carlos Manuel.[14] Aún sin estar preparados para pelear se metían en las columnas y echaban candela. Luego, cuando esa guerra se acabó volvieron a trabajar, a seguir esclavos. Por eso se desilusionaron con la otra guerra. Pero pelearon igual. Nunca yo vide a un lucumí echando para atrás. Ni lo oí haciendo alardes de guerrero. Otros negros de nación sí decían que la guerra era una tontería y que no resolvía nada. Tenían ese pensamiento por el fracaso. Ahora, la mayoría de ellos echó cuerpo en la Independencia. Yo mismo sé que la guerra mata la confianza de los hombres, se mueren hermanos al lado de uno y nada se puede hacer. Luego vienen los acaparadores y se cogen los puestos. De todos modos hay que fajarse. El que se acobarda y se arrincona pierde la dignidad para siempre. Estos viejos, con el recuerdo de la otra guerra fresco todavía, se metieron en la Independencia. El papel que hicieron fue bueno, pero sin entusiasmo. Ellos sí habían perdido el entusiasmo. No la fuerza ni la valentía, pero sí el entusiasmo. Además, ¡quién carajo sabía a qué se iba a lanzar!

La empresa era grande, pero oscura. Había mucha oscuridad con la nueva guerra. Se oían rumores de que España caía, de que Cuba sería libre. La pura verdad es que quien se lanzó fue a jugarse la última carta de la baraja. Por eso no se puede hacer una crítica de los viejos, diciendo que no eran osados. Sí lo eran. Es más, tenían mayor responsabilidad que los criollos. Todo el mundo sabe que hubo criollos guerrilleros. De los viejos no se puede sacar uno guerrillero. Esa es la mejor prueba. Pelearon con Carlos Manuel y dieron una lección de patriotismo. No voy a decir que sabían a lo que iban. Pero iban. Cuando hay *jodienda* no se puede andar vacilando. Lo que hay que hacer es echar cuerpo. El cubano de aquellos años, del sesenta y ocho, no estaba preparado para pelear. Tenía la fuerza por dentro, pero las manos limpias. Era más difícil hallar un arma que una aguja en un pajar. Así y todo cogían una puya de jiquí y hacían un puñal. Con ese puñal se enfrentaban al enemigo que traía armas de fuego. Lo preparaban por lo general los congos. Al que se lo clavaban lo dejaban tieso. A mi entender, esos puñales tenían brujería en la punta. Los españoles veían a un negro con un puñal de esos y salían echando un pie. También usaron piabodes en la Guerra de los Diez Años.

En la Independencia había armas. La lucha se hacía más de igual a igual. Por eso la ganamos. Había piabodes, *bulldoz*, grueso calibre, tercerolas y algunos rifles. El grueso calibre casi no se usó, porque escaseaba el parque. El rifle Winchester se usó mucho y el trabuco, que era el arma preferida de los bandoleros. Los negros de nación, igual que los criollos, aprendieron a usar esas armas y se fajaron como demonios. En esta guerra tenían más recursos.

Siempre que veo a un negro de estos en mi memoria, lo veo fajado. Ellos no decían a qué iban ni por qué. Nada más se fajaban. Para defender la vida, claro. Cuando alguien les preguntaba que cómo se sentían, ellos decían: «Cuba Libre, yo son un liberá». Ninguno quería seguir bajo el dominio español. A eso se le puede poner el cuño. Ninguno quería verse en los grillos otra vez, ni comiendo tasajo, ni cortando caña por la madrugada. Por eso se iban a la guerra. Tampoco querían quedarse solos, porque un negro viejo que no iba a la guerra se quedaba solo y no podía vivir. Se morían de tristes. Los negros de nación eran simpáticos, jaraneros, cuenteros, pillos. ¡Qué iban a empotrarse en un barracón sin hablar con nadie!

Muchos entraron en las filas siguiendo a los hijos o a los nietos. Se pusieron al servicio de los jefes, que eran criollos. Hacían guardias por las madrugadas, velaban, cocinaban, lavaban, limpiaban las armas... todos esos menesteres eran propios de ellos. Ningún bozal fue jefe en la guerra. En el escuadrón mío, que mandaba Higinio Esquerra,[8] había tres o cuatro

8 Higinio Esquerra y Rodríguez, brigadier general in the Liberation Army.

de ellos. Uno se llamaba Jaime; otro Santiago; eran congos los dos. No me acuerdo cuál de ellos, creo que el más viejo, se pasaba la vida diciendo: «Nosotro no tené miedo guerra. Nosotro acostumbrá. En Africa nosotro guerreá mucho». Es que allá ellos tenían bandos peleadores, se disputaban los hombres y las mujeres. Se mataban en esas disputas. Era como pasaba aquí en los barrios de La Habana, en Jesús María, en Belén, en Manglar... los ñáñigos se fajaban entre sí con la costumbre africana. Es lo mismo. Y no se puede decir que eran salvajes, porque esa costumbre la seguían los blancos también, los que se metieron en el ñañiguismo.

Si los africanos no sabían a qué iban, los cubanos tampoco. La mayoría, quiero decir. Lo que sucedía era que aquí había una revolución, un *salpafuera* en el que todo el mundo cayó. Hasta el más pinto. La gente decía: «¡Cuba Libre! ¡Abajo España!» luego decían: «¡Viva el Rey!» ¡Qué sé yo! Aquello era el infierno. El resultado no se veía por ninguna parte. Quedaba un solo camino, y era la guerra.

Al principio nadie explicó la revolución. Uno se metía de porque sí. Yo mismo no sabía del porvenir. Lo único que decía era: «¡Cuba Libre!» Los jefes fueron reuniendo a la gente y explicándoles. Hablaban en todos los batallones. Primero decían que estaban orgullosos de ser cubanos y que el *Grito de Baire*[15] nos había unido. Arengaban a la pelea y estaban seguritos de que íbamos a ganar. ¡La cantidad de gente que se creyó que aquello era una fiesta para coger honores! Cuando vieron el fuego echaron para atrás. Traicionaron a sus hermanos. Muchos hubo de esa calaña. Otros se mantuvieron firmes. Una cosa que levantó el ánimo fue el discurso de Maceo en Mal Tiempo. Dijo: «Ahora se trata de una guerra para la independencia. Cada soldado cuando termine cobrará treinta pesos».

Nada más que yo le oí eso. Y fue verdad. Terminó la guerra y a mí me pagaron novecientos ochenta y dos pesos. Todo lo que Maceo decía era cierto. El fue el hombre más grande de la guerra. El dijo que nadie saldría perdiendo, porque íbamos a quedar libres. Y así mismito fue. Al menos yo no perdí. Ni la salud. Tengo un balazo en un muslo y todavía me levanto el pantalón y veo la mancha negra. Pero hubo quien ni siquiera salió del monte. Del caballo para abajo de la tierra.

A decir verdad la guerra hacía falta. Los muertos se iban a morir igual y sin provecho para nadie. Yo quedé vivo de casualidad. Parece que mi misión no se había cumplido. Los dioses lo mandan a uno con cada tareas... Hoy mismo yo cuento todo esto y me echo a reír. Pero estando en la candela viendo muertos por donde quiera y balas y cañones y el cojón bendito... Entonces era distinto. Hacía falta la guerra. No era justo que tantos puestos y tantos privilegios fueran a caer en manos de los españoles nada más. No era justo que las mujeres para trabajar tuvieran que ser hijas de los españoles. Nada de eso era justo. No se veía un negro abogado, porque decían que los negros nada más que servían para el monte. No se veía un maestro negro. Todo era para los blancos españoles. Los mismos criollos blancos eran tirados a un lado. Eso lo vide yo. Un sereno, que lo único que hacía era pasear, decir la hora y apagar la mecha, tenía que ser español. Y así era todo. No había libertad. Por eso hacía falta la guerra. Yo me di cuenta cuando ellos, los jefes, explicaron el asunto. La razón por la cual había que fajarse.

La Guerra de Independencia

La vida durante la guerra

Vine a incorporarme a la guerra el tres o el cuatro de diciembre del noventa y cinco. Yo estaba en el Ariosa, al tanto de todo. Un día me reuní con unos amigos, los más viejos del ingenio, y les dije que teníamos que levantar cabeza. Entonces nos metimos de lleno. La primera persona que se fue conmigo se llamaba Juan Fábregas. Era un negro guapo y decidido. Casi no tuve que decirle nada; él adivinó lo que yo me traía entre manos. Salimos del ingenio por la tarde y caminamos hasta encontrar una sitiería. Allí enganchamos los primeros caballos que había amarrados a unos árboles. No era un robo. Me ocupé de decirle al sitiero en buena forma: «Hágame el favor de darme la montura completa». Me la dio y enseguida se la puse al caballo, con frenos y espuelas. Iba completo para la pelea. No llevaba armas de fuego, pero un machete era bastante para aquellos tiempos. Caminé duro por los caminos reales. Casi llegué a Camagüey.

Cuando me topé con las fuerzas mambisas, grité y ellos me vieron, a mí y a los que iban conmigo. Desde ese día me di por entero a la guerra. De primera y pata me sentí raro, medio confundido. Es verdad que todo aquello era un arroz con mango. Ni siquiera estaban formados los escuadrones ni designados los jefes. Aún en esas condiciones había disciplina. Nunca faltaba un soldadito zoquetón o un bandolero. Pero eso era igual en la del sesenta y ocho, según me lo han contado.

Desde Camagüey vine bajando con las columnas hasta Las Villas. Ya era distinto, porque cuando se está unido hay más confianza. Fui haciendo amigos para no caer mal y llegando ya a Mal Tiempo todos me conocían, por lo menos de vista. Fábregas era más equilibrado que yo en eso de las amistades. El se ganó las tropas enseguida. Hacía cuentos y jodía como carajo. Antes de Mal Tiempo no hubo ningún combate en el que yo estuviera enredado.

Mal Tiempo fue lo primero que yo vide de la guerra. Fue el primer infierno que sufrieron los españoles en Cuba. Mucho antes de llegar allí los jefes sabían lo que iba a ocurrir. Lo avisaron para prepararnos. Y así fue. Cuando llegamos todo el mundo llevaba el diablo en el cuerpo. El machete era el arma de batalla. Los jefes nos decían: «Al llegar, levanten machete».

Maceo dirigió el combate. Desde el principio estuvo a la cabeza. Máximo Gómez lo ayudó y entre los dos llevaron la pelea. Máximo Gómez era valiente, pero reservado. Tenía mucha maraña en la cabeza. Yo nunca confié en él. La prueba la dio más tarde. La prueba de que no era fiel a Cuba. Pero eso es harina de otro costal.

En Mal Tiempo había que estar unidos y al que remangara la camisa y levantara el machete había que seguirlo. Mal Tiempo duró como media hora, pero fue bastante para causar más muertes que un infierno. Allí cayeron más españoles que en todas las batallas que se libraron después. El combate empezó por la mañana. Era un campo liso y abierto: un llano. El que estaba acostumbrado a pelear en lomas pasó sus apuros allí. Mal Tiempo era un caserío chiquito. Estaba rodeado de arroyos, cañas y muchas cercas de piña. Cuando la matanza terminó nosotros veíamos las cabecitas de los españoles por *tongas*, en las cercas de piña. Pocas cosas he visto yo más impresionantes.

Al llegar a Mal Tiempo Maceo ordenó que la pelea fuera de frente. Así se hizo. Los españoles desde que nos vieron se enfriaron de pies a cabeza. Pensaban que nosotros veníamos armados con tercerolas y máuseres. Pero ¡ñinga!, lo que nosotros hacíamos era que cogíamos palos de guayabo del monte y nos los poníamos debajo del brazo para asustar. Se volvieron locos cuando nos vieron y se tiraron a luchar. No duró aquella avanzada ni un tilín. Al instante nosotros estábamos cortando cabezas. Pero cortando de verdad. Los españoles eran unos cagados para los machetes. A los rifles no le tenían miedo, pero a los machetes sí. Yo levantaba el machete de lejos y decía: «Ahora, cabrón, que te la arranco». Entonces el soldadito almido- nado daba la vuelta rápido y se iba volando. Como yo no tenía instinto criminal, lo dejaba. Así y todo tuve que cortar cabezas. Mucho más cuando veía que uno de ellos se abalanzaba hacia mí. Algunos eran valientes, los menos, a esos sí había que eliminarlos. Por lo regular yo le pedía el máuser; les decía: «Arriba». Ellos me contestaban: «Oye pillín, si por el máuser lo haces, cógelo». Me tiraron muchos máuseres en mis narices. Es que eran muy cobardes.

Otros lo hacían porque eran inocentes, muy jovencitos. Los quintos, por ejemplo, tenían dieciseis o diecicocho años. Venían fresquitos de España; nunca habían peleado. Cuando se veían enfrascados en un lío, eran capaces de quitarse hasta los pantalones. Yo me topé con muchos en Mal Tiempo. Después también, porque ellos pelearon en la guerra. Para mí que sobraban en España y por eso los mandaron.

El batallón más bravo que peleó en Mal Tiempo fue el de Canarias. Iba bien equipado. Cayeron casi todos, por el mismo miedo al machete. No obedecían a su jefe. Se tiraban al suelo espantados, dejaban los fusiles y hasta se escondían detrás de los árboles. Con todo y esa *blandunguería* fueron los que más echaron cuerpo. La técnica que usaron fue muy lista, pero una vez que nosotros se la destruíamos, estaban fracasados. Ellos hacían lo que le llaman cuadros. Los cuadros eran estrategias que se formaban en bloques, para tirar desde unos hoyos que hacían en la tierra. Se hincaban ahí y formaban línea de bayonetas. En algunos casos les salieron bien; en otros, no.

Mal Tiempo fue la derrota de esa técnica. Los primeros momentos fueron difíciles. Luego, sin cuadros organizados, no les quedó más remedio que tirar por la libre. Les daban bayonetazos a los caballos nuestros y a los jinetes los fulminaban a tiros. Parecían locos. Estaban disparados. Aquello fue un revolico horroroso. El miedo fue el enemigo mayor.

A la verdad que los cubanos nos portamos bien. Yo mismo vide a muchos mambises que iban para arriba de las balas. Las balas eran algodones para nosotros. Lo importante era el ideal, las cosas que había que defender, como todo eso que hablaba Maceo, y hasta lo que decía Máximo Gómez, aunque nunca lo cumplió. Mal Tiempo *jamaqueó* a los cubanos. Les abrió el espíritu y la fuerza.

A mí en Mal Tiempo me quisieron matar. Fue un galleguito que me vio de lejos y me apuntó. Yo lo cogí por el cuello y le perdoné la vida. A los pocos minutos lo mataron a él. Lo que hice fue quitarle las municiones, el fusil y no recuerdo si la ropa. Creo que no, porque la ropa nuestra no estaba tan mala. Ese gallego me miró y me dijo: «Ustedes son salvajes». Luego echó a correr y lo liquidaron. Claro, se creían que nosotros éramos salvajes, porque ellos eran mansitos. Además, venían aquí a otra cosa verdaderamente. Se hacían la figuración de que la guerra era un juego. Por eso cuando la malanga se puso dura, empezaron a echar para atrás. Llegaron a pensar que nosotros éramos animales y no hombres. De ahí que nos llamaran mambises. Mambí quiere decir hijo de mono y de aura. Era una frase molesta, pero nosotros la usábamos para cortarles la cabeza. En Mal Tiempo se dieron cuenta de eso. Tanto fue así, que lo de mambí se convirtió en león. En Mal Tiempo mejor que en ningún lugar, quedó demostrado. Allí hubo de todo. Fue la matanza más grande de la guerra.

Pasó así porque estaba dicho ya. Hay cosas que no se pueden cambiar. El curso de la vida es muy complicado.

Mal Tiempo fue necesario para darles valor a los cubanos y a la vez para el fortalecimiento de la revolución. El que peleó salió convencido de que podía enfrentarse al enemigo. Maceo lo dijo muchas veces en el camino y en los llanos. Y es que Maceo estaba seguro de la victoria. Siempre daba esa idea. El no se viraba, ni se aflojaba. Era más duro que un guayacán. Si Maceo no hubiera peleado allí las cosas hubieran sido distintas. Nos hubiéramos despeñado.

Los españoles decían que él y su hermano José eran unos criminales. Eso es mentira. El no era partidario de las muertes. Mataba por el ideal, pero yo nunca le oí decir que había que arrancarle la cabeza a nadie. Otros hombres sí lo decían y lo hacían todos los días. También era verdad que la muerte era necesaria. Nadie puede ir a la guerra y cruzarse de brazos, porque hace el papel de maricón.

Maceo se portó como un hombre entero en Mal Tiempo. Iba al frente siempre. Llevaba un caballo moro más bravo que él mismo. Parecía que no tropezaba con nada. Después que rompió el fuego de los españoles, que estaban tirados en el suelo con las bayonetas preparadas, se acercó al escuadrón donde yo estaba y ahí fue donde lo vide mejor. Ya el fuego había bajado un poco. Se oían tiros todavía. Maceo era alto, gordo, de bigotes y muy hablador. Daba órdenes y luego era el primero que las cumplía. Yo no lo vide dar un planazo a ningún soldado. ¡Eso nunca!, ahora, a los coroneles que se portaban revirados, sí los cogía por el lomo a cada rato. El decía que los soldados no eran culpables de los errores.

Además de Maceo y Gómez, en Mal Tiempo hubo otros hombres muy guapos. Quintín Banderas era uno de ellos.[9] Ese era negrito como el carbón, pero con unos bríos que únicamente Maceo. Quintín había peleado en la otra guerra, la del sesenta y ocho. Tenía el espíritu para eso. A lo mejor le gustaba. Era un hombre resentido. A mí me han dicho que iba a las guerras para luchar por los negros. Bueno, también la gente habla mucha bobería. De todas maneras, los negros eran sus simpatizadores. Yo mismo le tenía mucha confianza. Lo vide varias veces. En Mal Tiempo y después. A Mal Tiempo él llegó tarde y con poca gente. Había tenido otros encuentros antes. Allí se apareció con dos mulas, dos mujeres y unos cuantos hombres,

---

9 'Quintín Bandera, the son of free black parents, joined the rebellion of 1868 as a private and was among the last to surrender, as a general, in 1878' (Ferrer 1999: 57).

muy pocos. Los españoles le tenían pánico. Ni en pintura lo querían ver. Siempre les jugaba la cabeza, se les escapaba, se burlaba de ellos y al que *cogía frío*, se la cortaba. Le preguntaba: «¿Cómo te llamas?» y cuando el español iba a decir su nombre, él le contestaba: «Te *ñamabas*», y le cortaba la cabeza.

Banderas tuvo un problema con Máximo Gómez en Mal Tiempo. Yo no sé por qué fue, pero toda la tropa lo notó. Luego tuvieron otro, y otro y otro más.[10] Una vez Banderas iba de regreso de Mal Tiempo con sus hombres y tuvo que fajarse en el combate de la Olayita, cerca de Rodrigo. Perdió casi toda su tropa. Hizo resistencia grande, pero salió mal. La culpa fue de una cañada que había allí; los caballos se atascaron, se formó un fanguero inmenso, un... Entonces lo acusaron, no sé quien, de que él iba a presentarse al español. La acusación era por el odio que había contra los negros. Es verdad que había negros guerrilleros y apapipios, pero de Banderas nada más que se podían dar virtudes. Máximo Gómez lo quiso poner a las órdenes de Carrillo, que no era general ni la cabeza de un guanajo. Después se aclaró el asunto por Maceo, y Quintín volvió a pelear con su tropa.

Yo he visto hombres valientes, pero como él únicamente Maceo. Pues en la República pasó muchos trabajos. Nunca le dieron una buena oportunidad. El busto que le hicieron estuvo tirado en los muelles muchos años. El busto de un patriota. Por eso la gente está revuelta todavía; por la falta de respeto hacia los verdaderos libertadores. Al que le cuenten lo del busto cree que es mentira. Y sin embargo, yo lo vide. Ahora no sé dónde estará. A lo mejor lo volvieron a poner.

Yo le haría diez bustos a Banderas. Uno por cada batalla. Se los merece. En Mal Tiempo él liquidó un *cojonal* de canarios. Yo creo que a la mitad de los españoles aquellos los tumbó Banderas. ¡Y cayeron!, ¡cientos cayeron! Todo el campo estaba lleno de cadáveres, los trillos, las guardarrayas, todo. Los mismos mambises cargaron carretas y carretones de muertos para Cruces. Yo no hice esa operación. Bastante tenía yo con los que caían a mi lado, desguasados.

10 Of these disputes, the culmination was Bandera's lengthy court-martial beginning in August 1897. Ferrer (1999: 173–180) analyses the racial prejudice of the accusations brought against Bandera. 'For Máximo Gómez, who ordered the court-martial, Bandera's open sexual relationship in a rebel camp was a transgression of military honor' (175). The trial, argues Ferrer, was the start of the process of 'whitening' the future leaders of the peacetime republic.

Después del triunfo nos preparamos para seguir andando. Ahora con más ánimo que nunca. Me acuerdo que íbamos todavía desorganizados y a cada rato había discusiones y fajatiñas por el mando. No se habían formado los escuadrones. En realidad, nosotros estábamos a la deriva. Lo que abundaba era el espíritu de pelea, pero la organización estaba por el suelo. Maceo y Gómez eran los mayores cabecillas. Ahora, no podían embridar a todo el personal. Me hago idea de que el primer lugar a donde llegamos fue al ingenio Las Nieves. Allí cogimos armas y pertrechos. Seguimos enseguida a *envuelta* de La Olayita, donde peleamos junto con Banderas en el atascadero aquel del arroyo. Las fuerzas enemigas se apostaron cómodamente allí. Los caballos nuestros se resbalaron, los muy cabrones, y se formó la de San Quintín.

Luego llegamos a El Mamey. Se peleó duro en El Mamey. Hubo unión en esa pelea. Los españoles nos hicieron algunas resistencias, pero les dimos otra lección. Seguimos a otros ingenios. Ya nos estábamos acercando a Matanzas. Todavía sin jefes fijos. Pasamos por los ingenios España y Hatuey. Nos llevamos un montón de armas. Por esos días Máximo Gómez y Cayito Alvarez empezaron a nombrar jefes y a formar escuadrones ambulantes. Fue un momento duro. No todo el mundo caía feliz con su jefe. Nadie se reviró por decencia, pero tocaron cada jefecitos de *rompe y raja*. A mí me cayó Tajó, el asaltador, el bandolero. Yo lo conocía bien. Me molestó acatar sus órdenes, pero no quedaba otro camino. En la guerra no se pueden pensar las cosas, hay que obedecerlas. Tajó clavó su campamento en la loma El Capitolio; una lomita boba que está entre Jicotea, San Diego y Esperanza. El campamento estaba al lado de una ceiba. Detrás había una manigua y abajo un placer limpio, peinado. No era muy grande, aunque sí lo tenían bien provisto. Llegar allí era difícil. Había que subir la loma entre yerbazales y matojos. Nunca un español se atrevió. Tajó se pasaba las horas diciendo: «Aquí no hay un español que suba», «¡Que no lo hay, coño!» Daba vueltas y se reía. Tenía más malicia que todos nosotros juntos. Quería hacer del campamento un frente. Nosotros, claro está, conocíamos todas las salidas y las entradas al campamento. Una de las entradas más fáciles era por la puerta de la finca. Una puerta que le decían «La Puerta Colorada». Por ahí entrábamos nosotros y también los amigos y las amigas de Tajó.

Tajó hizo mucha amistad con un tal Daniel Fuentes. Ese hombre era cubano y fingía ser el práctico de los españoles en la zona. Eran viejos amigos del tiempo de la paz. A mí el tipo nunca me gustó. Yo me pasaba la vida diciéndoselo a Juan Fábregas, el del Ariosa que se alzó conmigo. Juan era muy sereno y nunca me contestó. Pero yo seguía en la duda. Primero pensé que Tajó se quería entregar. Luego me di cuenta que no, que lo que pasaba era que el Daniel ése le contaba a Tajó todas las piruetas de los españoles. Esa era la razón por la cual nunca nos descubrieron, ni nos hicieron fuego.

Cada vez que una guerrilla o una columna enemiga iba a pasar, Daniel avisaba. A mí no me gustaba él, porque ese tipo de hombre se vira para cualquier lado. Hoy está conmigo y mañana con el otro. A Tajó no me atrevía a decírselo nunca, porque yo le conocía bien la cabeza. Siempre me parecía que estaba planeando algo malo. Los ojos de él me lo decían todo. Cuando yo veía a la vigía que se iba de su puesto y que nadie hablaba, ya yo sabía que Daniel Fuentes se había soltado la lengua. Tajó mismo daba la orden de quitar la vigía. Toda la tropa esperaba en silencio; y de lejos veíamos pasar a los españoles, almidonados, en sus caballos moros. De todas maneras era difícil que nos vieran. El campamento nuestro estaba limpio, ni basuras había siquiera. Todo el mundo dormía en el suelo. Otros soldados se hacían sus campamentos con ranchos de yerba de guinea y yaguas.

Tajó tenía otros confidentes. Entre ellos estaba Felipe el Sol, que luego fue confidente de Cayito Alvarez y quizás de alguien más. Yo repudio a esos hombres. Son como muñecos que no tienen cabeza. Pues Felipe el Sol nos salvó la vida varias veces. Así y todo yo no confiaba en él. Su entretenimiento era pasearse por la tropa y hacer alardes de bribón. Nadie le hacía caso. Y yo ni lo miraba. También me pasaba los días diciéndole a Fábregas que ése era un cabrón.

Mientras yo estuve con Tajó no hubo bajas. Entré y había unos cuarenta hombres. Cuando salí eran el mismo número. Los escuadrones ambulantes no eran muy cargados, por eso se llamaban ambulantes. Además no tenían un puesto fijo. Todo el personal allí era muy avispado. Probablemente como no teníamos disciplina militar, ni conocimientos de guerra, hacíamos tantos disparates. Llegábamos a escaparnos todas las noches, unos dos o tres hombres, a veces hasta con el consentimiento del capitán, de Tajó. Y nos íbamos a las fincas más cercanas, donde robábamos cochinos grandes de tres o cuatro arrobas. La finca de los Madrazos era la más grande y la mejor, porque tenía una cría especial de cochinos. Salíamos tarde, allá a las diez de la noche. Ibamos a caballo y a caballo cogíamos los cochinos, que eran bastante jíbaros. Andaban sueltos. No los tenían para cebar. Les caíamos atrás al primero que veíamos. Para nosotros eso era un juego, y desde arriba del caballo, después que lo habíamos cansado, le dábamos un machetazo fuerte en una pata. La pata volaba y el cochino no podía seguir corriendo. Nos tirábamos rapidísimos y lo agarrábamos por el cuello. Lo malo de eso era que el cochino sangraba y chillaba mucho.

Por estos chillidos nos hicieron una emboscada una vez. No nos cogieron, pero el susto fue grande. A la otra noche nos lanzamos de porque sí al mismo lugar. Ibamos más de cuatro. Nadie nos vio, o al menos se hicieron los engañados. Seguimos yendo y robábamos cada vez más. Nunca volvimos a oir un disparo. Yo creo que nos tenían miedo. Veían que todos los días iba gente distinta, y en grupo y nos cogían miedo.

Estuve con Tajó unos meses. Un día no pude más y me fui. Ya lo que él se traía era demasiado. Los trucos y las patrañas eran diarias. Robaba bueyes, ganado, vendía yuntas a cualquiera, bueno... un desastre. Tajó era un cuatrero con traje de libertador. Muchos hubo así.

Ese día a que yo me refiero, José, el hermano de él, que peleó en la guerra a su lado, vino un poco raro y me dijo: «Oye, Esteban, tú no vayas a decir nada, pero acompáñame a enterrar a Cañón». Cañón era un muchachito valiente del grupo. Me quedé frío cuando oí aquéllo. A lo único que atiné fue a preguntarle: «¡Pero cómo, ¿Cañón está muerto?» El me dijo que sí y que no preguntara tanto. Luego el muy sinvergüenza me quiso explicar: «Cañón robaba mucho, chico. Con un ladrón así no se puede...»

Me encontré a Cañón ahorcado. La soga era más gorda que mi brazo. Me pareció mentira todo. Yo sabía que Cañón era decente. A los dos días vine a darme cuenta que todo era por culpa de la mujer. Una mujer que venía a verse con Cañón todas las noches. Tajó se enamoró de ella, aún teniendo la suya, por eso mató a Cañón. Yo corrí a donde estaba Juan y le dije: «Juan, me voy de aquí. Cayito está en El Plátano a poca distancia». Juan no me falló. Siguió conmigo a El Plátano y allí nos pusimos a las órdenes de Cayito Alvarez. A los tres meses de mi huida me enteré que Tajó se había entregado a los españoles; a la autonomía esa que tanto nombraban. No se podía esperar de él otra cosa. Tan *vaina* fue, que después de presentarse se escapó y volvió a las filas libertadoras. ¡Qué trastadas, Dios mío!

Con esos hombres se hizo la guerra. Para mal o para bien, pero se hizo. Le quitaron los grados de capitán y él siguió igual; de soldado raso a capitán hay poca diferencia. Lo acusaron de muchos delitos. ¡Se le formó un *casquillo reformado lateral* del carajo!

Cuando terminó la guerra yo lo vide en El Sapo, una finquita donde él vivía, cerca de La Esperanza. Tendría entonces como sesenta años. Lo saludé y él me saludó y me mandó a pasar. No me recordó nada de mi huida. El sabía que yo le conocía la pata de donde cojeaba. Me regaló un gallo fino que yo vendí más tarde.

Tajó tiene que haberse muerto. El infierno es poco para él, pero ahí debe estar. Un hombre que se cogió las hijas tantas veces, que no las dejó ni tener marido. Y que hizo tanta basura en la guerra, tiene que estar en el infierno.

Con Cayito fue algo por el estilo. Al principio me di cuenta. Ahora, según pasaron los días, todo se fue aclarando. Cayito era coronel. Se puede decir que guapo y decidido. Todo su regimiento tenía una compostura recia. Una disciplina especial, muy dura por parte de Cayito. Yo pienso que no era la mejor. A veces la mano blanda hace falta. Esos hombres que se creen más poderosos que Dios, fallan; él falló. El primer día que yo llegué allí me di cuenta qué tipo era ese Cayito. *¡Carne de callo!* Un sargento llamado Félix se dirigió a él y le dijo: «Coronel, aquí hay hombres de Tajó, el fulastre». Cayito nos miró de arriba a abajo, nosotros firmamos el papel de inscripción y no dijimos nada. Yo, fijándome en todo. Oí que Cayito decía: «Ya yo me lo esperaba de Tajó. Hacía tiempo que yo sabía que él iba a caer. Eran muchos *chivos,* unos detrás de otros».

En esas palabras estaba todo dicho. ¡Y en qué forma! Con aquella frialdad del que ve un crimen y lo apaña. Nada, que me tocó la mala. De un ladrón a otro ladrón, de un asesino a otro asesino. Cualquiera que haya peleado con Cayito puede dar fe. Le arrancaba la cabeza al primero que lo desobedecía. Si por él hubiera sido, esta isla sería un cementerio.

En aquel regimiento nadie andaba torcido. Cuando Cayito pasaba por al lado de algún soldado y lo miraba un poquito nada más, ese soldado estaba horas y horas temblando. Muy poca diferencia había entre Cayito y Tajó. Muy poca. Los dos fueron elementos asesinos que se colaron en la guerra. Deben haberse conocido bien. Al menos Cayito hablaba de Tajó a cada rato; para mal, claro.

Con todo y lo que diga la gente, Cayito era más sereno que el otro. Tajó era un aventurero de más arresto. A Cayito le gustaba la estrategia y a Tajó la violencia. Yo lo sé bien porque con los dos estuve. Con Cayito hubo más combate; o mejor dicho, más encuentros de a cuerpo limpio. Verdaderamente con ninguno de los dos la cosa fue tan dura. Lo peor para mí fue Mal Tiempo; lo más trágico. De los encuentros que tuvimos con las tropas españolas hay dos un poco importantes. Aunque eso de importante es muy elástico. Digo importantes porque hubo fuego y peligro y nos salvamos el pellejo. Para otros libertadores quizá eso haya sido un juego. Pero uno siempre recuerda lo de uno, donde la cabeza y la vida estaban en un hilo.

Uno de esos encuentros lo dirigió el propio Cayito. El dirigía firme, pero soberbio. Cuando había peligro cerca se tocaba los bigotes, como si se los estuviera enroscando. Era una manía de él; propia de la gente de carácter.

No salía del campamento para nada. Eso le valió el calificativo de cobarde entre algunos que no lo conocían. Todavía hay gente que habla mal de Cayito. Gente ignorante, que habla mal en el sentido de la valentía. De él se pueden decir muchas cosas, menos que era encerrado. Bueno, hay quien dice que era bajito, gordito y trigueño. Se ve que no lo conocieron, porque era alto, flaco y rubio. Por eso no hay que hacer caso a la gente. El invento es otra manía mala. Yo me pasaré la vida quejándome de él; de que era un asesino y un bandolero. No un cobarde. Pocos hombres *a la hora de los mameyes,* echaron cuerpo como él. Siempre derrotó a los españoles con su estrategia, con bombas. Y en efecto, colocaba unas cuantas en la vereda a la entrada del campamento y las hacía explotar cada vez que se acercaba alguna guerrilla. Esas explosiones espantaban a los soldados rápidamente. Se iban los caballos echando humo en los cascos. Me acuerdo que en el primer combate que yo hice con Cayito él usó esas bombas. Bombas con alambres de bobinas que se extendían dos o tres cordeles. El centinela avisaba si veía venir a alguien. Con un tiro al aire era suficiente. El que tenía el aparato brincaba y cogía la manigueta, se preparaba y le daba un apretón a aquéllo. A los pocos segundos parecía que el mundo se iba a acabar. Los hombres gritaban, soltaban los caballos, medio desguasados, las piernas colgaban de los árboles y las cabezas en pedazos se regaban por el terreno para aparecer secas a los pocos días. Hasta había peste, porque los muertos cuando no se entierran levantan una peste horrible. Las bombas eran muy temidas por los españoles. De ahí que Cayito ganara éxitos en la guerra.

La pelea esta vez fue fácil. Habíamos liquidado a un grupo de quintos que se acercaban a curiosear. La segunda pelea fue más difícil. Ahí se jugaron todas las cartas. Venía un convoy de no sé qué lugar para Manicaragua. El convoy venía cargado y el único paso que tenía era el nuestro. A toda costa había que cruzar por El Plátano. Un confidente avisó que venía y Cayito llamó a la tropa, dijo: «Ahora hay que pelear como leones». Allí nadie se *atemoró.* Al contrario, las ganas de pelear aumentaron. Cayito siguió dando órdenes. Puso una línea de fuego grande y se acercó a la infantería. Miró a la gente y salió caminando para el campamento. Iba riéndose. A los pocos segundos se oyeron los gritos. Cayito gritaba como un salvaje. El convoy quedó atrapado, arrestamos a los soldados y nos cogimos las armas, la comida; el arroz, la manteca, el tocino, el jamón, todo. Días y días estuvimos comiendo a cuerpo de rey. No sólo nosotros, las mujeres también, las de los jefes. El propio Cayito tenía la suya cerca. Se llamaba

María y vivía en un bohío bastante decente por cierto. Muchas veces fui yo mismo a llevarle la comida.

Los soldados españoles quedaron presos allí. Nadie les hablaba. Algunos querían matarlos, pero había no sé qué orden que prohibía la muerte de los prisioneros de guerra. Cayito no compartía esa disposición. El los hubiera liquidado enseguida. Les decía a voz en cuello: «Ustedes se merecen la muerte, cabrones». Ellos calladitos, porque eran soldaditos jóvenes y nos tenían miedo. No les dimos comida, pero a los tres días los soltamos. Con una o dos parejas los mandamos al pueblo.

Más nunca hubo encuentros en El Plátano. Parece que Cayito los espantó. El espíritu de ese hombre era algo muy grande. Tenía más fuerza que todo su regimiento. Nadie se le rebeló nunca. Sin embargo, muy pocos desconocían los horrores que él hacía. El pueblo de Cruces sabía bien que él mataba a sus propios soldados. A su suegro, que era su suegro, lo mató para llevarse a su mujer. Se la llevó a ella y lo mató a él. Ahora hay gente que ve eso como una gracia. Para mí era un crimen.

Una vez Cayito hizo un entierro en El Plátano. El tenía la manía de esconder dinero, botijas con oro. El entierro se ha quedado oscuro. Nadie lo ha podido sacar. Y es que Cayito fue con el ayudante, enterraron el dinero y él, con sus mismas manos, mató al ayudante. Hay quien dice que lo enterró allí mismo. Yo no sé. La cosa fue que a los pocos días él andaba medio preocupado. Se puso serio y cabizbajo. A mí me dijeron que era porque él creía que uno de sus hombres había visto el lugar del entierro. Hubo días de intranquilidad en el campamento. Yo mismo pensaba; bueno, si a éste se le ocurre creer que yo lo vide enterrar el dinero y al ayudante, me zumba a mí para el hoyo igual.

Cuando pasaron los días fue que vino la calma. Un mulato jabao cogió cepo de campaña en esos días, pero fue por otras razones. El cepo de campaña era un castigo del diablo. El se lo aplicaba a todo el que no estuviera con sus ideas.

A mí me dieron cepo de campaña una vez. Fue un oficial a quien yo le hice una maldad. Abandoné la guardia sin avisarle y me castigó. Me llamó y me dijo: «Oígame, Esteban, usted es un indisciplinado». Yo le contesté, porque no me iba a quedar callado. La verdad es que no me acuerdo qué le dije. Me formó la maraña enseguida. El muy abusador llamó a dos ayudantes y me amarró las manos con una soga, si no me escapo. Luego me cruzó una tercerola por dentro de las piernas para que quedaran inmóviles. Me tuvo así un día entero. Yo vi las estrellas del dolor. Y pensándolo bien, no salí tan mal. Al soldado que abandonaba la guardia le decían *plateado;* o sea, traidor y muchas veces lo ahorcaban. Yo me salvé pero me estoy acordando de su madre todavía.

Luego él y yo nos estuvimos acechando. La cogió conmigo, porque me veía revirado. Cada vez que podía me retenía en el campamento. El sabía que mi gusto era irme por las noches a robar cochinos y ganado. Yo era práctico en esas operaciones. Cayito mismo lo sabía.

Pues el oficial ése me retenía a cada rato para fastidiarme. Y me fastidiaba bastante, porque para mí no salir era una prisión. Creo que lo que más hice en la guerra fue eso: atrapar ganado. Como no se podía sembrar, atrapábamos ganado. De alguna forma había que buscarse la comida. Al que hacía ese trabajo lo consideraban mucho. Cayito un día me llamó y me dijo: «Negro, tú nos traes la comida, incorpórate a mi escolta». Yo ni le contesté. Fui y empecé a cumplir nuevas órdenes. Más directas que antes. Entonces salía todas las noches y venía con cada terneros y con cada cochinos, que eran una maravilla. Unos jíbaros, otros mansos. Siempre alguien me acompañaba. Un hombre solo no podía con aquella faina.

Había lugares donde se podía sembrar. En Las Villas, ni por broma. Camagüey era un lugar tranquilo. Allí casi no se peleó. Los soldados sembraban al sol y hacían hasta hortalizas. Hubo fincas y caserones de gente rica a donde no se acercó nunca un soldado español. Fue la provincia que menos peleó. En Las Villas era distinto. Allí los españoles quemaban las casas de los revolucionarios y tenían grandes zonas de terreno invadidas por sus guerrillas. Y no es cuento de camino, porque yo lo vide con mis ojos.

Lo más que podía hacer un libertador en Las Villas era robar ganado, recoger malanga, retoños de boniato, bledos, verdolagas, en fin... La harina de mango se hacía cocinando la masa de mango sin la semilla. Se le agregaba limón y ají guaguao. Esa era la comida de la guerra. Lo demás era bobería. ¡Ah! mucha agua de curujey. La sed era constante. En la guerra el hambre se quita, la sed no.

Los caballos se ponían flacos. Envejecían más rápido. A ellos no se les podía dar agua de curujey. Llevarlos a algún arroyo era la solución. La verdad es que uno de los problemas mayores de la tropa era el agua. Pasaba igual en todas. Por eso los jefes buscaban la manera de hacer campamento cerca de un río. Yo sé de casos en que los guardias se iban de su puesto, se escapaban para buscar agua. Luego, cuando volvían, recibían cepo de campaña. Eso no lo hice nunca, pero no me faltaron las ganas.

En la tropa había de todo. Hombres buenos y hombres canallas. Yo tenía pocos amigos. Juan y Santiago eran los más allegados, porque se habían ido de Ariosa conmigo. Aunque yo no simpatizaba mucho con Santiago. El era un poco sanguinario y rebencúo. A mí no me faltó el respeto nunca, pero me ocultó muchas cosas. Yo me enteraba de los trucos de él por su propio hermano. Santiago era torpe. Gritó: «¡Cuba Libre!», hasta reventarse. Un día se cansó de Cayito y sin decirnos nada ni a su hermano ni a mí, se largó. Al poco tiempo nos enteramos que había cometido la estupidez de entregarse a los españoles en el pueblecito de Jicotea. Cuando llegó allí, ellos mismos lo acusaron de haber matado a un gallego que estaba cortando yerba en el monte. Aquello lo cogió en frío y no tuvo palabras para defenderse. Enseguida lo condenaron a muerte. Le dieron un tiro en la frente y lo colgaron en la solera de una casa de palmas, a la que le pegaron candela. Eso sirvió de escarmiento para muchos cubanitos que andaban vacilando. Yo siempre me acuerdo de este caso. Lo que me da es soberbia.

Como Santiago había muchos. De ahí que ni se podía confiar en los amigos. Si a él lo hubieran obligado a hablar, seguramente que lo hubiera dicho todo. Pero ni a eso le dieron oportunidad.

Lo mejor para la guerra es la desconfianza. Para la paz, igual, aunque en la guerra es más necesaria. De los hombres hay que desconfiar. Eso no es triste, porque es verdad. Hay hombres buenos y hombres canallas. Ahora, lo difícil es saber una cosa o la otra. Yo me he confundido muchas veces en mi vida.·

Cayito Alvarez no creía ni en la madre de los tomates. Hacía muy bien. El tenía enemigos. Casi todos sus hombres en el fondo eran sus enemigos. Veían lo que él hacía, su bandolerismo, sus asesinatos, y naturalmente, tenían que odiarlo. En la guerra hubo muchos hombres puros, que odiaban en silencio, con el odio más grande.

Mientras operé con él lo fui observando. Era de los hombres que no se ponía jubiloso con recibir nuevos ingresos. Cuando venía alguien a incorporarse, él lo llamaba y hablaba con él. A veces le decía que se fuera a otra fuerza. Eso lo hacía cuando veía que el hombre no era de confiar. A él lo que le interesaba eran hombres que callaran sus crímenes y sus fechorías. Yo lo digo ahora con libertad, pero allí estaba casi preso.

Cayito llegó al punto de rechazar grupos. A veces pasaba que un jefe caía y el grupo se quedaba sin mando, entonces tenía que meterse en otro regimiento. En El Plátano ocurrió mucho eso. Llegaban hombres y nosotros los deteníamos. Unas veces se quedaban, otras, se tenían que ir con la música a otra parte. Al grupo que llegaba nosotros le dábamos el alto: «¡Alto, avance el jefe de la fuerza!» Avanzaba uno solo, se identificaba, y si era una fuerza grande la que venía, se mandaba a buscar al jefe de día, que era el autorizado por el Estado Mayor para hacerlo pasar. Todo el mundo estaba preparado adentro por si acaso. Hacían líneas de fuego hasta que había entrado la fuerza nueva. Según pasaban los minutos, la tensión iba bajando, se daban la mano los amigos, a veces se encontraban familiares y esa era la forma de entrar al regimiento.

Si los jefes estaban de acuerdo, los mandaban a inscribirse y ya pertenecían al grupo. Así entraron muchos hombres a pelear con Cayito. Yo creo que en otros lugares y con otros jefes era igual. A nadie lo iban a dejar entrar de porque sí. La guerra era algo muy serio y no todo el mundo era leal. Yo oí decir que en un escuadrón de Matanzas se colaron unos guerrilleros que se hacían pasar por mambises. Aquello terminó feo y sangriento. De ahí las medidas para evitar esos enredos.

Entre los propios capitanes y coroneles había división. Por envidia, por hipocresía y por odio. Esa división trajo muchas muertes para Cuba, mucha sangre. No todo el que fue a la guerra llevó el corazón. Algunos cuando vieron la mecha encendida, echaron para atrás, se aflojaron; los mismos coroneles. La muerte de Maceo debilitó el ánimo de pelea. En esos días una parte considerable de los jefes se entregaron a España. Eso era lo último que un hombre podía hacer, lo más bajo. ¡Entregarse a España en la manigua de Cuba! ¡El colmo!

Pues el mismo Cayito lo quiso hacer. El muy hijo de puta se lo tenía guardado, aunque ya muchos se lo sospechaban. Yo mismo, la verdad. Pero como él era tan animal, tan feroz, nadie comentaba para no verse *en la pata de los caballos*. Ya me figuro yo al infeliz que por aquellos días hubiera lanzado un rumor. Creo que con la boca, a mordidas, el muy animal de Cayito se lo hubiera comido. Por suerte todo el mundo se calló el asunto; la procesión iba por dentro. Felipe el Sol fue quien lo denunció todo. El estaba para eso. Yo no lo vide ni lo oí ese día, pero sí sé que fue a donde estaban Leonardo Fuentes y un tal Remigio Pedroso, de la escolta de Cayito, y les dijo: «El hombre se va a entregar. Lo sé de buena tinta». Ellos, como eran de corazón duro y revolucionarios, se prepararon bien. Fueron a donde estaban algunos hombres de confianza, lo que nosotros llamábamos leales, y les comunicaron la noticia. Todo el mundo patitieso, pero listo.

Esperaron unos días a que volviera Felipe el Sol. Por fin a la semana se apareció para decir que las columnas españolas se iban a acercar al otro día por la mañana para recoger a Cayito y a algunos de sus leales. Ahí nos reunimos un grupo y decidimos nombrar a Remigio para que matara a Cayito en un momento determinado. En eso se apareció Remigio con los ojos cuadrados y nos dijo: «Cayito me llamó aparte y me dio la orden de que les informara a ustedes que él se iba a entregar. Yo me quedé callado y le prometí cumplir. Además, me dijo que a él le iban a dar una suma de quince mil pesos, que iba a repartir, y que él quedaba reconocido como coronel del ejército español. Yo lo felicité y aquí estoy para ponerme a lo que ustedes digan». Nosotros después de oír aquello, decidimos que Remigio de todas maneras era el que tenía que matar a Cayito.

Remigio aceptó. A las siete de la mañana iban a llegar los españoles. Remigio a esa hora estaba listo, y en vez de anunciar que Cayito se iba a entregar tenía que llevarlo a una mata de mango, que todavía debe de estar allí y matarlo.

El día amaneció claro. El general Duque debía de estar aproximándose; él era el que maridaba la columna española que recibiría a Cayito en la autonomía. Otros coroneles cubanos se habían entregado ya. Cayito no se iba a entregar solo. De otros regimientos llegaron a entregarse con él Vicente Núñez y Joaquín Macagua. Los tres se reunieron a una distancia grande de El Plátano. La escolta de Cayito lo siguió. Yo, como es natural, iba en ella. Remigio estaba preparado hacía rato. Condujo a Cayito y a los otros dos coroneles a la mata de mango. Allí reunidos los cogimos en frío. Hay quien dice que el que mató a Cayito fue Leonardo Fuentes, un moreno de su escolta. Otros dicen que el propio Remigio, como había quedado resuelto. La verdad que eso sí es difícil de comprobar. Cayito recibió tres balazos, los tres mortales. Los matadores se habían escondido detrás de unos matorrales. Cuando oyeron a Cayito hablando traiciones junto con los otros dos coroneles, le hicieron un colador el pecho.

Ahí acabó Cayito. Luego vienen los mentirosos y los inventores y dicen que él hizo resistencia y que fue un león. ¡Nada de eso! Cayó en seguida y no pudo ni suspirar. Los españoles se enteraron de que había habido lío en el campamento y no mandaron ninguna columna ese día. Al otro día por la mañana llegó Felipe el Sol. Venía a averiguar bien. Felipe, como era el confidente de los cubanos, lo suponía todo. Entonces regresó llorando como un fingido a donde estaba el general Duque y le comunicó con lágrimas la muerte de Cayito. Felipe tenía facilidad para esos trabajos.

Los españoles salieron para el campamento. Ya muchos de los hombres de Cayito se habían marchado. Otros se quedaron escondidos hasta ver qué pasaba. Yo lo vide y todo y luego *espanté el mulo*. Los españoles llegaron y plantaron la bandera. Se bajaron de los caballos y uno sacó un papel y dijo: «Ha muerto un oficial por querer honrar la bandera española». Esa es la verdad. El que diga otra cosa está equivocado. La guerra tiene esas cosas, por eso yo digo que mata la confianza de los hombres.

Pensándolo bien, Cayito no hizo más que seguir el ejemplo de otros jefes. Entregarse por aquella época no era traición para ellos. Más bien se decía que como Maceo había muerto, la lucha estaba fracasada. A lo mejor Cayito se entregó por la muerte de Maceo. El lo admiraba. Pero no, Cayito era carne de callo: traidor.

Todavía hay gente que habla de Cayito. Lo quieren ver donde quiera. Eso es porque no lo conocieron. Si llegan a conocerlo no estarían con él en la punta de la lengua. Yo me refiero a las luces esas que salen por la noche en el monte. Y a los jinetes sin cabeza. Dicen muchos que ese es el espíritu de Cayito que sale a cuidar el dinero que tiene escondido. A lo mejor es Cayito. No quiero ni pensar en él. ¡Qué sea otro!

Un día un negro viejo vino a decirme que él veía luces y que esas luces eran el espíritu del bandolero Cayito Alvarez. Vino asustado. Yo lo miré y me callé la boca. Total, de nada lo iba a convencer. Por dentro sí pensé: bueno, este verraco no lo conoció vivo ni luchó con él, si lo hubiera tenido al lado en vida no le cogería miedo muerto. Como él era feroz era vivo.

Después de la muerte de Cayito un grupo grande de nosotros los de su regimiento, partimos en dirección a un punto llamado Tranca, a *poner tirante*. Allí nos cogió la noche. En la Morota, un barrio chiquito cerca de La Esperanza, dormimos al día siguiente. No habíamos llegado a El Plátano, donde estaban acampadas la infantería y la escuadra de máuseres, que era toda de negros bravos. Cuando llegamos se formó un gran alboroto. Todos los hombres, como seiscientos, nos preguntaban qué había pasado. Nosotros les contamos la muerte de Cayito, de Macagua y de Núñez. Ellos quedaron fríos. Hubo contentura, pero mucha confusión.

Nos organizamos bien y los jefes que quedaban dieron la orden de que saliéramos a unirnos al Brigadier Higinio Esquerra. Ya yo había oído hablar de él. Todos los jefes eran nombrados, y el que más y el que menos sabía cómo eran, qué trato daban a los soldados y otros pormenores. El chisme sobre mujeres, y sobre si éste o el otro era un bandolero o un hombre serio, se daba a todas horas. De ahí que cuando nos dieron la orden, todo el mundo pensó para dentro de sí: ahora con otro bandolero. Yo no andaba en eso, la verdad. Después de todo, un bandolero podía haberse regenerado.

No hice más que verle la cara a Higinio y me di cuenta. No era hombre de muchas palabras. La acción le gustaba más. En cuanto llegamos nos preguntó algunas cosas. Yo no me di a contestar, porque no me sentía con derecho. Lo vide templado y decidido. La *patilla* le salía fuerte, porque él era muy blanco: un hombre rústico como hay miles, delgado y alto. Enseguida tomó las riendas de nosotros. Con una seguridad que más o menos todo el mundo se quedó pasmado.

Lo primero que hizo fue formarle un consejo de guerra al cuñado de Cayito, un tal Espinosa que nosotros cogimos prisionero, porque el muy maricón se iba a presentar. Espinosa no pensó que Higinio lo iba a tratar así. A lo mejor él creyó que aquello era una fiesta. Me acuerdo que lo último que pidió Espinosa fue que le entregaran su reloj de plata, lindísimo, a la madre. Higinio mismo cogió el reloj y se lo mandó. El tenía esas cosas: entre col y col, una lechuga.

Luego, por la tardecita, echó un discurso y arengó a las tropas. Eso lo hacía para dar estímulo. Explicó la verdad de todo. Dijo que Cayito era un traidor y que otros hombres más había mezclados en ese asunto. La gente se miró de arriba a abajo. Muchos allí sabían que había gato encerrado. Higinio leyó los papeles confidenciales de Cayito. Los leyó públicamente. Nunca vide yo más silencio. Sobre todo el silencio fue cuando él empezó a nombrar a la gente complicada. Dio los nombres claritos; santo y seña de cada cual. Muchos coronelitos fueron nombrados en aquella lista. Coronelitos que no llegaron a entregarse por miedo.

La clase de tropa nuestra sirvió de ejemplo; eso lo sabe todo el que peleó en la guerra. Por eso fue que se aguantó la revolución. Yo estoy seguro que casi todas las tropas hubieran hecho igual en esa situación. Nosotros tuvimos coraje y pusimos a la revolución por arriba de todo. Esa es la verdad. Sin embargo, muchos coronelitos y otros oficiales se cagaban fuera de la taza todos los días. Hacían cosas que ni los niños.

Para ganar el respeto de un brigadier había que ser un hombre muy limpio y muy sereno. El Brigadier era áspero, trataba a la gente a secas, pero no permitía traiciones. Yo lo respetaba bastante, porque él tenía algo de nobleza. Mandó un grupo de nosotros, una comisión, a donde estaba el general Máximo Gómez. El decía que esa comisión iba con hombres leales y valientes; los hombres que habían levantado cabeza cuando lo de Cayito. Es verdad, en esa comisión iba gente de batalla, los que no se rajaron. Pero era una comisión chica, ahí debieron de haber ido más. Los que fueron se podían contar con los dedos: Primitivo del Portal, teniente; Leonardo Fuentes, capitán; Zúñigas, comandante; Hugo Cuéllar, cabo;

y Remigio Pedroso, subteniente. Llegaron a ver a Máximo Gómez, que por ese tiempo estaba en el campamento La Campana. Máximo Gómez los saludó y conversó con ellos. Después a cada uno le dieron un grado mayor por la acción que habían hecho. A mi entender la tropa merecía otra medalla, porque fue la que se reviró. Aunque a todos nosotros no nos podían condecorar; éramos muchos.

A los pocos días llegaron los oficiales con sus nuevos grados y hubo que recibirlos. Todavía yo no estoy convencido de que Máximo Gómez supiera bien cómo fue la muerte de Cayito. Para mí que le contaron una parte nada más, lo que les convenía. Cada uno de ellos quería hacer su paripé. Además, ellos creían que la muerte de Cayito era por racismo. Oficiales de otros batallones, quiero decir, porque el que estuvo allí adentro sabía cómo había sido el *potaje*. Pero a la hora de decidir, todos los oficiales eran uno solo. Decían: «Sí, sí, sí».

Al terminar la guerra mucha gente oí yo que decían, y dicen a estas alturas: «Los negros eran contrarios a Cayito, ellos lo mataron». Hay que quedarse callado o contar la verdad. Pero como a uno muy poca gente le cree, pues uno se calla. Y si no se calla se complica, o se complicaba, mejor dicho, porque hoy nadie le aguanta la boca a la gente.

Higinio no dudó nunca de la traición de Cayito. El conocía bien las razones. Bueno, él esa es la verdad, cada vez que podía decir que la tropa nuestra era ejemplar, lo decía. Con todo y eso, nosotros nunca confiamos de él completamente. Higinio respetaba a quien lo respetara, y hacía bien. Uno tiene que respetar a todo el mundo. Ahora, al que no quiera respetarlo a uno, mandarlo al carajo. No confiamos, desde el día que nos enteramos que él había sido bandolero. Eso acabó con la duda, pero no se lo echamos en cara. El se portó como un patriota siempre. Es lo que pasa con las mujeres malas y con los chulos y los ladrones; uno se cree que son los peores y no es cierto. Los peores son los mosquitas muertas.

Con Higinio peleamos poco. Lo único grande fue Arroyo Prieto. Lo demás era entretenerse. En Arroyo Prieto peleamos unas cuantas horas y ganamos. Fue una *charamusca* seria. No tuvimos más de dos o tres bajas. Higinio se defendía bien en la guerra. Cogió camino enseguida.

A Higinio le gustaba pelear un poco. El que no peleaba era como el que no pinchaba ni cortaba. ¡Qué va! Esa guerra callada, con dos o tres tiritos salteados era peor que un combate encendido. ¡Peor!

Pocas veces me disgusté con los oficiales. Estando con Higinio en El Vizcaíno me llegó una orden a mí personalmente. La orden decía que desde esa hora en punto yo tenía que someterme a las disposiciones del coronel Aranda, como asistente de él. A mí la orden me cayó mal. Al momento me dirigí a Higinio y le dije en claro: «Mire, yo no vine a la guerra a ser asistente de nadie». ¡Qué coño iba yo a ponerle las polainas y limpiarle los zapatos! Higinio me miró de frente y no me contestó. Dio una vuelta y yo salí disparado de allí, de su lado. El resultado fue quince días de imaginaria. La imaginaria era una guardia de castigo. Había que pasarse la vida vigilando y dándole vueltas al campamento. El que estaba de imaginaria no podía guiñar un ojo. Era el infierno mismo aquellas postas con aguaceros, fango, churre, mosquitos, bueno... Si por roña alguien no cumplía la imaginaria, le daban cepo de campaña. De contra que uno iba a pelear, a arriesgar el pellejo, le ponían castigos.

El tal Aranda fue presidente del Consejo de Veteranos después de la guerra. Yo lo vide mucho. Pero él no se acordaba de mí. Por lo menos, nunca me saludó. A mi entender, se metió en la guerra para que no lo cogiera la *guásima,* porque era un criminal. Mató a su mujer para apoderarse de los bienes de ella. Aranda se buscó otro asistente. Y a mí no me volvieron a llamar para ese trabajo. Higinio y yo no hablamos más nunca. Perdí el caballo, las riendas, la montura... todo se lo dieron al que iba a hacer de asistente de Aranda. A mí me dejaron pelado.

A los pocos días Corojito, el que había sido nombrado asistente, se paseaba por el campamento haciendo alardes con el caballo. No era más que un mulato *guatacón.* A mí eso me daba *jiña,* y un día cogí y me fui a pie al pueblo de Jicotea. Iba con permiso, a buscar vianda. Fui con Juan Fábregas, que había estado conmigo en toda la guerra. Juan y yo acordamos hacer una operación en el fuerte de los españoles, para sacar dos caballos y llevárnoslos. Al llegar cerca vimos que aquello, la entrada y la cerca, estaban llenas de perros. Nos quitamos la ropa para que los muy cabrones no olfatearan. La dejamos en una romana que había como a tres o cuatro cordeles de allí. Teníamos que cargar con esos caballos para no terminar la guerra a pie.

Caminamos poco a poco y al llegar a los alambres vimos al guardia. Parece que como éramos oscuros y estábamos desnudos no nos vio. Seguimos para alante y entramos por la misma puerta, pegados a la garita. El guardia estaba dormido. Agarramos dos caballos y a pelo salimos huyendo. Ni las velas nos hicieron falta. Mucha gente robaba con velas para espantar a los perros. Yo digo que esos animales no sirven de centinelas. Los gansos, sí. Si en un fuerte cualquiera había gansos nadie se atrevía a llegar. Los gansos se usaban mucho en las casas particulares en tiempo de España, porque ahora han desaparecido.

Llegamos al campamento y todo el mundo azorado nos preguntaba: «Negros, ¿de dónde sacaron ustedes esos caballos?» Juan dijo: «Del fuerte». Nadie contestó. A lo mejor no lo creyeron. La cosa es que yo seguí la guerra con ese caballo. No le puse nombre, ni lo cuidé tanto como al anterior. Era un caballo dorado muy lindo, lindísimo. En el ingenio Caracas, después de la guerra, me dieron cuarenta monedas por él.

Yo no sé qué se hizo del caballo de Juan. Lo que sí fui notando que él cogía mucho brío con él. No se estaba tranquilo. Juan cambió de la noche a la mañana. Un día me di cuenta que faltaba. La gente vino y me dijo: «Oye, tu socio se entregó». Yo no hice caso. Creí que él se había ido a cazar jutías. Pasaron los días y yo no lo veía asomar por ninguna parte. Entonces me llegó la noticia de que él se había presentado a los españoles. Para decir verdad aquello me enfrió de pies a cabeza. Luego me entró rabia. Rabia y fortaleza a la vez. Seguí en la guerra por honor. Y más nunca vide a Fábregas. Lo busqué al final de la guerra, pero no lo encontré.

A las pocas semanas de la ida de Juan, salimos en dirección a Santa Rosa; una finca grande donde había un cuartel general. Allí se unió a nosotros Martín Morúa Delgado. A ése sí lo vide bien. Era trigueño, medio jabao él y muy alto. No peleó. Fue teniente sin haber cogido el machete. Pero era un hombre de librería. Se pasaba la vida en los archivos del cuartel. Arregló los estantes y ordenó los papeles. Era hombre de esos. La guerra para él era con palabras.[11]

Después que pasaron los años se hizo famoso y hasta provocó la revuelta de negros en Alto Songo. Fue el hombre más inteligente que llegó al Congreso. Y el más grande. Algunos blancos decían que él era guerrillero. Esos blancos eran americanos. Tenían la sangre vendida. Lo acusaban de guerrillero por la cuestión de la piel; del color de la piel.

Los verdaderos guerrilleros eran hombres de monte y estúpidos. A mí no se me puede venir con el cuento de que un hombre de letras se hacía guerrillero. Guerrillero había igual blancos que negros, esa era la verdad. Había guerrilleros españoles, isleños y cubanos. Chinos no conocí a ninguno.

La táctica de los guerrilleros era distinta a la de las tropas libertadoras. A ellos les salía fuego por los ojos. Y eran hombres, llenos de veneno, de entrañas podridas.

11 Martín Morúa Delgado (1856–1910), journalist and novelist. In 1901 he became the country's first elected Afro-Cuban senator. In 1909 he introduced a law in the senate, known as the Morúa Law, which banned political parties based on race or class. This has been viewed as a direct attack on the Partido Independiente de Color, and has been cited as inciting Cuba's 'Race War' of 1912.

Cuando veían un grupito de mambises les caían arriba a cogerlos; si los cogían, los mataban sin más. Los españoles que peleaban de frente no mataban así, a sangre fría. Tenían otro concepto. Tampoco voy a decir que peleábamos de igual a igual. Ellos llevaban parque, buena montura, riendas, espuelas, todo el ajuar... Nosotros andábamos a pelo. A las guerrillas les daban todas esas cosas, de ahí que los guerrilleros se creyeran superiores.

Nunca yo vide gente más odiosa. Todavía, a estas alturas, quedan algunos en esta isla. Hay que ver que el tiempo ha pasado. Aún así, quedan, y no lo miran a uno con buena vista. Yo conozco a uno que se pasa la vida tocando guitarra. Es negro, gordo y barrigón. Cada vez que yo le paso por el lado, él baja la cabeza y sigue tocando. Yo no lo miro para evitar jodienda. Ahora, el día que se ponga con boberías, le doy un *boconazo* que no va a hacer el cuento.

Antes de la guerra yo conocí a muchos guapos; guapos de pueblo que vivían del truco. Eran hombres ambulantes y los sábados y domingos se fajaban y alardeaban y buscaban odios y se emborrachaban... Casi todos esos hombres, negros y blancos, fueron guerrilleros. No tenían otra salida. Sabían que la guerra no era cosa de juego y buscaban la comodidad. León era uno de ellos, fue práctico de las guerrillas y había sido amigo íntimo, uña y carne, de Valentín el Verdugo, el que mató a medio mundo en el garrote. Esos eran, los guerrilleros. Por eso el que me diga a mí que Morúa era guerrillero es un traidor y un mentiroso.

Cuando me pongo a pensar en estos hombres sin madre, mientras uno estuvo peleando con hambre, metido en el fango, y en toda la podredumbre de la guerra, me dan ganas de guindarlos. Lo más triste es, que en Cuba nunca se castigaron guerrilleros.[12] El propio Máximo Gómez los quiso igualar. Dicen que eso era por conveniencia. Pero yo digo la verdad, a mí no me convence ésa palabra de conveniencia. Yo le hubiera dado paredón a esos hombres como ha hecho la Revolución aquí con los asesinos del gobierno anterior. Paredón limpio.

Y no acabo de entender, nunca lo entendí, por qué Máximo Gómez dijo en la Quinta de los Molinos, al acabarse la guerra, que en Cuba no había vencidos ni vencedores.[13] Esa fue la frase. Yo la oí, porque estuve

12 'At war's end there were still 15,892 Cuban guerrillas fighting for Spain. [...] Spanish general Luis Pando noted that as late as the winter of 1897–98, 25,000 Cuban guerrillas still fought under Spanish colors and that another 40,000 could have been recruited for the right price. [...] It is noteworthy that these numbers exceed those of the Liberation Army' (Tone 1998: 25, no. 59).

13 Quinta de los Molinos, in Havana, was the former summer residence of the Spanish Captain-Generals, and of General Máximo Gómez from 1899.

presente en ese discurso. Cayó mal a toda la tropa. Eso quería decir que los guerrilleros eran igualados con los invasores. Hubo quien se resistió a esa frase.

Isidro Acea, el coronel, que era negro como el totí, cogió su coche y fue a la manifestación después que Gómez había dicho esas palabras.[14] Llegó caliente, porque ese negro no creía en nadie. Era guerrero de nacimiento. Metió el coche en la Quinta de los Molinos y cuando la gente vio que era él, empezaron a gritar. Hay quien dice que fueron los negros los que gritaron. Eso no es cierto. Ahí gritaron todos los patriotas. Isidro entró con la voz de: «Abran paso». Y llegó a la tribuna donde estaba Mario Menocal.[15] Todos los generales y el pueblo lo respetaban, porque era valiente y bruto. Se acercó a Menocal y le dijo: «Esa gente que está allá afuera va a pasar adentro».

Había unas rejas que no dejaban el paso libre y Acea le prometió al pueblo que iba a entrar. Menocal lo miró sorprendido y no contestó. Máximo Gómez seguía en su discurso. Acea levantó la voz y le dijo a Menocal: «¿Qué hubo, la gente pasa o no pasa? Si no pasa, te la arranco». Entonces Menocal tuvo que dar la orden de que la gente entrara. El molote fue horroroso. Todo el mundo se abalanzó a la tribuna. A Isidro Acea lo cargaron en hombros, porque había humillado a los jefes principales. Máximo Gómez terminó el discurso y la gente no le hizo mucho caso. Ese día él falló con la frasecita de «ni vencidos ni vencedores».

A los guerrilleros había que exterminarlos. Pensándolo bien, el coronel Acea era un poco guapetón. Y como a mí esos hombres alardosos nunca me han gustado, ese día yo me tragué las palabras de Gómez y no me reviré contra él. Me pareció un abuso aquello de Isidro. Pero en la guerra uno nunca sabe quién va a lanzarse primero. Todo el personal que estaba oyendo el discurso quedó sorprendido con la llegada del Coronel. Me acuerdo bien de ese asunto, porque en esos días yo había llegado a La Habana con las tropas. Hacía ya como una semana que yo estaba en la Capital. Era la primera vez que venía. Al principio me parecía extraño, luego me acostumbré, pero nunca me gustó de verdad. El campo, sí, y el monte sobre todo.

14 Colonel Isidro Acea was arrested in 1899 for adding names to the list of soldiers who had fought under his command. See Helg (1995: 124).
15 General Mario García Menocal y Deop (1866–1941) 'joined the *mambises* as a private, and ended the war as a general, having fought a good deal, mostly under Calixto García' (Thomas 1971: 467). He was was the third President of Cuba, from 1913 to 1921.

La Habana en esos días de ganada la guerra era una feria. Los negros se divertían como quiera. A mí me sorprendió esa población negra que había en La Habana. Donde quiera que uno miraba veía un negro. Con la alegría y la contentura de terminada la guerra, las mujeres salían a la calle. ¡Para qué contar! Yo creo que me cogí más de cincuenta negras en una semana. Casi todas las mujeres de los guerrilleros se juntaban con los libertadores. A mí se me acercó una y me dijo: «Quiero que me lleves, mi marido era guerrillero». A ésa la dejé, porque ya estaba pasada de años. Pero cada vez que una sardina me cruzaba por al lado, yo lanzaba el jamo y la atrapaba. Ni palabras tenía para gastarme. Las mujeres se me daban maduritas. Lo veían a uno con el traje de libertador y el machete y parece que eso les gustaba.

Como yo no era muy fiestero me las quería llevar enseguida para el otro fandango. Muchas iban directamente. Otras me halaban para los barrios del muelle, donde había una fuente y una calle con farolas y barcos de carga que se veían cerquita. Por ahí había más rumba que en ningún otro lugar; rumba de *cajón* y tambor. Tocaban en unos cajoncitos chiquitos y con tambores que se ponían entre las piernas. Todas las calles y las casas por dentro estaban llenas de taburetes. La gente se sentaba; los viejos y los jóvenes bailaban hasta que se caían desplomados. Los solares de ñáñigos estaban encendidos.

Hubo tiros, puñaladas, jaladera, bronca de todos colores. Las *tahonas* no se callaban. Alguna gente que no estaba satisfecha por la forma en que los cubanos se gobernaban, cantaban aquello de Santa Eulalia, que parecía una oración:

> «Santa Eulalia está mirando
> a los cubanos gobernar
> y le causa sentimiento
> ¡Ay, Dios! la Reina está llorando».

Yo me sentía contento. Nunca pensé que la guerra se podía terminar. Me pasaba igual que en el monte, cuando la abolición. Esas cosas no eran fáciles de creer. En la guerra yo me había acostumbrado a estar desnudo, viendo bayonetas casi todos los días y huyéndole a las guerrillas. Cuando me dijeron que se había dado el armisticio[16] me quedé como si nada. No lo creí. En La Habana me convencí completamente. El mundo parecía que se iba a acabar. A Máximo Gómez lo aplaudían en las calles y le besaban el chaleco. No había un solo cubano que no gritara: «¡Viva Cuba Libre!»

Se daban las manos en las calles, sin conocerse, se tiraban los sombreros y los pañuelos... yo no puedo describir eso porque lo viví mucho. Fueron momentos míos que no se conservan claros. Más me acuerdo yo de la ropa, de los sombreros, de las modas que trajeron los americanos... Ellos decían que los hombres debían andar con la cabeza descubierta. Alguna gente les hizo caso. A mi gusto eso nunca fue. Yo no me he quitado el sombrero nada más que a la hora de dormir. La cabeza debe andar bien cubierta siempre. Yo entiendo que es una falta de respeto andar exhibiendo el cráneo por ahí. A los americanos les importaba un pito. Para ellos cualquier cosa venía bien. Sobre todo para los turistas, que eran unos cuatreros.

La Capital tenía un manejo muy raro. Uno veía las cosas más chillonas y más vulgares. Para el novato esto era lo mejor del mundo. De tanta diversión se ponían bobos, entretenidos; la borrachera y todo lo demás... Yo me solté bastante con las gallinas. Así y todo tuve calma. ¡Vamos, que no me revolví! En pocos días no se podía confiar de nadie. Me hospedé en una casa de madera que era de unos conocidos míos. Hubo libertadores que durmieron en casas ajenas por varios días. Toda la ciudad abrió las puertas. La Habana de aquellos años era hospitalaria. Pero a mí con cuentos de farolitos y *tomadera* y mujeres baratas no hay quien me agarre. No me gustó, y esto es una cosa oficial mía; el manejo, el proceso de la gente de la Capital. Los mismos chulos eran repugnantes; tipos que vivían del aire y de la cogioca. En La Habana, porque en otros lugares el chulo no se hubiera dado.

En el campo las leyes son más estrictas, las leyes de los hombres que no ven fantasmas. Aquí, en la ciudad, los chulos tenían mano abierta. Paseaban, chiflaban, jodían... Se vestían con unas camisetas que llevaban dos letras: HR. Eran de hilo fino y duraban por lo fuerte. Los zapatos que usaban eran buenos también, pero feos; de cuero de venado o de alfombras. Muchos les decían pantuflas, que es un nombre español.

De pillos que eran se amarraban un pañuelo rojo en el cuello para impresionar. A las putas las freían a palos. Les daban golpes por dondequiera. Eso fue lo primero que yo vide cuando me bajé del tren en esta ciudad: chéveres, con las camisas amarradas a la cintura y el cuchillo francés, dándole golpes a las mujeres de la vida. Ellos no se habían mirado bien al espejo. Si lo hubieran hecho, a lo mejor se hubieran quitado esa manía de arrastrar las chancleticas y abusar de las putas. Los únicos que les pusieron frenos a ésos fueron los americanos. Los mandaban a no sé qué lugar fuera de la Habana, o los ponían a picar piedra en la calle. Picaban bajo el sol, con ronchas en la piel, ¡los muy hijos de mala madre!

Por eso esto no me gustaba. Claro, había que conocer la vida aquí. Nosotros los libertadores encontrábamos las cosas raras y nuevas, pero a lo mejor ellos hubieran dicho que el campo era un infierno. Lo que más les dolió fue el jaque mate de los americanos. Parece que pensaron que esa gente venía aquí por gusto. Luego se comprobó que no, que lo que ellos querían era cogerse lo mejor del pastel. La población dejaba que las cosas pasaran. Hubo gente que se alegró de que los americanos *cogieran la sartén por el mango*. Y decían, todavía hoy hay quien dice, que lo mejor de toda la guerra era la intervención americana.

En aquellos días ocurrió un asunto con un cura, que para mí que fue de los demonios. Ese cura pasó el bochorno más grande que yo he conocido. Con sotana y todo los americanos le dijeron que él era un descarado y lo pusieron a picar piedras en La Habana, en las calles del centro, por ahí por donde está hoy el Palacio de los Presidentes.

Toda la gente vieja sabe eso. Y saben que los americanos fueron los culpables. Yo fui a verlo, porque por mi madre que me parecía mentira. Me levanté temprano y salí disparado para la plazoleta donde me habían dicho que estaba trabajando el cura. Lo vide enseguida bajo el sol con la sotana pegada al cuerpo. Como los curas eran lo más delicado que había, me quedé frío. Pero era el mismo, con santo y seña. Así que no hay cuento ahí, ni fantasma. Las mujeres que pasaban y veían al cura se hacían la cruz en la cara, porque no lo creían. Yo me pellizqué el brazo para asegurarme. Luego del cura no se supo más. Ahora yo opino que ése tiene qué salir ahí, en espíritu, para vengarse.

Con los negros no se metían mucho. Les decían: «Nigre, nigre». Y entonces se echaban a reír. Al que les celebraba la gracia, ellos lo seguían fastidiando. Al que no, lo dejaban tranquilo. Conmigo no se metieron nunca; la verdad del caso es que yo no los tragaba. Nunca *jaraneé* con ninguno. Cada vez que podía les zafaba el cuerpo. Al terminar la guerra empezó la discusión de si los negros habían peleado o no. Yo sé que el noventa y cinco por ciento de la raza negra hizo la guerra. Luego ellos empezaron a decir que el setenta y cinco. Bueno, nadie les criticó esas palabras. El resultado fue que los negros se quedaron en la calle. Guapos como fieras y en la calle. Eso era incorrecto, pero así fue.

En la policía no había ni un uno por ciento de negros, porque los americanos sacaron la palabra esa de que cuando el negro cogiera fuerza, cuando se educara, era dañino a la raza blanca. De modo sea que al negro lo separaron completamente. Los cubanos de la otra raza se quedaron callados, no hicieron nada y ahí quedó el asunto, hasta hoy en día, que es distinto porque yo he visto blancos con negras y negros con blancas, que es más delicado, por la calle, en los *cafeses,* donde quiera.

Morúa y Campos Marquetti[17] trataron de arreglar el problema y les dieron algunos puestos en el gobierno a los negros. Puestos de serenos, porteros, carteros... Aún así cuando se disolvió el ejército, los libertadores negros no pudieron quedarse en la ciudad. Regresaron al campo, a la caña, al tabaco, a cualquier cosa, menos a las oficinas. Más oportunidades tenían los guerrilleros con todo y haber sido traidores. La verdad es ésa, sin discusión. El mismo general Maceo hubiera tenido que colgar a mucha gente en el monte para haber podido mandar en algo.

Después la mayoría de la gente dice que los americanos eran lo más podrido. Y yo estoy de acuerdo; eran lo más podrido. Pero hay que pensar que los blancos criollos fueron tan culpables como ellos, porque se dejaron *mangonear* en su propia tierra. Todos, los coroneles y los limpia pisos. ¿Por qué la población no se rebeló cuando lo del Maine? Y nada de cuentos de camino, aquí el más pinto sabía que el Maine lo habían volado ellos mismos para meterse en la guerra. Si ahí la gente se hubiera revirado todo hubiera sido distinto. No hubieran ocurrido tantas cosas. Pero a la hora de los mameyes nadie echó cuerpo ni palabra. Máximo Gómez, que para mí que sabía algo, se calló y murió con el secreto. En mi interior yo pienso así y que me caiga muerto si digo mentira.

Antes yo me sabía más cosas, más trucos que han quedado oscuros en la historia. Lo hablaba con mis amigos a solas. Hoy las cosas se me han revuelto demasiado. A pesar de todo, lo principal no se me olvida y eso que puedo contar con los dedos de las manos las veces que yo he hablado esas cosas con alguien. Una vez me puse a decir que lo de los americanos en Santiago de Cuba era un *paquete* y que ellos no habían tomado aquello de por sí. Pues hubo quien se peleó conmigo para no enredarse. Lo bueno que tiene esto es que hoy se puede hablar de todo. Y la verdad es que en Santiago el que se fajó fue Calixto García. Los americanos bombardearon la zona siendo el jefe allí un español llamado Vara del Rey.[16] Calixto García atacó a las tropas de Vara del Rey por tierra y las derrotó.

Entonces los americanos izaron la bandera para dar a conocer que ellos habían tomado la ciudad. Aquello fue un revoltillo terrible. Vara del Rey, con quinientos hombres, mató a un cojonal de americanos. Lo peor de todo fue que el jefe de la tropa americana dio la orden de que no entrara a

16 General Joaquín Vara de Rey (1840–1898), died defending the Spanish position of El Caney during the battle of Santiago on 1 July 1898.

179

la ciudad ni un cubano. Eso fue lo que levantó la presión allí. Los cubanos, al no poder entrar al pueblo, le cogieron jiña a los americanos y Calixto García tuvo unas palabras duras con ellos. A decir verdad yo prefiero al español que al americano; pero al español en su tierra. Cada uno en su tierra. Ahora, al americano no lo quiero ni en la suya.

En la guerra el español le decía a las mujeres: «Oye, Pancha, tu padre me está tirando tiros, pero toma la comida, recoño». No eran tan sangrientos. Lo de los americanos sí que era el colmo. Abrían un hoyo y tiraban la comida dentro. Todo el pueblo conoció eso, lo vivió. Wood, Teodoro Roosevelt, el otro, que no me acuerdo ya ni como se llamaba; en fin, la partida de degenerados esos que hundieron este país

En Cienfuegos,[18] allá por el año mil ochocientos noventa y nueve, un grupo de mambises tuvo que *cargarle al machete* a unos cuantos soldados americanos que de pillos que eran, querían cogerse a todas las criollas como si fueran carne de mercado. No respetaban ni a su madre yo creo. Llegaban a las casas y veían a una mujer linda en la ventana o en la puerta y se le acercaban y le decían: «Foky, foky, Margarita», y para adentro. Eso lo viví yo en Cienfuegos. Con el cuento del foky, foky, se dieron una jodida vigueta. Nosotros nos enteramos del asunto y fuimos para allá a vigilarlos. Ellos vestían de amarillo, planchaditos, pero borrachos casi siempre. Claudio Sarría, que había sido sargento, dio la orden de cargar al machete. Y fuimos como fieras para allá.

Vigilamos y efectivamente, un grupito se puso a fastidiar en una calle cerca del muelle. Se metían con las mujeres, les tocaban las nalgas y se reían. Yo creo que en la guerra no sentí tanto fuego por dentro como aquel día. Les fuimos para arriba y a machete limpio les hicimos salir de allí. Unos cogieron para el muelle, a donde estaba el barco, a refugiarse. Otros se fueron a las lomas del Escambray como *voladores de a peso*. Más nunca fastidiaron a una mujer en el pueblo.

Cuando salían iban con un oficial y entraban en los cafeses como muchachos de escuela. A mí eso no se me ha pasado nunca, porque ese día todos los que participamos en el encuentro nos estábamos jugando el pellejo. Sin embargo, después han hecho cosas peores y la gente se ha quedado mansita.

Los americanos se cogieron a Cuba con engatusamientos. Es verdad que no hay que echarles la culpa de todo. Fueron los cubanos, los que los obedecieron, los verdaderos culpables. Ahí hay muchos terrenos que investigar. Yo estoy seguro que el día que se descubra toda la maraña que hay oculta, se va a acabar el mundo. Se tiene que acabar, porque ahora mismo es y ellos han metido la mano dondequiera.

Los coronelitos cubanos, cuando terminó la guerra, le dieron mano abierta a Mac Kinley para que hiciera con esta isla lo que él quisiera.[17] Ahí donde está el central Santa Marta había unas tierras del Marqués de Santa Lucía. Esas tierras, según yo me enteré, él las había dejado para los libertadores. El caso es que las tierras se las repartieron los americanos con Menocal. ¡El negocio más sucio de toda la guerra!

Menocal se calló la boca y dispuso a sus anchas. Ese era más americano que el mismo Mac Kinley. Por eso nadie lo quería. Fue patriota de negocio, no de manigua.

Y como eso un millón de cosas más que no tienen cuando acabar. Antes yo pensaba más en todo, pero luego me tenía que poner la mano en la cabeza, porque me entraban calenturas. Yo soy un poco pensativo a veces. Aunque por gusto no pienso las cosas. Ellas vienen a mí y para sacármelas tiene que pasar un terremoto.

Lo que más me ha salvado es que me he callado, porque no se puede confiar. El que confía mucho se hunde solo. Cuando terminó la guerra, que todas las tropas llegaron a La Habana, yo empecé a observar a la gente. Muchos se querían quedar cómodos, suavecitos en la ciudad. Bueno, pues ésos que se quedaron, salieron peor que si hubieran regresado al monte. Peor, porque empezó el tira y encoge, el engaño y las mentiras. «Negro, tú vas a ser rico aquí». Y ¡ñinga!. Ese era el primero que se moría de hambre. Por eso cuando los jefes dijeron: «Ya se terminó la guerra, hay que trabajar», yo cogí mi bulto y fui a la terminal de trenes, al lado de la muralla de La Habana. No se me ha olvidado todavía. Allí mismo me embarcaron para Las Villas. Yo lo pedí. Las Villas es la mejor parte de Cuba y como yo nací allí...

A los guerrilleros los dejaron en las oficinas, porque eran hombres de cuentas y boberías de ésas, o tenían una hija bonita o dinero. Yo me volví al campo sin un kilo en el bolsillo. Me licencié temporalmente.

Cuando llegué a Remedios encontré algunos conocidos míos, luego partí para Cruces y empecé a laborar en el central San Agustín Magua-raya. En la misma cosa. Todo parecía que había vuelto para atrás. Me metí a trabajar en la estera. Después fui al mezclador, donde se estaba más cómodo y se ganaban treinta y seis pesos al mes. Vivía solo en un barracón

---

17 William McKinley (1843–1901), 25th President of the USA, and commander-in-chief during the US military involvement in Cuba.

de guano, hasta que me dieron ganas de echarme una canchanchana. Me la eché, también por un tiempo, porque la cosa estaba apretada. Luego la solté y me volví a quedar solo.

En Maguaraya no hice amigos. Los guapetones y los malcriados no me han gustado nunca. Allí nadie gastaba confianza conmigo. También es verdad que yo no jaraneaba. Cada uno va a la plaza con su canasta.

Trabajaba todo el día y cuando llegaba la noche me iba a descansar y a sacarme las niguas, que son los bichos más dañinos del mundo. Recorrí casi todos los pueblos de Las Villas. Fui vendutero, sereno, ¡el acabose! Aprendí todos los oficios para que nadie me anduviera con cuentos.

Un día llegué a La Habana y ya se había muerto Máximo Gómez. Cuando un hombre se muere la gente se olvida rápido de él. Lo único que oí decir es que salía a cada rato en la Quinta de los Molinos y que la Quinta tenía brujo.

Pasé por un parque y ví que lo habían montado en un caballo de bronce. Seguí para abajo y como a la media legua tenían a Maceo montado en otro caballo igual. La diferencia estaba en que Gómez miraba para el norte y Maceo para el pueblo.

Todo el mundo tiene que fijarse en eso. Ahí está todo. Y yo me paso la vida diciéndolo, porque la verdad no se puede callar. Y aunque mañana yo me muera, la vergüenza no la pierdo por nada. Si me dejaran, ahora mismo salía a decirlo todo. Porque antes, cuando uno estaba desnudo y sucio en el monte, veía a los soldados españoles que parecían *letras de chino,* con las mejores armas. Y había que callarse. Por eso digo que no quiero morirme, para echar todas las batallas que vengan. Ahora, yo no me meto en trincheras ni cojo armas de ésas de hoy. Con un machete me basta.

Notas[*]

1 Era usual en la Colonia que los negros esclavos llevasen el nombre de su nación de origen como un apellido que se agregaba a su nombre de pila.

2 Don Honorato Bertrand Chateausalins parece haber sido, en 1831, el primer autor que recomendara su construcción. En «El Vademecun de los Hacendados Cubanos» aconseja que las viviendas de los esclavos «se fabriquen en forma de barracón con una sola puerta, cuidando el administrador o mayoral de recoger las llaves por la noche. Cada cuarto que se fabrique no tendrá otra entrada que una sola puertecita y al lado una ventanilla cerrada con balaustre para que el negro no pueda de noche comunicarse con los otros».

3 Moreno Fraginals, Manuel. «El Ingenio. El Complejo Económico Social Cubano del Azúcar». Habana, Comisión Nacional Cubana de la UNESCO. Tomo I (1760–1860) pág. 163, 1964

...«Marcando el ritmo de las tareas interminables, la campana fue como un gran símbolo religioso y profano del ingenio. Del mismo modo que no se concibe una iglesia sin campanario, tampoco hubo ingenio o cafetal sin ella. El campanero de ingenio no necesitó aprender los variados y complejos toques de la vida urbana y fue generalmente un negro viejo e inútil para las tareas de producción, incapacitado psicológica y físicamente para la fuga, viviendo junto al campanario su muerte cotidiana. Sobre los campos cercanos a Trinidad aún se alza, cuajada de leyenda, la torre del ingenio Manacas. En lo alto queda el nicho desnudo donde una vez colgara la campana. La torre —vigía, fortaleza y campanario— es símbolo del trabajo esclavo en los campos cañeros. Allí estaba ella señalando diariamente las 16, 18 ó 20 horas diarias de labor. Y sirviendo también de comunicación en todo el amplio valle, pues había un toque para llamar al boyero, otro para el administrador, otro para el mayoral, e inclusive, a veces con

---

[*] The following *Notas* and *Glosario* form part of Barnet's original 1966 edition.

183

pequeño repiquetear se anunciaba que un esclavo había partido hacia el cementerio del ingenio».

4 Madden, Richard R. «La Isla de Cuba». Habana, Consejo Nacional de Cultura, 1964. Pág. 142.

Madden narra de «ingenios en que durante la época del corte de caña y la molienda, la jornada de trabajo dura veinte horas seguidas y eso, frecuentemente, por espacio de más de seis meses al año, y raras veces o nunca, durante menos de cinco meses, pues la opinión que prevalece a este respecto y que es generalmente practicada por los amos, es de que cuatro horas de sueño son suficientes para un esclavo».

5 Central Porfuerza, en la provincia de Las Villas.

6 James Steele en su *Cuban Sketches* describe casos de negras en estado de gestación que eran condenadas a recibir fuertes latigazos en el vientre. Chateausalins, hablando de la mujer esclava, dice que muchas malograban sus criaturas por estar obligadas a cortar en el noveno mes de gestación 400 arrobas de caña diariamente.

7 Moreno Fraginals, Manuel. op. cit. pág. 156.

...«La vida sexual del ingenio estaba limitada por muchas razones y la primera de ellas era el profundo desequilibrio existente entre ambos sexos. Los azucareros importaban exclusivamente hombres y eran poquísimas las haciendas que tenían negras. Dentro de la lógica económica del hacendado de principios del siglo XIX no tenía sentido comprar negras, ya que eran consideradas semovientes de bajo rendimiento. Llevadas en grandes cantidades a los ingenios, resultaba ruinoso porque el producto no respondía a la inversión. Llevadas en pequeños grupos, eran focos de continuos conflictos entre los negros. Algunos hacendados trataron de ofrecer una excusa religiosa por este desequilibrio y afirmaron que no llevaban negras para evitar el pecado de contacto sexual entre personas no casadas. A esta argumentación, el padre Caballero dio la respuesta exacta: «¡Peor pecado sería que todos fueran masturbadores, nefandistas y sodomitas!».

8 Juan Marinello. Escritor cubano que se ha destacado por su obra ensayística y sus libros sobre José Martí.

9 Núñez Jiménez, Antonio. *La Gesta Libertadora*. Revista Inra. Año II, No. 8. págs. 22–25.

«Los oprimidos, siempre en desventaja inicial, aprovecharon la naturaleza en su favor durante, las contiendas entabladas. Las ásperas serranías, los tupidos bosques y las oscuras grutas fueron aliados de los luchadores contra la opresión. Muchas veces los esclavos se fugaron a los montes viviendo ocultos entre las rocas o protegidos por la espesura de los bosques. Los cimarrones fugitivos que obedecían a impulsos individuales de libertad pronto se convirtieron en grupos organizados para resistir a los amos, así nacieron los palenques, formados por grupos de negros que unas veces vivían en lomerías abruptas o en las cavernas apartadas».

...

«En las Memorias de la Real Sociedad Patriótica de La Habana, publicadas en 1839, en el artículo sobre las cuevas de Cubitas, en Camagüey, leemos: «Entre las muchas rarezas dignas de admiración con que la naturaleza señaló a Cubitas, cuenta la cueva grande o de los negros cimarrones. La cueva grande se halla a media legua del N. punto del barrio de la Estrada, a la derecha del camino que va para la Guanaja. Está bajo la loma de Toabaquei y de la tierra llana, al mismo tiempo. Se entra a ella por un boquerón que se asemeja a los de los hornos de pan y se desciende a lo profundo por una raíz gruesa de Jagüey... Anteriormente esta cueva servía de guarida a los negros cimarrones, pero éstos la evacuaron. El modo de obligar a los negros cimarrones a que evacuaran esta cueva fue coger muchas ramas y ají guaguao y quemarles a la entrada, de manera que hiciese mucho humo. Esta operación fue bastante para que aquéllos, viéndose a punto de morir sofocados, saliesen y se entregasen a discreción».

10 Arsenio Martínez Campos. Capitán General de la Isla de Cuba. Fue jefe del Ejército Español en 1868 durante la Guerra de los Diez Años. Permaneció hasta el año 1878 en que se declaró el fin de la Guerra con el Pacto del Zanjón.

11 Moreno Fraginals, Manuel. op. cit. pág. 166.
... «el sueño fue uno de los más graves problemas del ingenio. Especialmente en aquellas fábricas que mantenían como tesis que los negros podían resistir 20 horas diarias y ponían a trabajar de noche en la casa de calderas a hombres que habían pasado 10 horas cortando y alzando caña al sol. A estas tareas extras le dieron el inofensivo nombre de faena. Algunos ingenios obligaban a sus esclavos a realizar faenas y contrafaenas. Un negro que cumplía su trabajo normal, la faena y la contrafaena, empleaba unas 22 horas en esta labor. En premio se le dejaba dormir 6 horas al día siguiente y después tornaba a la misma jornada de 20 a 22 horas».

12 Manuel Salamanca y Negrete. Capitán General de la Isla de Cuba desde marzo de 1889 a febrero de 1890.

13 Martínez Fortún y Foyo, José A. «Cronología Remediana». Remedios, 1937.

En este folleto se consigna el secuestro de D. Modesto Ruiz y se da como fecha de tal acontecimiento el año 1889.

14 Carlos Manuel de Céspedes. Notable revolucionario iniciador de la Guerra de los Diez Años. Declarado Padre de la Patria.

15 Grito que anunció el comienzo de la Guerra de Independencia. Fue dado en el pueblo de Baire el 24 de febrero de 1895.

16 Alto al fuego dado en el año 1898.

17 Generoso Campos Marquetti, Representante a la Cámara del Partido Liberal en 1912. Secundó a Martín Morúa Delgado en la resolución dictada por éste prohibiendo la existencia en Cuba de partidos racistas.

18 Rousseau y Díaz de Villegas, Pablo L. «Memoria Descriptiva, Histórica y Biográfica de Cienfuegos». Cienfuegos, pág. 269.

Versión parcial del hecho: «El día 24 de junio a las cuatro de la tarde, cuando era mayor la animación de la ciudad con motivo de celebrarse la fiesta de San Juan, bajo el nuevo régimen establecido, tres soldados empleados en la comisaría de guerra del ejército americano, promovieron un escándalo en una casa del mal vivir situada en el extremo oeste de la calle Santa Clara. La policía municipal trató de arrestar a los alborotadores en el momento en que pasaba por el lugar el capitán Fentón, quien detuvo el coche haciendo subir a los tres soldados antes mencionados, a pesar de la oposición de la policía, alejándose después rápidamente.

«En este momento un soldado de los que iban en el coche disparó sobre un policía que trató de detener a los que conducían el vehículo, cayendo dicho policía atravesado por el disparo que le hizo su agresor. Mientras esto ocurría, un piquete de soldados americanos que acababa de llegar al paradero del ferrocarril, abandonó la custodia que conducía el pago de los soldados cubanos y rompió el fuego contra la ciudad, atrincherados en la cerca del paradero, dando muerte al vecino señor Pablo Santa María, que pasaba en coche, con sus tres niños, por el Paseo de Arango. Fue restablecida la calma poco tiempo después de haber dado principio estos sucesos, que ocasionaron, además algunas lesiones a diferentes personas por la intervención del Mayor de la ciudad y del general Esquerra, jefe de la Guardia Rural, los que exponiendo su vida se dirigieron al lugar donde estaban haciendo fuego los soldados americanos, estimulándolos a que cesaran en sus descargas.

«Los hechos relatados dieron motivo a una protesta general contra la conducta de los promovedores de estos conflictos». (a)

(a) NOTA DEL AUTOR

Consignamos este hecho, que aquí se relata en versión parcial, por su importancia histórica, ya que hasta donde alcanza nuestro conocimiento fue el primer encuentro armado entre cubanos y norteamericanos, en respuesta a la conducta insolente y desfachatada de los últimos.

Glosario

a boca de jarro   Próximo. A boca tocante.

Alafia   Expresión que indica que las cosas marchan bien. Se usa particular-
mente en el sistema de adivinación de los cocos, entre los lucumís.

ángel   Gracia o dote divina.

apapipios   Denunciantes, chotas, soplones.

asobaban   Golpeaban.

atemoraba   Atemorizaba.

atemoró   Atemorizó.

blandunguería   Debilidad.

Bromero   Bromista.

Cabildos   Agrupación de negros esclavos y sus descendientes, organizados de acuerdo al mismo origen tribal, que servían a fines sociales
y benéficos. En los Cabildos se intentaban reconstruir las viejas
tradiciones africanas. Se efectuaban ritos, se cantaba y se bailaba.
Se iniciaron a fines del siglo XVII y algunos se prolongaron hasta
entrada la época republicana.

cafeses   Cafés.

calalú   Comida yoruba. Se hace con harina y carne de puerco. Es el plato
favorito de Changó.

canchanchana   Concubina.

cargarle al machete   Levantar el machete en señal de pelea.

caringa   Baile muy extendido en la provincia de Las Villas. De origen
africano. Para Esteban Pichardo era «canción usada por la gentualla,
que suele bailarse también». Hoy en desuso.

carne de callo   Mala persona.

casas de santo   Templos donde se practica la santería.

casquillo reformado lateral   Lío. Problema.

cazuela   Receptáculo de barro donde se concentran los atributos mágicos
de las fuerzas sobrenaturales que se adoran en los ritos congos.

claritico   Muy claro.

cochinaticos   Cerdos pequeños.

cogieron la sartén por el mango   Tomaron la iniciativa o el mando.

cojonal   Montón de personas.

colonos   Nombre que se da al agricultor que se dedica al cultivo de la caña
de azúcar. El que posee tierras dedicadas a este cultivo.

coloraúzcos   Tirando a colorado.

comían   Poseían sexualmente.

compaginación   Trato. Acuerdo.

Changó   Deidad yoruba. Dios del rayo y de los truenos, del amor, la
virilidad, la música.

charamusca   Pelea.

cheketé   Bebida yoruba. Se hace con naranja agria y vinagre. Es bebida
ritual.

chévere   Bueno. Simpático.

chismosas   Lámparas de lata que alumbran quemando petróleo.
Corrientes en el campo.

chivos   Trucos. Fraudes.

dar revés   Dar golpes

diente de perro   Mala persona.

disparaban la mecha   Realizaban un trabajo duro.

dulones de amo   Aduladores del amo.

Eleggua   Deidad yoruba. Dios de los caminos, y el destino.

emboba   Palabra conga que significa majá. También se usa como forma del
verbo hablar.

endoqui   Diablo congo.

enkangues   Palabra conga que significa hechizos.

envuelta   Hacia.

equíticos   Tacaños. Mezquinos.

escondida   Escondido. Juego de los escondidos.

espanté el mulo   De espantar el mulo=Irse de un lugar rápidamente.

esquifación   Vestuario que se entregaba a los esclavos para su uso durante
el año.

faina   Faena.

fajatiñas   Peleas.

fandango   Lío. Problema.

fenómeno colorado   Algo malo. Mala persona.

flor de camino   Estiércol.

fotingo   Ano.

fotuto   Caracol que se usa en el campo como bocina. Se le atribuye un
origen indígena.

freir espárragos   Irse lejos.

gallinas Mujeres.

gallo El que se destaca en algo. El principal.

ganguiería Trabajo congo o hechizo que se hace para obtener algún beneficio.

granjería Comida de varias clases. Principalmente, dulces.

guano Dinero.

guardiero Guardián o portero en los ingenios, cafetales y haciendas.

guásima Arbol usado para ajusticiar por colgamiento=La Justicia.

guatacón Adulón.

Guerrilla de la muerte Tropa formada por cubanos que peleaban a favor de España.

habitantes Tipos deambuladores, desamparados o sin importancia.

jabaos Mestizos de blanco y negro. De color amarillento y pelo claro.

jamaqueó Estremeció.

jartadas Hartadas.

jelengue Baraúnda.

jiña Rabia. Soberbia.

jirigais Riñas.

jocico Hocico.

jodienda Lío. Problema.

Júa Muñeco que representa todo lo malo (de Judas).

judío Lo Malo.

juntos Unidos.

la hora de los mameyes La hora crucial.

largo Buen trabajador.

letras de chino Expresión de limpieza y orden.

listo para la fiesta Mal.

lucumí Denominación popular y arbitraria que se dio en Cuba a los negros provenientes de Nigeria y probablemente de otras regiones sudanesas, sobre todo, del Golfo de Guinea.

macuto Envoltorio. Amuleto congo.

majases Majaes.

malevosa Maligna.

maliciada Maleada.

mangonear Dominar.

mayombe Espíritu malo. También nombre que se da a uno de los grupos o sectas de la Regla de Palo. Jugar mayombe equivalía, además, a trabajar con brujería para fines utilitarios.

metido Enamorado.

monte   Juego de azar, prohibido.

moraúzco   Tirando a morado.

musaraña   Trasiego o arreglo.

musundi   Nación o pueblo del Congo de donde vinieron esclavos durante la Trata.

nananina   Nada.

negrísimo   Muy negro.

ngulo   Palabra conga: cerdo.

nutricia   Nutritiva.

ñamabas   Llamabas.

ñáñigos   Los miembros de la secta Abakuá sociedad de origen africano, exclusiva de hombres que se conserva en Cuba en las provincias de La Habana y Matanzas.

ñinga   Excremento. Negación.

Obatalá   Deidad yoruba. Dios de la paz y la creación del Universo.

Ochún   Deidad yoruba. Diosa del oro y la sexualidad.

Oggún   Deidad yoruba. Dios de la guerra, la selva y las herramientas.

Oggún Aguanillé   Deidad yoruba. Advocación de Oggún. Representa al guerrero.

Oggún Arere   Deidad yoruba. Advocación de Oggún. Representa al herrero.

Oggún Oké   Deidad yoruba. Advocación de Oggún. Representa la loma.

paisanaje   Generalmente se aplica a los chinos. Aquí se extiende a la población civil.

palero   Practicante de los ritos congos o Regla de Palo.

paquete   Mentira. Argumentación sin fundamento.

paripé   Simulación.

parrandas   Fiestas. En pueblos como Bejucal, Caibarién, Remedios y Placetas, se celebran con este nombre fiestas callejeras alrededor de Navidad.

partidos   Jurisdicción. Territorio gobernado por un Juez Pedáneo en la Colonia.

patuá   Patois.

perro de muerto   Molestar visitando las casas y pidiendo comida.

pisajo   Miembro genital del toro o del buey.

plante   Alarde.

plateado   Desertor del Ejército Libertador en la manigua.

poner tirante   Guarecerse.

potaje   Problema.

prenda   Receptáculo mágico donde radican los poderes o fundamentos de la religión conga o Regla de Palo.

preparo   Fórmula o trabajo mágico.

quimbombó   Comida yoruba. Planta popular en Cuba de donde se hace un plato favorito de los africanos y hoy de la población cubana en general. El quimbombó queda como un caldo viscoso al cual se le añaden viandas y carne de gran variedad.

quimbumbia   Juego congo acompañado de baile. También juego de niños en que se utilizan dos palitos, uno de los cuales se hace saltar y golpea para ver a qué distancia llega. El que logre lanzarlo más lejos, gana.

ranchadores   Rancheadores. Hombres dedicados a perseguir negros cimarrones.

rancho   Vivienda rústica.

rascabarriga   Rama muy fuerte y flexible que sirve de látigo.

rebencúo   De mal carácter. Torpe, terco, violento.

rompe y raja   De armas tomar. Valentón.

salao   Malo. Maldito.

salpafuera   Confusión. Lío.

sancochado   Salcochado.

santuarios   Condición de santo. Que tiene que ver con los santos.

separatistas   Sectarios o individualistas.

sitieros   Dueños o habitantes de un sitio o hacienda pequeña.

surrupios   Personas carentes de una posición económica o de prestigio en la sociedad.

tahonas   Rumbas callejeras surgidas en distintos barrios habaneros.

tarambana   Persona de poco juicio y estabilidad.

templa   Guarapo contenido en un tacho. Templa es cada una de las veces en que este contenido se extrae.

Timbirito   Triunvirato. (Ingenio de ese nombre).

trabajo de palo   Trabajo mágico para lograr algún beneficio en la Regla de Palo.

trabucos   Armas de fuego rústicas con cabo de madera.

vara en tierra   Pequeño bohío con techo de dos aguas y sin horcadura. Sirve para almacenar herramientas e implementos agrícolas y para guarecerse de las tempestades.

vide   Del verbo ver. Vi (arcaísmo).

vigueta   Grande, Complicado.

volanta   Carruaje de lujo usado antiguamente en Cuba, tirado por caballos.

Voluntarios   Tropas auxiliares del Ejército Español, integradas por peninsulares residentes en Cuba.

vueltabajero   Habitante de la zona occidental de la Isla.

Yemayá   Deidad yoruba. Diosa de las aguas del océano y de la maternidad.

Zapateo   Baile muy extendido por la Isla en el siglo pasado y a principios de éste. Típico de los campesinos blancos. Hoy en desuso.

Appendix: timeline of slavery, Cuban history and the life of Esteban Montejo

1492 Oct.	Christopher Columbus sights land in the Bahamas, later lands in Cuba.
1508	Sebastián de Ocampo circumnavigates Cuba and proves that it is an island.
1512–13	Laws of Burgos, protecting New World native populations.
1512	Hatuey burned at the stake.
1513	First African slaves arrive in Cuba.
1762	British seize Havana.
1791	Slave revolt in Haiti, leading to the Revolution.
1792	Denmark passes law against trading in slaves.
1804	Republic of Haiti proclaimed.
1807	Slave Trade Act in Britain, abolishing slave trade, but not slavery.
1808	Importation of slaves into US outlawed.
1813	Sweden abolishes slave trade.
1817 Sep.	Great Britain and Spain sign a treaty prohibiting the slave trade.
1820	US law makes slave trading piracy, punishable by death.
1827	Britain declares slave trading piracy, punishable by death.
1831	Brazil bans slave trade.
1833	Emancipation Act in British Parliament.
1835	Anglo-Spanish agreement on the slave trade renewed.
1838	Slavery abolished in British Empire. Slaves gain full freedom.
1840	Slaves make up 45% of the Cuban population.
1846	Sweden abolishes slavery.
1854	President Franklin Pierce offers Spain $130 million for Cuba.
1860	Esteban Montejo born.
1863	The Netherlands abolishes slavery.
1865	Slavery abolished in US.
1867	Abolition of the Spanish slave trade
1868–78	Ten Years War.
1876	Portuguese slave trade abolished.
1878 Feb.	Pact of Zanjón. End of Ten Years War.
1879	Guerra Chiquita (The Little War).
1886	Slavery abolished in Cuba.

1888	Slavery abolished in Brazil.
1895 Feb.	War of Independence begins with uprisings all across the island.
1895 March	Manifesto de Montecristi, in which José Martí outlined the policy for Cuba's War of Independence.
1895 May	Martí killed at the Battle of Dos Ríos.
1896 Dec.	Death of Antonio Maceo.
1898 Feb.	US battleship Maine explodes in Havana harbour, giving the US pretext for intervention. War with Spain declared in April.
1898 Dec.	Spain and US sign the Treaty of Paris.
1899 Jan.	The Spanish begin withdrawal from Cuba. US Governor Brooke assumes power.
1899 Dec.	Leonard Wood becomes US Provisional Governor of Cuba.
1901	Platt Amendment.
1912	Race War in Cuba.
1925	Gerard Machado declared Cuban president.
1933	General strike, and the fall of Machado's regime. Batista leads 'Sergeants' Revolt' and assumes power.
1940	Miguel Barnet born.
1952 March	Batista seizes power in coup d'état.
1953 July	Fidel Castro and others attack Moncada Barracks, Santiago de Cuba.
1955 May	Castro and comrades released from prison in a general amnesty, and in June leave for Mexico.
1956 Dec.	Departure of yacht Granma.
1956–59	Urban and rural rebel activity against Batista across Cuba.
1959 Jan.	Batista flees. Revolution triumphs.
1961 April.	Playa Girón (Bay of Pigs) invasion.
1962 Oct.	Cuban Missile Crisis.
1963	First meeting between Miguel Barnet and Esteban Montejo.
1966	*Biografía de un cimarrón* first published.
1967 Oct.	Che Guevara killed in Bolivia.
1970	Premiere at the Berlin Festival of *Autobiographie des geflohenen Sklaven Esteban Montejo* (The autobiography of the runaway slave Esteban Montejo), a musical composition by the German composer Hans Werner Henze.
1973	Esteban Montejo dies.
1998	UNESCO declares 23 August as International Day for the Remembrance of the Slave Trade and its Abolition.

Temas de debate y discusión

1. ¿Según la narración de Esteban, ¿qué diferencias se ven entre la vida de los esclavos antes y después de la abolición?

2. ¿Cómo es la vida de Esteban después de la guerra? ¿Ha mejorado?

3. ¿Por qué prefería Esteban la vida en el monte que la vida en los barracones?

4. Esteban declara que es 'cimarrón de nacimiento' y que 'he sido siempre separatista'. ¿Cómo se manifiestan estas características en su carácter?

5. Esteban parece creer en algunas cosas porque las percibe, en otras porque la gente se las ha contado.

6. ¿Por qué quería Esteban luchar contra los españoles en la guerra?

7. ¿Por qué lucharía Esteban en cualquier batalla futura sólo con el machete?

8. ¿Es Esteban un narrador fiable?

9. ¿Hay sólo un autor, o son los dos autores?

10. ¿Por qué dice Barnet que 'Esteban me recibió con ciertas dudas'?

11. ¿Quién controla la narrativa, Esteban o Barnet?

12. ¿Debería el lector de *Cimarrón* leer el libro de manera distinta de cómo leería, por ejemplo, Cien años de soledad?

13. ¿Es *Cimarrón* historia o ficción?

14. ¿Es *Cimarrón* biografía o autobiografía?

15. ¿Es *Cimarrón* un texto literario?

16. ¿Dónde está Esteban cuando relata su vida a Barnet? ¿Cómo es su relación con el presente? ¿Cómo ve el pasado a través de su visión del presente?

17. Miguel Barnet explica que 'no hago diferencia entre mi labor política y la literaria [...] creo que todo escritor es político'. ¿Es *Cimarrón* una obra política? ¿En qué sentido?

18. ¿En qué sentido podemos decir que *Biografía de un cimarrón* es una obra revolucionaria según las características de la literatura cubana de los sesenta?

Selected vocabulary

The meanings given here are the most useful to the reader in the context of this book. Some definitions are given from the English translations: Innes 1968 and Hill 1994.

A la hora de los mameyes, 'In a crisis' (Innes 190)

A pulso, With no accompaniment, 'All by itself' (Hill 63)

Ají guaguao, 'Guaguao peppers' (Hill 124)

Andullo, 'Plug of tobacco' (Innes 98, Hill 92)

Arará, Born in Dahomey

Aura tiñosa, Turkey vulture – in Afro-Cuban lore considered to be bird of bad omen

Babalao, Santería priest

Bagazo, Bagasse, 'The fibres left after the juice has been extracted from sugar-cane' (Innes 19)

Bajear, 'Knock (someone) down' (Innes 47, Hill 45)

Batey, 'Sugar-mill grounds, compound' (Hill 215)

Bejuco de jaboncillo, 'Soap-tree bark' (Innes 32), 'soap-tree bristles' (Hill 32)

Besana, 'A Spanish land measure equivalent to three square yards. Also a cane-field separated from others by furrows used as lanes for trucks and wagons' (Innes 68)

Bibijagüero, Anthill of the giant ant, *bibijagua*

Boconazo, A blow to the mouth

Bocoy, Large barrel

Bolas españolas, Marbles

Bozal, bozales, 'First generation Africans, who didn't speak Spanish well' (Hill 215)

Bulldoz, Revolver, From the English 'bulldogs'

Cabildo, 'An administrative council of inhabitants of a neighborhood, a town, a district. Among the Africans, tribal customs and practices were maintained' (Hill 215)

Cachar, To watch, assess someone

Cachaza, 'What we called the froth which was left over from the cane-juice' (Innes 20)

Cajón, Wooden box used as a drum

Caminito, Hair parting

Candela, Volatile political, social situation

Canoa, Oblong trough or box

Cerradera, Confinement, captivity

Coger el monte, To flee to the hills

Coger frío, To lose one's nerve

Cogioca, Illegal earnings, 'cash' (Innes 102), 'a handout' (Hill 96)

Colgaderas, 'Goods hanging from the ceiling' (Innes 28)

Comelata, Banquet, feast

Componte, Form of corporal punishment introduced by the Spanish in
Cuba, 'a good belting across the shoulders with a dried bull's pizzle'
(Innes 92)

Contramayoral, Overseer whose job was to supervise the work of the slaves

Cuero, A flogging of the leather whip

Curiela, Like a rabbit, used here to refer to a woman's capacity to procreate

De nación, Like *bozal*

Empacho, 'Constipation' (Innes 105), 'indigestion' (Hill 98)

En la pata de los caballos, To be 'trampled underfoot' (Innes 198), 'in
trouble' (Hill 178)

Fajarse, To fight

Frijoles, Braided hair

Fuetazo, From the French *fouet* – whip.

Gallegos, Word still used in Cuba to refer to Spaniards

Gambá, 'Bow-legged' (Hill 147)

Gangas, Ethnic group of possible Sudanese origin

Garrotero, Money-lender.

Guarabeados, 'Garish [clothes]' (Innes 151), 'loudest coloured [clothes]'
(Hill 137)

Guarapo, Raw sugar-cane juice

Guasabeo, Wild festivities with dancing

Guayo, Hollow rustic musical instrument, akin to the *güiro*, played by
scraping a stick along the ridges of the shell

Horro, Freed slave

Isleño, Originally from the Canary Isles

Jagüey, Parasitic climbing plant that entwines itself around trees

Jaladera, Drunkenness

Jalar, To pull, tug

Jamo, Net (used by Esteban metaphorically)

Jaranear, To joke, become confident

Jícaras cimarronas, Pots made from the dried tropical fruit *güira*

Jiquí, A Cuban hardwood tree resistant to moisture

Jugar barracón, To stay in the *barracón*

Jugar palo, To celebrate a Congo ritual or festival. To play the conga drums.

Jutía, 'The Indians also hunted the *hutias* (another small rodent) at night'
(Thomas 1971: 1518)

Latica, Small piece of tin

Llevarse a alguien en la golilla, To kill someone

Malanga, Difficult situation

Mamoncillo, Tropical fruit-bearing tree of the soapberry family whose
fruit is similar to the lychee

Mano, Sequence of similar events

Maña (manía), Mania, obsessive desire

Maroma, Magical ceremony

Matungo, Ill

Mocho de tabaco, Cigar butt

Murumacas, Exaggerated theatrical gestures, 'acrobatics' (Hill 88)

Musungos, Ethnic group of Bantu origin

Narigonero, Ox driver, usually a young boy who drives the oxen while they
plough

Nganga, Also called *cazuela*, 'a clay casserole pot, where ritual objects were
put to create magic during ritual ceremonies' (Hill 215)

Pararse, To stand up

Partir el carapacho, To injure, cause harm

Patato, Short (of low stature)

Patilla, Beard, sideburn

Pegar el lomo, To exhaust oneself with labour

Pinto, Alert, astute

Planazo, Blow of the flat part of the sword or machete

Pomo, Glass flask for holding liquids

Poner asunto, To pay attention

Ponerse subido, To get angry, enraged

Por parejería, 'For show' (Innes 118), 'bragging' (Hill 110)

Positivo, Certain

Prietuzco, Very dark-skinned

Pulso, Bracelet

Punzó, Deep red, perhaps purplish

Quedó lela, 'Was struck dumb' (Innes 117, Hill 108)

Queque, From English 'cake', a bun or roll

Quilos, Cents, coins

Raspadura, Unpurified sugar, 'flavored molasses' (Hill 217)

Resguardo, Protecting amulet or talisman

Tabacos, Cigars

Tacho, Large copper cauldrons for boiling sugar

Talanquera, 'Swing-gate' (Innes 121)

Tirarle a uno su bobería, To help someone with something

Tocoloro, Also **Tocororo**, Native Cuban bird of the Trogonidae family

Tomadera, Drunkenness

Tongas, Heaps, piles, large quantities

Trillo, Path

Tumbar montes, To fell trees

Tusa, Cob of corn

Vaina, Indecisive, 'fickle' (Innes 187)

Vayajá, 'Red-checked kerchief made in Boyajá in Haiti' (Hill 217)

Venduta, 'General store' (Hill 28)

Verraca, Easily deceived

Viandas, Vegetables

Voladores de a peso, Cheap fireworks, used figuratively to mean very quickly

Yarey, Cuban palm tree

Zafra, Harvest of the sugar cane, used figuratively by Esteban to mean lucrative gains